U0680875

三月

四月

五月

六月

清嘉录

清嘉录

中国人的节日之书

[清]顾禄-著
王密林 韩育生-译
王弘力-插图

江苏凤凰文艺出版社
JIANGSU PHOENIX LITERATURE AND ART PUBLISHING, LTD

出版说明

顾禄，字总之，一字铁卿，自署茶磨山人，清嘉庆道光年间苏州吴县人，其生卒年月没有明确的记载。顾禄能诗善画，著有《清嘉录》《桐桥倚棹录》《雕虫集》《晚香吟》《羽族棋谱》等，与褚逢椿合著《烟草录》，其中最有影响的当属描述苏州岁时风俗的《清嘉录》。

顾禄二十五岁时母亲亡故，他在家中守孝，“日与父老谈吴趋风土。目之所见，耳之所闻，辄寄诸子墨，以资歌咏，以助剧谈”，遂写就《清嘉录》，书名取自陆机《吴趋行》“土风清且嘉”诗句，其以月为序，以节令民谚为题，叙地方风土人情，大量征引古今地志、诗文、经史资料，叙述详备，是研究明清时代苏州地方史、社会史的重要资料，堪称中国民间岁时节令的百科书。

《清嘉录》初刻于道光十年（1830年），后传播至日本，极受推重；而在中国则一度湮灭无闻，民国时才被周作人等文人提及，至20世纪末，始有出版社进行标点、校注，然因是繁体竖排，仍流传未广，读者所知不多。此次推出简体横排本，参考了多家校本，加以现代汉语翻译，并配以著名连环画画家王弘力先生风俗百图中的数十幅画作，使更多普通读者也能方便阅读。

由于编辑经验不足，加之学养有限，文稿中难免有错漏不当之处，恳请广大读者、研究者批评指正。

目录

二月

七月

八月

九月

十月

十一月

十二月

山泽多藏育，土风清且嘉。

例言

一、余年二十有五，丁母氏忧，闭门却轨，日与父老谈吴趋风土。目之所见，耳之所闻，辄寄诸子墨，以资歌咏，以助剧谈。阅数年，积若干帙，都为十二卷。节取陆士衡《吴趋行》语以名之。览者顾名思义可也。

一、吾乡岁时节物之所陈，市肆好尚之所趋，街谈巷议，农谚山谣，莫不有所祖。特人习焉不察，往往以讹沿讹，斥为齐东野人之说[1]。余搜罗群书数百种，援以为证，案而不断；间有涉疑似之处，则参以管见。特识见未充，援据未确，索瘢指垢，愿俟博雅。

一、采风问俗，纪录宜详。是书凡郡邑志所已载与夫所不及载、所不能载者，虽琐必登。至于乡风之昔废今传，今废昔传，皆在删增之例。若止行于一隅，未能遍晓者，概从阙如。

---

1 齐东野人之说，语出《孟子·万章下》：“此非君子之言，齐东野人之语也。”比喻荒唐没有根据的话。

译文

一、二十五岁时，母亲去世，我在家守孝服丧，闭门绝游，平日里只常与乡亲父老闲聊吴地的风土民俗。期间我把观察到的和听闻到的事物，都用笔记录下来，作为吟诗作赋的材料和聊天的谈资。几年下来，积攒了好多本书稿，粗粗整理编为十二卷。书名截取自陆士衡（陆机）《吴趋行》的诗句"土风清且嘉"，读者从这个书名即可知道大概的内容和旨趣。

一、我的家乡苏州，一年当中，不同季节有什么应节的物品，集市流行什么货物，街头巷尾的谈话议论，务农常说的谚语，山野吟唱的歌谣，很多都是有出处来源的。但人们身在其中却不知来历，天长日久，以讹传讹，往往被讥斥为胡编乱造。我搜罗了几百种相关的书籍，来与这些风土民俗相印证，书中的按语只供参考，不作结论；间或有似是而非之处，则加入了一些自己的看法。但因自己识见有限，所引考证资料也不一定准确，瑕疵错漏在所难免，还望有博闻强识的方家补充指正。

一、采集民风，问询习俗，应是越详尽越好。本书对苏州地方志已有记载的，和没来得及记录的，或不便于记载的，即使繁琐细碎，也都一一记录了。乡风民俗，随时间而变，现在时兴而古时废止的，古时时兴而现代废止的，不乏其例，记录时都根据本书主旨相应地做了增减。如果只在小范围内时兴，其他地方都没有或不知道的，则一概舍弃。

一、是书止载郡城三邑岁时土风，与王元美《苏志备遗》统纪一府之例不同。而六邑之志仍与郡志、三邑志互资考证。文尾则采录九邑人之诗词，皆隐寓陈善闭邪之意，以冀世道人心有所裨益。若无关于土俗时趍，属诸怀古之什，俱不采录。其间偶有一二题缺之者，亦偶有一二题数首者，既囿于见闻，又隘于篇幅，拟另辑《清嘉录诗词补遗》若干卷，以补此书未备。脱蒙惠读，汇以续刊。

一、吴、越本属一家，而风土大略相同，故书中杂引浙俗为最繁，次及辇下。若他省别府，偶一援之，以证异同而已。

一、岁时无殊，而风土各异。如昔人《梦华》《遗事》诸书所载，各不相同，大抵皆在乡言乡也。顾闭门操觚，终虞舛漏，不贤识小，未免见哂高明。

茶磨山人顾禄铁卿甫识

一、这本书记录的是苏州及其周边的元和、长洲、吴县三地一年四季的风土民俗，与王元美《苏志备遗》笼统记录苏州一府的方法不同。当然，其他六县的地方志也可以拿来和苏州府及三县地方志相互参证。书中每篇结尾采录的诗词则是九县各县的人写的都有，其主旨是抑恶扬善，期望对世道人心有所裨益。若诗词和风土民俗无关，只是个人怀古幽思，则一概不录。有些风俗主题，没有相关诗词，有的题下有数首，因个人见闻不够，或限于篇幅，只能以后另外辑录为《〈清嘉录〉诗词补遗》若干卷，来弥补此书的缺失。其他遗漏内容，如有可读，则会汇集成为续刊。

一、吴、越在地域上本属一家，风土民俗大部分相同，因此书中引用的浙江风俗最多，其次则是参照京城的一些风俗。至于其他省府的资料，偶尔引用，只是为了证明各地风土民俗的差异。

一、每一年各地都是相同的时节，但不同地方的风土民情却有差异。比如前人《梦华》《遗事》等书的记载就各不相同，总体而言，都是在乡言乡。我闭门撰写这个辑录，总担心会有一些错漏，毕竟识见有限，难免见笑于大方之家。

茶磨山人顾禄铁卿甫识

正月

行春

行春之仪：附郭县[1]官督委坊甲装扮社伙[2]，如观音朝山、昭君出塞、学士登瀛、张仙打弹、西施采莲之类，名色种种，闻国初犹以优伶、官伎为之，今皆乞儿袛应。故事：先立春一日，郡守率僚属迎春娄门外柳仙堂，鸣驺清路，盛设羽仪，前列社伙，殿以春牛[3]。观者如市，男妇争以手摸春牛，谓占新岁造化。谚云："摸摸春牛脚，赚钱赚得着。"蔡云《吴歈》云："去去娄关有古坊，争看太守迓勾芒[4]。歌童毛女风流歇，端为迎春特地忙。"

案：《汉书》，太守有行春之文。宋高承《事物纪原》："周公始制立春土牛。盖出土牛以示农耕之早晚。"褚人获《坚瓠集》："古者迎春与出土牛原是二事。迎春以迎阳气，出土牛以送阴气；迎春在立春，出土牛在季冬，与傩同时。合而为一，不知起于何时。"又云："吴中立春前一日，迎芒神，出土牛，郡人竞观，以铺张美丽，为时和年丰之兆。而留心民事

---

1 附郭县，古代指没有独立县城而将县治附设于州城、府城的县。

2 社伙，即社火。古代节日、迎神赛会所扮演的杂戏、杂耍。

3 春牛，又叫土牛，用泥巴捏成，再加以彩饰。勾芒神鞭碎的春牛的散土，据说有益于养蚕，可以避瘟疫。周朝就有鞭春牛的传统，《周礼·月令》有"出土牛以送寒气"的记载。宋朝有皇帝在宫中主持"鞭春"的仪式。粤西一带至今保存有"春牛舞"。

4 勾芒，中国神话中，伏羲氏长子重，掌管春宫，又叫勾芒神，为主管草木生长的神灵。

者，亦号召伎女、乐工、梨园、百戏[1]，声歌杂遝，结束鲜明，岁以为常。”长、元、吴《志》皆云：“立春日，迎春东郊，竞看土牛。”《吴县志》并云：“大户皆垂帘门外，妇女艳饰。”前明袁宏道有《迎春歌》，并录于此，以见今昔之殊。歌云：“东风吹暖娄江树，三衢九陌凝烟雾。白马如龙破雪飞，犊车碾冰穿香度。铙吹拍拍走烟尘，炫服靓妆十万人。罗额鲜明粉彩胜，社歌缭绕簇芒神。绯衣金带印如斗，前列长官后太守。乌纱新缕汉宫花，青奴跪进屠苏酒。采莲舟上玉作幢，歌童毛女白双双。梨园旧乐三千部，苏州新谱十三腔。假面胡头跳如虎，窄衫绣袴捶大鼓。金蟒缠身神鬼妆，白衣合掌观音舞。观者如山锦相属，杂沓谁分丝与肉。一路香风吹笑声，千里红纱遮醉玉。青莲衫子藕荷裳，透额垂髫淡淡妆。拾得春条夸姊妹，袖来瓜子掷儿郎。急管繁弦又一时，千门杨柳破青枝。独有闭门袁大令，尘拥书床生网丝。”

【译文】

行春的仪式：春耕前，附郭县的官员会督促委派各坊甲装扮社火，如观音朝山、昭君出塞、学士登瀛、张仙打弹、西施采莲之类的，各种名目样式繁多。据说国朝初年，还是让优伶和官伎来扮演，现在都由乞丐来当差。早先是这样的：在立春前的一天，知府带领下属到娄门外的柳仙堂举行迎春仪式，先由喝道的骑卒负责清路，其后是盛大

1　百戏，古代乐舞杂技的总称。

年〻春打
六九頭
烟火爆竹
放未休
五彩旌旗
喧鑼鼓
圍看府尹
鞭春牛

的旌旗仪仗阵容，仪仗前是社火表演，以春牛为队伍殿后。观看的人如同赶集一般热闹。男男女女争着用手去摸春牛，说是能沾上新年的福分。有谚语讲："摸摸春牛脚，赚钱赚得着。"蔡云在《吴歈》中说："去去娄关有古坊，争看太守迓勾芒。歌童毛女风流歇，端为迎春特地忙。"

打春

立春日，太守集府堂，鞭牛碎之，谓之"打春"。农民竞以麻、麦、米、豆抛打春牛。里胥[1]以春球[2]相馈贻，预兆丰稔。百姓买芒神、春牛亭子置堂中，云宜田事。蔡云《吴歈》云："春恰轮当六九头，新花巧样赠春球。芒神脚色牢牢记，共诣黄堂看打牛。"

案：《隋书·礼仪志》始有彩仗击牛之文，即后世之打春也。汉、晋以前无打春之事。孟元老《东京梦华录》："立春日绝早，府僚打春，府前百姓卖小春牛。"吴自牧《梦粱录》："立春日侵晨，郡守率僚佐以彩仗鞭春。街市以花装栏坐乘小春牛及春幡、春胜，各相献遗于贵家宅舍，示丰稔之兆。"晁冲之诗："自惭白发嘲吾老，不上谯楼看打春。"是事虽始于隋，而仪文实备于宋，迄今沿之。

---

1 里胥，指里长，古代五家为邻，五邻为里。此处指村庄的管理者。

2 春球，用丝帛彩线做成的圆球，赠春球以兆丰收。

【译文】

立春这一天，知府召集所属官吏到知府衙门的大堂上，用鞭子把春牛打碎，称为“打春”。当地农民争相用胡麻、小麦、稻米、豆子等抛打春牛。里长们互相赠送“春球”，共祈丰年。百姓购买勾芒神的塑像和春牛亭子放在厅堂上，据说这样有利于一年的农事。蔡云在《吴歈》中说：“春恰轮当六九头，新花巧样赠春球。芒神脚色牢牢记，共诣黄堂看打牛。”

拜春

立春日为春朝，士庶交相庆贺，谓之“拜春”。撚粉为丸，祀神供先，其仪亚于岁朝，埒于冬至。

案：孟元老《东京梦华录》云：“立春日，宰执亲王近臣入贺。”吴自牧《梦粱录》云：“立春日，宰臣以下，入朝称贺。”盖立春贺节，本为下之行礼于上，无答拜之理。《昆新合志》云立春日绅士亦贺节，余则否。

【译文】

立春这一天叫春朝，士人百姓都互相庆贺，称为“拜春”。这一天要用面粉团成丸子，祭祀神仙，供奉祖先。这一仪式的隆重程度仅次于正月初一，而与冬至的相当。

拜牌

绅士诣玄妙观三清殿，望阙遥贺，一如祝厘[1]之仪，谓之“拜牌”。礼毕，盛服往来，衙门交庆。

案：明洪文科《语窥今古》载王官十仪，一曰“习仪拜牌”。《通典》谓元旦庆贺，始于高祖。徐崧、张大纯《百城烟水》：“玄妙观三清大殿，为郡人习仪、祝厘之所。”

【译文】

元旦时，苏州的士绅们到玄妙观的三清殿，在殿门外行礼，远远地朝拜，和祝厘的仪式一样，称为“拜牌”。行礼毕，人人着盛装来往拜贺，各个衙门互相庆祝。

岁朝 忌讳附

元旦为岁朝，比户悬神轴于堂中，陈设几案，具香蜡以祈一岁之安。俗忌扫地、乞火、汲水并针剪。又禁倾秽、瀽粪。讳啜粥及汤茶淘饭。天明未起，戒促唤。男子出门，必迎喜神[2]方位而行。

---

1 祝厘，祈求福佑，祝福。

2 喜神，即吉祥神。有人认为大年初一，公鸡叫的地方，就是喜神降临的地方；也有人根据五行之说推算出喜神方位。

妇女簪松虎、彩胜。男女必曳新衣洁履。相见则举百果相授受，各道吉利语，谓之“开口果子”。

案：《尚书大传》：“正旦，为岁之朝，月之朝，日之朝，谓之三朝。”《岁时通考》：“元旦，不扫地、不汲水、不乞火。”《昆新合志》：“是日，禁扫地、乞火、汲水及针剪。”汪上湖《守岁》诗：“俗扫隔年地。”

【译文】

正月初一称为“岁朝”，家家户户都会在堂屋中悬挂神像，陈设桌案，焚香燃烛，祈祷一年的平安。按照风俗，这一天忌讳扫地、用火、汲水和做针线活儿，也忌讳倒垃圾、倒粪便，还忌讳喝粥以及吃汤茶淘饭。天明还没有起身的，也不要催促呼唤。男子出门，一定要向喜神的方位走。妇女头上要插戴松虎、彩胜等饰物。男女都要穿新衣服和干净的鞋子。相见时互赠百果，互说吉利话，称为“开口果子”。

挂喜神

比户悬挂祖先画像，具香蜡、茶果、粉丸、糍糕。肃衣冠，率妻孥以次拜。或三日、五日、十日、上元夜始祭而收者。至戚相贺，或有展拜尊亲遗像者，谓之“拜喜神”。

案：厉樊榭《可庵遗像记》：“古者人子之于亲亡也，至汉氏以来，乃有画像。虽非古制，实寓生存，遂相沿不能废。宋之先儒，有恐似他人之议，则画手不可不工也。"朱鹿田诗："感旧应添看面人。"《月令事宜》："除夕祭飨，即悬真于家庭，供奉以拜节。"江、震《志》亦以除夕悬祖先画像，至新正初三日或初五日收者。金介山云："杭俗谓之神子。"《落灯夜收神子》诗云："若非除夜何能见，才过元宵不可留。"又云："其三五世合绘一幅者，则曰代图。亦曰三代图、五代图。"

【译文】

过年时，各家各户悬挂祖先画像，陈设香烛，供上茶果、粉丸、糍糕等。人人衣冠整肃，一家之主带着妻子儿女按顺序跪拜祖先。画像有的挂到初三，有的挂到初五，有的挂到初十，有的直到上元夜才开始祭拜，然后便收起。至亲相互走动拜贺，拜谒尊长遗像，称为"拜喜神"。

上年坟

携糖、茶、果盒展墓，谓之"上年坟"。

案：钱塘黄书厓《上年坟》诗云："松柏春逾茂，家家上冢行。纸灰飞蛱蝶，佳节似清明。此祭宁非古，空山亦贺正。食罍分馂后，一担夕阳轻。"盖杭俗上年坟，多以肴馔、楮镪[1]；吴

---

1 楮镪，祭供时焚化用的纸钱。楮，纸的代称。镪，钱盘，引申为钱。

俗则糖、茶、果盒而已。

【译文】

过年时带着糖、茶、果盒祭拜先人坟墓，称为“上年坟”。

拜年

男女以次拜家长毕，主者率卑幼出谒邻族戚友，或止遣子弟代贺，谓之“拜年”。至有终岁不相接者，此时亦互相往拜于门。门首设籍，书姓氏，号为“门簿”。鲜衣炫路，飞轿生风，静巷幽坊，动成哄市。薄暮至人家者，谓之“拜夜节”。初十日外，谓之“拜灯节”。故俗有“有心拜节，寒食未迟”之谑。琳宫梵宇，亦交相贺岁。或粘红纸袋于门以接帖，署曰“接福”，或曰“代僮”。范来宗《拜年》诗云：“走贺纷阗岁籥更，素非识面也关情。添丁夸列怀中刺，过午飞留簿上名。羽士禅师同逐逐，东家西舍尽盈盈。春明旧梦还能记，驰遍轮蹄内外城。”

案：《艮斋杂记》：“拜年，无论识与不识，望门投帖，宾主不相见，登簿而已。”然长、元《志》皆载：“俗尚拜年，有从未识面互相投帖以多为荣者。此风不行于守礼清门。”

拜年不必進府門送上名片抵見人多處賀歲皆如此
贈予紙店大筆金
古代風俗竹枝百首之明代拜年送名片風俗

【译文】

男女依照辈分长幼次序跪拜长辈后，家主还要领着年幼的晚辈去拜访邻居亲友，或只派子弟代为拜贺，称为“拜年”。至于那些一年到头都不相往来的人，此时也会上门拜年。各家门口会摆上册子，供登门拜访的人在上面写上姓名，这叫作“门簿”。人们穿着华美的衣服，奔走于拜年的路途，轿子飞驰如风，平日幽静的街巷一时间如同闹市一般。将近傍晚到人家去拜贺的，称为“拜夜节”。初十以后去拜访的，称为“拜灯节”。所以民间有“有心拜访，寒食节去也不迟”的玩笑话。寺庙道观间，也会相互庆贺。有的人家在大门上粘上红纸袋用来接拜帖，称为“接福”，或者叫“代僮”。范来宗在《拜年诗》中写道：“走贺纷阗岁籥更，素非识面也关情。添丁夸列怀中刺，过午飞留簿上名。羽士禅师同逐逐，东家西舍尽盈盈。春明旧梦还能记，驰遍轮蹄内外城。”

飞帖

有遣仆投红单刺至戚若友家者，多不亲往，答拜者，亦如之。谓之“飞帖”。

案：《艮斋杂记》云：“拜年之风，有帖到而人不到者，宋时已然。见周密《癸辛杂识》：‘沈公子遣仆送刺至吴四丈家，取视之，类皆亲故。因醉仆以酒，阴以己帖易之。其仆不知，至各家遍投之，而主人之帖竟不达。'又周辉《清波杂志》：'至正交贺，多不亲往。有一士人令人持马衔，每至一门，撼数声而留刺字以表到。有知其诬者，出视之，仆云：适已脱笼矣。脱笼，为京都虚诈闪赚之谚语。吕荥阳公言：送门状，习以成风，既劳于作伪，且疏拙露见。司马温公在台阁时，不送门状。曰：不诚之事，不可为也。'"褚人获《坚瓠集》云："拜年帖，国初用古简，有称呼。康熙中，则易红单，书某人拜贺。素无往还，道路不揖者，而单亦及之。《文待诏集》有拜年诗云：'不求见面惟通谒，名纸朝来满敝庐。我亦随人投数纸，世情嫌简不嫌虚。'"

【译文】

元旦时，有人派遣仆役送拜贺的名帖到亲友家，实际上，很多人不亲自登门拜年。收到拜帖需要回拜的人，也采用同样的办法。这种拜会方式称作“飞帖”。

开门爆仗

岁朝开门，放爆仗三声，云辟疫疠，谓之“开门爆仗”。

案：宋高承《事物纪原》云："马钧始制爆仗。"吴俗，纸裹硫磺曰"爆仗"，是其名已见元魏。然范石湖《村田乐府》

霹靂聲中舊歲除
為驚疫魅燒青竹
一自火藥發明後
難止新年放鞭俗
古代風俗竹枝百首
宋代元日燒爆竹

云:“截筒五尺煨以薪，当阶击地雷霆吼。”则是时又以竹爆也。今纸者亦谓之竹，如九县《志》皆载“元旦，爆竹三声，然后启户”是也。又云：“相传以驱疫疠。”考爆竹辟鬼，其说始于东方朔《神异经》：“西方深山中，有人长尺余，犯人则病寒热，名曰‘山㺐’。人以竹着火中，烞烞有声，而山㺐惊惮。”六朝时已用之岁朝，见宗懔《荆楚岁时记》：“正月一日，鸡鸣而起，先于庭前爆竹，以避山㺐恶鬼。”俗有兼用之除夕者，谓之“封门爆仗”。张说《守岁》诗：“桃枝堪辟恶，竹爆好惊眠。”薛能《除夜作》：“竹爆和诸邻。”王安石诗：“爆竹声中一岁除。”皆是也。予尝有句云：“乡俗相传惟爆竹，城居那得有山㺐。”可为此风解嘲。

【译文】

大年初一早上开门，燃放三通爆仗，说是能避瘟疫，称为“开门爆仗”。

欢喜团

围炉中烧巨煤墼，曰“欢喜团”。凡岁朝届元宵而止。

案：厉静香《事物异名录》引范成大《雪中送炭与龚养正》诗“烦君笑领婆欢喜，探借新年五日春”，谓“今俗以巨煤墼为欢喜团也”。吴谷人祭酒《新年杂咏》小序云：“欢喜团，杵炭屑而范之，上下合成，圆而有匾势，炭墼之巨族也。除夕取以埋炉，置寝室中，谓之欢喜过年。”诗云：“开炉重得彩，余喜复余欢。火色明通夕，春光聚一团。几人先附热，举室不知寒。笑指青红意，还将儿女看。”注：“俗指小儿女之称意者，亦曰欢喜团。”吴人亦有此口号。

【译文】

在围炉中燃烧大块的煤坯，称为“欢喜团”。一般要从初一烧到元宵。

黄连头[1]叫鸡

献岁，乡农沿门吟卖黄连头、叫鸡，络绎不绝。

案：长、元《志》皆载：“黄连树，村落间俱有，极高大，其苗可食。今乡农于四五月间摘取其头，以甘草汁腌之，谓小儿食之，可解内热。”吴谷人祭酒《新年杂咏》小序云：“吹鸡，揭竿缚草以处鸡群，口衔箬管巡街吹卖。其音曰‘哺、哺、哺’故名‘哺哺鸡’，亦名‘叫鸡’。”诗云：“晓日一鸡唱，春风正满闾。居然生羽翼，大要借吹嘘。功岂养成候，声疑伏卵余。儿童能起舞，壮志定何如。”

1　黄连头，春天黄连木上长出的嫩芽。黄连木是漆树科黄连木属植物，落叶乔木，江南广泛种植，其春天的嫩芽色微红。

【译文】

进入新年，乡下农民到城里沿街叫卖黄连头、叫鸡，络绎不绝。

看风云

农人岁朝晨起看风云，以卜田事。谚云："岁朝东北，五禾大熟。岁朝西北风，大水害农功。"

案：九县《志》皆载："元旦，风自东南来，则岁大稔。东次之，东北又次之，西则歉。西北有红、黄云则稔，白、黑则歉。"并云："是日宜阴，有'岁朝乌六秃，高低田稻一齐熟'之谚。"

【译文】

农民正月初一早晨起来观察风向和云色，以预估一年的收成。谚语说："岁朝东北，五禾大熟。岁朝西北风，大水害农功。"

秤水

自岁朝至十二日，以瓶汲水，秤其轻重，以卜岁中水旱。

案：王得臣《麈史》："江湖间人常于岁除汲江水秤，与元日又秤，重则大水。"又《研北杂志》："浙西人以正月三日为田本命，秤水，以重为有年。”卢《志》云：“自元旦至十二日当一岁之月，以瓶汲水，准其轻重，重则其月多水，轻则旱。”

【译文】

从正月初一到十二日，每天打一瓶水，称量水的重量，人们根据每瓶水重量的差异来预测一年中每个月份降水的多少。

新年

诸丛林各建岁醮，士女游玩琳宫梵宇，或烧香答愿。自此翩翩征逐，无论远近，随意所之。城中玄妙观，尤为游人所争集。卖画张者，聚市于三清殿，乡人争买芒神春牛图。观内无市鬻之舍，支布幕为庐，晨集暮散，所鬻多糖果、小吃、琐碎玩具，间及什物而已，而橄榄尤为聚处。杂耍诸戏，来自四方，各献所长，以娱游客之目。如立竿百仞，建帜于颠，一人盘空拔帜，如猱之升木，谓之“高竿”。索上长绳，系两头于梁，举其中央，两人各从一头上，交相度，谓之“走索”。小儿缘长竿倒立，寻复去手，久之，垂手翻身而下，谓之“穿跟斗”。长剑直插入喉嗉，谓之“吞剑”。取所佩刀，令人尽力刺其腹，刀摧腹皤，谓之“弄刀”。置磁甏于拳，以手空中抓之，令盘旋腰、腹及两腋、两股，瞥起倏落，谓之“弄甏”。或以磁盆置竿首，两手交换，有时飞盆空际，仍落原竿之上，谓之“舞盆”。置丈许木于足下，可以超乘，谓之“踏高跷”。以毯覆地，变化什物，谓之“撮戏法”。以大碗水覆毯，令隐去，谓之“飞水”。置五红豆于掌上，令其自去，谓之“摘豆”。以钱十枚，呼之成五色，谓之“大变金钱”。两人裸体相扑，谓之“摆架子”。凤阳人蓄猴，令其自为冠带，并豢犬为猴之乘，能为《磨房》《三战》诸出，俗呼“狨猕撮把戏”。围布作房，支以一木，五指运三寸傀儡，金鼓喧嗔，词白则用叫颡子[1]，均一人为之，俗呼“木人头戏”。“牵丝戏”，彷彿傀儡，手足皆以丝牵运动，故名。穹幕于壁，一人在幕中，作数人问答语，谓之“隔壁戏”。以扇扑桌，状鸟之鼓翅，继作百鸟之声，皆出自口中，谓之“百鸟像声”。江宁人造方圆木匣，中缀花树、禽鱼、神怪、秘戏之类，外开圆孔，蒙以五色瑁玳，一目窥之，障小为大，谓之“西洋镜”。又有“洋画”者，以显微镜倒影窥之，障浅为深，以画本法西洋故也。江阴人抟五色粉，状诸人物，曰“粉人”。截紫白竹尺余，上开六孔吹之，谓之“太平箫”。以竹簧夹箸置舌间，可吹小曲。竹筒二三寸许，贯以妆域[2]，以线裹之，就地盘旋，引风入窍，作汪汪声，谓之“地铃”。篾丝糊纸为蝴蝶、人物之形，风中飞扬，谓之“丝鹞”。瞽

---

1 叫颡子，即“颡叫子”。置于人喉中吹的一种哨子。宋沈括《梦溪笔谈》：“世人以竹、木、牙、骨之类为叫子，置人喉中吹之，能作人言，谓之‘颡叫子’。”

2 妆域，一种玩具，类似陀螺。为宫廷游戏器具。

男、盲女，击木鱼、铜钹，答唱前朝故事，谓之“说因果”。“摊簧”，乃弋腔之变，以琵琶、弦索、胡琴、檀板，合动而歌。余如测字、起课、算命、相面，大率江西人赁居宇下，藉以觅食。男女之问灾福者，到处闻膻蚁聚。茶坊、酒肆及小食店，门市如云。窭人装水烟为生者，逢人衹应，以些少钱会赠之。托盘供买食品者，亦所在成市。至城外西园，则掷馒首于放生池，引鼋浮水而食以为乐。妇女暗数罗汉，卜年庚之顺逆。至十六日，然后学子攻书，工人返肆，农人各执其业：谓之“新年”。范来宗《游观》诗云：“仙都玄妙六门中，遐迩争趋老少同。大地广场逾鹤市，诸天法相若鳌宫。种桃道士重门杳，卖果儿郎百戏空。何事千人齐引领，香舆裙露石榴红。”又蔡云《吴歈》云：“城外西园城内观，趁闲趁闹尽嬉顽。可怜佛宇仙宫好，混却茶炉酒肆间。”又云：“弥罗阁阴花爆稀，长生殿边丝鹞飞。冶容少妇入人海，轻薄儿郎惯打围。”

案：冯慕冈《月令广义》：“元时，元日于长春宫建醮，岁以为例。”范《志》：“岁首即会于佛寺，谓之‘岁忏’。士女阗咽，殆无行路。”长、元《志》皆载：“元旦，佛寺烧香，礼年忏。”徐崧、张大纯《百城烟水》载：“玄妙观在宫巷北，创自晋咸宁二年，名真庆道院。至元元贞元年，改赠今额。时左辖朱文清大施舍，观遂甲吴中，基周广五百亩。”又载：“西园，即戒幢律院，在冶坊浜东。徐太仆子工部溶舍为寺。中有

冰上樂兮
鞭陀羅
隨風旋轉
呼如何
貂帽綿靴
小阿哥們
斗一躍焉
金盤陀
古代風俗竹枝百首
清代打陀羅

放生池，又五百罗汉殿。”沈朝初《忆江南》词云：“苏州好，到处庆新年。北寺笙歌声似沸，玄都士女拥如烟，衣服尽鲜妍。”注：“北寺、玄妙观，为新岁游观地。”今北寺游人已衰，而阊门外闻德桥内朱家庄，仅一广场耳，新年游者麇至，百戏竞陈，货郎蚁集。茶坊、酒肆，妆点一新。且四时无寥落之日。蔡铁翁《吴歈百绝》注云：“新年游玩玄妙观，妇女之容饰妖邪者，游人环集，谓之‘打围’。固由自取，然亦无人禁止之也。”

【译文】

新年期间，各座寺庙里都会设坛祭祀，人们都到寺院道观里去祭拜，有的烧香还愿。然后，人们自行走访，交往过从者相互宴饮，不论远近，随意走访。城里的玄妙观，尤其是人们喜欢聚集的地方。卖画的人，会到三清殿旁开市，乡农争相购买勾芒神画像和春牛图。玄妙观里没有专门用来做买卖的房子，生意人就支起幕布搭成篷子，早晨聚集，傍晚散去，所卖的多是糖果、小吃、各种各样的玩具以及杂货，而橄榄上市人尤其多。来自四方玩杂耍把戏的，各展所长，以娱乐游客眼目。立起高高的竹竿，在顶端插上旗帜，一个人攀上竹竿拔下旗帜，如同猿猴爬树一般，称作“高竿”。将绳索的两头系在木架梁上，中间悬空，两个人分别从绳子的一头走起，然后在绳子上错身而过，称为“走索”。小孩子攀上长竹竿倒立，然后松开手，坚持很长时间，才从竹竿上垂手翻身跳下，叫作“穿跟斗”。将长剑直插喉咙，叫作“吞剑”。让人用佩刀用力刺袒露的腹部，直到刀弯折，腹部上只留下白色印痕，称作“弄刀”。将瓷坛放在拳头上，让瓷坛子在腰部、腹部、两腋、两腿间盘旋，忽起忽落，叫作“弄甏”。或者将瓷盆放在竹竿顶部，竹竿在两手上交换，有时候瓷盆飞起，落下时再用竹竿接住，叫作“舞盆”。将一丈多高的木杆置于脚下，可以行走跳跃，称作“踏高跷”。把毯子铺在地上，然后从毯子里变出各种日常用具，称作“撮戏法”。将大碗水泼到毯子上，水消失了，毯子却不湿，叫作“飞水”。在手掌上放五颗红豆，手掌握住再放开，红豆消失，叫作“摘豆”。吹一口气，让十枚铜钱一眨眼变成五种颜色，称作“大变金钱”。两个几乎赤裸的人相互扑打，叫作“摆架子”。凤阳人驯猴子，让猴子自己戴帽子、系腰带，并驯狗让猴子骑乘，猴子和狗能够在一起演《磨房》《三战》等戏，叫作“狨狲撮把戏”。用布围成房子，以一根木头撑起，五根手指操作三寸高的人偶，锣鼓喧天，念白以叫颡子（置于喉中的竹哨）道出。所有这些都由一个人完成，叫作“木人头戏”。“牵丝戏”，类似木偶戏，只不过木偶的手和脚都用丝线牵动，因此得名。靠近墙壁搭一帐幕，一个人在幕中，模拟数人对话，叫“隔壁戏”。用扇子扑打桌面，模仿鸟飞来飞去的样子，继而用嘴模仿百鸟叫声，都出自一人之口，叫“百鸟像声”。江宁人制作的方形或圆形的木匣，里面装着花树、禽鱼、神怪、秘戏之类的画面，匣上开一个小孔，用五色玳瑁壳盖住，从小孔往里看，匣中的小东西都像是变大了。这称作“西洋镜”。又有称为“洋画”的，从显微镜里看画中倒影，画中近的东西看上去显得深远，这是因为采用了西洋绘画技法的

黄毛红臂
小胡孫
翻斗爬竿
踏車輪
頂盔摔
旗羊做馬
妝扮美女
笑煞人
古代風俗竹枝
百首之明代猴戲

缘故。江阴人善于将五色粉捏成各种各样的人形，叫作“粉人”。截取一尺多长的紫白竹，竹竿上开六个小孔，用来吹奏，叫作“太平箫”。用竹片夹住竹叶，放在舌头上，能够吹出小曲。截取两三寸长的竹筒，在中间安上陀螺，缠上线，在地上飞速转动时，风钻入竹筒，发出“汪汪”的声音，这样的东西叫作“地铃”。用细竹丝编成蝴蝶、人形，糊上纸，放飞到空中，叫作“飞鹞”。失明的男女，敲着木鱼，击打铜钹，说唱前朝旧事，叫作“说因果”。“摊簧”，是从弋腔演变而来的，以琵琶、弦索、胡琴、檀板伴奏，配合演唱。其他像测字、起课、算命、相面，大都是江西人擅长的营生，他们租下房子居住，以这个手艺谋生。问祸福的男女，如同闻到膻味的蚂蚁聚在一起。茶坊、酒肆和小吃店非常多。以装水烟为生的穷人，逢人低眉顺眼地伺候着，以求能得到一点点赏钱。那些托着盘子卖食品的，所在之处人围成市。城外的西园，人们往放生池里投馒头，引龟浮上水面吞食以此为乐。妇女暗暗数着罗汉，占卜出生时辰的顺逆。这样的活动一直持续到正月十六，学子们开始读书，工人们返回作坊，农民们各做各的农活儿。这就是新年。范来宗作《游观》诗说：“仙都玄妙六门中，遝迩争趋老少同。大地广场逾鹤市，诸天法相若鳌宫。种桃道士重门杳，卖果儿郎百戏空。何事千人齐引领，香舆裙露石榴红。”又蔡云《吴歈》说：“城外西园城内观，趁闲趁闹尽嬉顽。可怜佛宇仙宫好，混却茶炉酒肆间。”又有诗：“弥罗阁阴花爆稀，长生殿边丝鹞飞。冶容少妇入人海，轻薄儿郎惯打围。”

烧十庙香

郡县城隍庙及本里土地诸神祠，男妇修行者，年初皆往烧香，必经历十庙而止，谓之“烧十庙香”。归必炷香于家堂司命诸神之前，曰“回头香”。

案：厉樊榭《武林踏灯词》云：“闹蛾丛里斗新妆，去点吴山十庙香。”盖烧年香之俗，不独于吴为然。然吴中所谓十庙者，为苏州卫报赛河神之所，非僧尼道流修行之地。见钱思元《吴门补乘》。且十庙确有其处，非若世俗之所谓十庙也。城东北隅，利四图张香桥一苇庵，即俗称“一庙”是也。今所存者三耳：“六庙”在北园，“十庙”在回龙阁。余俱废。

【译文】

苏州城内府县两级的城隍庙和各里巷的土地庙，修行的男男女女年初都要去烧香，而且一定要烧完十座庙才可以停止，叫作“烧十庙香”。回到家后，还要在家中供奉的司命诸神的神位前上一炷香，称之为“回头香”。

山川坛[1]迎喜

大府[2]择立春后丁日或壬日，喜神正南方，率标下弁卒，各陈队伍，张列兵器，迤逦至山川坛，迎祀喜神，谓之“迎喜”。俗例：趋观不迭，主一岁之不祥。故男女纷集，争先恐后。东方欲白，平安街南已于于而来。小小茶坊亦拂拭桌凳，专待观者憩息。土人置食物供买，过午便散，谓之“迎喜市”。蔡云《吴歈》云：“南来喜气远迎将，夹道游人若堵墙。一阵香风笑声起，画楼何处不新妆。”

案：《雅志》云：“风、云、雷、雨，境内山川城隍神坛，在盘门外一都，地隶吴县，盖府治之正南也。迎祀喜神于坛，必扬兵演阵，犹唐制；烟炬，为平安火耳。”

【译文】

巡抚会选择立春后的丁日或壬日，向喜神所在的正南方，率领属下及士卒，排列队伍，手执兵器，浩浩荡荡地前往山川坛，去迎接和祭祀喜神。这个仪式叫作“迎喜”。按照民俗：喜神出现，如果赶不上去观看，预示着这一年会有不祥的事。因此，迎喜这一天，男男女女会争先恐后去迎接喜神的到来。天快亮的时候，平安街南人们已经

1　山川坛，用于祭祀风、雨、雷、电、山川、城隍等各路神灵的祭坛。

2　大府，泛指上级官吏，明清时亦指总督、巡抚。

陆续聚来。小小的茶坊也会擦拭干净桌子凳子，专供观看的人休息。当地人摆上食物，供观看的人购买。中午一过，人们就散去了。这一市集称为“迎喜市”。蔡云《吴歈》诗云：“南来喜气远迎将，夹道游人若堵墙。一阵香风笑声起，画楼何处不新妆。”

状元筹[1]

取科目名色，制筹为局戏，岁夕聚博，以六骰掷之，得状元者为胜，取及第争先之谶，谓之“状元筹”。有无名氏《状元筹》乐府云：“升官图里夸捷径，科甲丛中更争胜。献岁惊闻笑口开，果然夺得状元回。举人进士唾手得，何物秀才不出色。博取功名只如此，安用六经廿一史。一筹莫展者谁子，那不呼卢喝为雉。”又郭麐有诗云：“屠苏饮后明灯灿，夜永宵寒人意倦。长筵试展红氍毹，男女分曹卜如愿。牙筹一握长短排，上有细字书官阶。玲珑骰子数用六，纷纷五色迷人目。就中状元贵无比，入手争看色为喜。无心一掷竟全红，失意终朝或三褫。其余琐细但中程，千佛亦足称名经。只有秀才众所易，了无宠辱关重轻。平生不识樗蒲齿，作戏时时亦聊尔。绕床脱帽或狂呼，当日童心正如此。人间贵贱会适时，柳州序棋言可思。一朝得失异愁喜，朝士未遽

1　状元筹，一种游戏用具，将从状元到秀才的不同科名和注数刻在筹条上。

贤群儿。而今懒惰厌闻聒，回首年光真电抹。酒醒窗日已曈昽，笑语儿曹莫争夺。”

案：陆放翁诗：“呼卢院落争新岁。”注：“乡俗，岁夕聚博，谓之‘试年庚’。”吴谷人祭酒《新年杂咏》小序云：“状元筹，绯绿兼行，赢输计箸，闺阁中为消闲之戏。”南宋有状元局，见《芦浦笔记》。又《清异录》有彩局。金金门诗云：“出身须是状头为，谁写功名上竹枝。六子纷投当令节，一乌先兆快书痴。枭卢绕席呼刘裕，仙桂芳年咏牧之。十指淋漓浑异事，笑他矮屋费清思。”

【译文】

拿科举的名目，制成玩游戏的筹码，守岁之夕，人们聚在一起赌输赢，用六个骰子投掷，拿到状元的点数则为赢家，取及第争先的寓意，叫作“状元筹”。有无名氏作《状元筹》乐府诗：“升官图里夸捷径，科甲丛中更争胜。献岁惊闻笑口开，果然夺得状元回。举人进士唾手得，何物秀才不出色。博取功名只如此，安用六经廿一史。一筹莫展者谁子，那不呼卢喝为雉。”又郭麐作诗说：“屠苏饮后明灯灿，夜永宵寒人意倦。长筵试展红氍毹，男女分曹卜如愿。牙筹一握长短排，上有细字书官阶。玲珑骰子数用六，纷纷五色迷人目。就中状元贵无比，入手争看色为喜。无心一掷竟全红，失意终朝或三褫。其余琐细但中程，千佛亦足称名经。只有秀才众所易，了无宠辱关重轻。平生不识樗蒲齿，作戏时时亦聊尔。绕床脱帽或狂呼，当日童心正如此。人间贵贱会适时，柳州序棋言可思。一朝得失异愁喜，朝士未遽贤群儿。而今懒惰厌闻聒，回首年光真电抹。酒醒窗日已曈昽，笑语儿曹莫争夺。”

升官图

又以官阶升降为图，亦六骰掷之，取入阁之谶，谓之“升官图”。有无名氏《升官图》乐府云：“一朝官爵一张纸，可行则行止则止。论才论德更论功，特进超升任不同。只有赃私大干律，再犯三犯局中出。纷纷争欲做忠臣，杨左孙周有几人？当日忠臣不惜命，今日升官有捷径。”

案：《谈书录》：“升官图，今谓之百官铎。相传此图乃明倪鸿宝所造。其实官名虽从时，而图戏则自唐已有。房千里《骰子选格序》云：‘开成三年春，予自海上北徙，舟行次洞庭之阳，系船野浦下。遇二三子号进士者，以穴骼双双为戏，更投局上，以数多少为进身职官之差。’《笔丛》有彩选格，久不传。据房序，则今之‘升官图’，即古之‘彩选’也。”王阮亭谓：“彩选始唐李郃，宋尹师鲁踵而为之。刘贡父又取西汉官秩为之，取本传所以升黜之语注其下。其兄原父喜而序之。”蒋春雨《选官图》诗：“近来那便名心淡，眼乱官阶黜陟书。”又厉樊榭词：“选官图外论赢输。”盖图以么为赃，绯为德，六为才，二、三、五为功也。吴谷人诗云：“小绘衣冠队，升阶文武同。周遭成宦迹，呼喝任儿童。捷径三迁里，官情一纸中。清江有题句，识取画图工。”

【译文】

又按官阶的升降画成图，也用六个骰子投掷，取入内阁的寓意，叫作“升官图”。有无名氏作《升官图》乐府诗：“一朝官爵一张纸，可行则行止则止。论才论德更论功，特进超升任不同。只有赃私大干律，再犯三犯局中出。纷纷争欲做忠臣，杨左孙周有几人？当日忠臣不惜命，今日升官有捷径。”

年节酒

元旦后，戚若友递相邀饮，至十五日而止，俗称“年节酒”。范来宗《留客》诗云：“登门即去偶登堂，或是知心或远方。柏酒初开排日饮，辛盘速出隔年藏。老饕餍饫情忘倦，大户流连态怕狂。沿习乡风最真率，五侯鲭逊一锅香。”又蔡云《吴歈》云：“大年朝过小年朝，春酒互见招。近日款宾仪数简，点茶无复枣花挑。”

案：宋僧道世《法苑珠林》：“唐长安风俗，每至元旦已后，递饮酒相邀迎，号‘传坐酒’。”又危致明《岳阳风土记》：“岳州自元日献岁，邻里宴饮相庆，至十二日始罢，号曰‘传坐酒’。”《常昭合志》：“元旦后，亲朋交宴，谓沿袭屠苏

五葷咸作葷盤嘗蘆菔
芹芽伴韭黃互贈友僚
同此味果腹多須待膏粱
古代風俗竹枝百首之晉立春
饋親友春盤

之义。郡中新年旧俗，点茶飨客，有用诸色果及攒枣为花者，名‘挑瓣茶’。今废。”吴谷人祭酒《新年杂咏》小序云：“新年，家设酒肴延客，三五行，即辞出。亦有尽醉而归者。”顾清诗：“茗碗酒杯皆可意，好将新岁作传生。”

【译文】

正月初一过后，亲戚朋友间相互邀约饮酒，一直到正月十五才结束，俗称“年节酒”。范来宗的《留客》诗说：“登门即去偶登堂，或是知心或远方。柏酒初开排日饮，辛盘速出来年藏。老饕餍饫情忘倦，大户流连态怕狂。沿习乡风最真率，五侯鲭逊一锅香。”蔡云《吴歈》说：“大年朝过小年朝，春酒春盘互见招。近日款宾仪数简，点茶无复枣花挑。”

小年朝

初三日，为小年朝。不扫地、不乞火、不汲水，与岁朝同。

案：《岁时琐事》：“正月三日为小年朝，仍烧松棚于围炉中。”《远平志》：“正月三日，人多扫积尘于箕，并加敝帚，委诸歧路，以送穷。”然各方风俗不同，吾乡凡除夕、正月二日夜、冬至夜扫地。扫则粪帚不出户，恐如愿在其中也。

【译文】

初三这天叫作小年朝。这一天不扫地，不点火，不打水，与初一那天一样。

接路头

五日，为路头神诞辰。金锣爆竹，牲醴[1]毕陈，以争先为利市，必早起迎之，谓之“接路头”。蔡云《吴歈》云：“五日财源五日求，一年心愿一时酬。提防别处迎神早，隔夜匆匆抢路头。”

案：《无锡县志》：“五路神，姓何名五路。元末御倭寇死，因祀之。”今俗所祀财神曰五路，似与此五路无涉。或曰即陈黄门侍郎先希冯公之五子，当黄门建祠翠微之阳，并祀五侯。见元初《石函小谱》及崇祯间《武陵小史》。明初号五显灵顺庙，曰显聪、显明、显正、显直、显德。姑苏上方山香火尤盛，号为五圣。昆山家瑞屏公锡畴，撰《黄门祠碑记》云：“公墓在楞伽山侧，子五侯从祀于山之阳。”家行人公陈埗《无益之言》，云“尝度仙霞岭，后经一岭，名五显岭。岭有五显庙，极整丽。黄门子孙，世居光福，吴郡乃五侯父母之邦，而楞伽俗名上方，尤五侯正首之丘也。妖由人兴，遂淫昏相凭，奸愚

1 牲醴，祭祀用的牺牲和甜酒。

互惑”云云。康熙间，汤文正斌巡抚江苏，毁上方祠，不复正五显为五通之所讹，而祀者皆有禁矣。因更其名曰“路头”，亦曰“财神”。予谓今之路头，是五祀中之行神。所谓五路，当是东、西、南、北、中耳。黎里汝秋士亦谓是行神。尝有诗云：“人为利所昏，所见无非利。路头古行神，今作财神例。门户与中溜，我乡已废祀。祀灶并祀行，五祀犹存二。粔籹[1]堆满盘，媚灶值廿四。虽等燔柴愚，尚不失祭义。云何年初五，相传路头至。神或临其室，获利亿万计。拜跪肃衣冠，馈献罗酒食。所祷非所司，明神应吐弃。谁欤矫其失，正俗重为祭。供虽异饩羊，爱礼情自挚。有功当报享，尚及猫虎类。况此路头神，司行职攸寄。丈夫志四方，驰驱所有事。要皆邀神庥，明禋敢或替。去其谬悠论，引之合礼意。行神非财神，慎勿紊祈衈。”

【译文】

正月初五，是路头神诞辰日。人们敲起锣，燃放爆竹，摆上牲醴迎接路头神，这个仪式做得越早越吉利，所以一定要早起迎接，叫作“接路头”。蔡云《吴歈》说：“五日财源五日求，一年心愿一时酬。提防别处迎神早，隔夜匆匆抢路头。”

---

1 粔籹，古代一种用油炸或煎的面食。

开市

是日，市估祀神，悬旌返肆，谓之“开市”。

案：《岁时琐事》：“正月五日，俗呼破五日，欲有所作为，必过此五日始行之。”长、元、吴《志》皆云：“五日，祀五路神，始开市，以祈利达。”《昆新合志》云：“俗呼为烧利市。”

【译文】

初五这天，商贾们祭祀五路神，然后挂起幌子回店开张营业，称为“开市”。

七人八谷九天十地

俗以七日为人日，八日为谷日，九日为天日，十日为地日。人视此四日之阴晴，占终岁之灾祥。

案：汉东方朔《占书》：“岁后八日：一日鸡，二日犬，三日豕，四日羊，五日牛，六日马，七日人，八日谷。其日晴，所主之物育，阴则灾。”晋议郎董勋《答问》称：“俗云正月一日为鸡，二日为狗，三日为猪，四日为羊，五日为牛，六日为马，七日为人，八日为谷。缕金以相遗，改旧从新之意也。”

今人因《占书》有七人、八谷之说，遂以九天十地附会之。

【译文】

习俗以正月初七为人日，初八为谷日，初九为天日，初十为地日。人们通过观察这四天的阴晴，来预测一年的吉凶。

看参星

八日昏时看参星，占岁中之水旱。谚云：“参星[1]参在月背上，鲤鱼跳在镬橛上。参星参在月口里，种田种在石臼里。”人又以是日参星之隐见，卜上元日晴雨。谚云：“上八不见参星，月半不见华灯。”

案：卢《志》：“吴俗以正月八日为上八。以参星卜一岁之水旱。逮夜，则老稚聚观，过月西则旱，否则多水。”《昆新合志》并云：“初八夜，参星在月西北角上，则主大稔。”《岁时通考》：“正月八日为上八，谓是日雨，应元宵亦雨。”

【译文】

正月初八黄昏时分观察二十八宿之一的参星运行，可预测这一年

1 参星，星名，二十八星宿之一，属西方白虎七宿。

的旱涝。谚语说：“参星参在月背上，鲤鱼跳在镬橛上。参星参在月口里，种田种在石臼里。”人们还以这一天参星的隐现来占卜正月十五的阴晴。谚语说：“上八不见参星，月半不见华灯。”

斋天

九日为玉皇诞辰。玄妙观道侣设道场于弥罗宝阁，名曰“斋天”，酬愿者骈集。或有赴穹窿上真观烧香者。蔡云《吴歈》云：“七日为人八日谷，谁祈人寿谷丰登。惯闻九日朝天去，香市穹窿第一层。”

案：《昆新合志》：“初九日为天诞，清真观道侣架阁于庭，设醮祀玉帝，俗名‘斋天’，观者如堵。”《昭文县志》：“九日为天日，兴福寺僧斋天，邑人多早起往观。”考吴自牧《梦粱录》：“正月初九日为玉皇上帝诞。杭城中行香，诸富室咸就承天观阁上建会。”又《道经》：“正月九日为玉皇诞。”然《广月令》以十月朔为天诞节。未知孰是。徐崧、张大纯《百城烟水》云：“穹窿山，以山深而峻，故名。相传汉初平中，建上真观，祀三茅真君，岁久观废。国朝顺治七年，施法师道渊兴建殿堂台阁，遂成巨构。十五年，张真人洪任，题请赐今额，有太傅金之俊记。”

【译文】

正月初九是玉皇大帝诞辰日。玄妙观的道士们在弥罗宝阁设道场，称作“斋天”，还愿的人聚集在那里。还有的人到穹窿山的上真观去烧香。蔡云《吴歈》说：“七日为人八日谷，谁祈人寿谷丰登。惯闻九日朝天去，香市穹窿第一层。”

祭猛将

十三日，官府致祭刘猛将军之辰。游人骈集于吉祥庵。庵中燃铜烛二，大如杯棬[1]，半月始灭，俗呼“大蜡烛”。相传神能驱蝗，天旱祷雨辄应，为福畎亩，故乡人酬答尤为心愫。前后数日，各乡村民击牲献醴，抬像游街，以赛[2]猛将之神，谓之“待猛将”。穹窿山一带，农人舁猛将，奔走如飞，倾跌为乐，不为慢亵，名曰“趣猛将”。余尝作《神弦曲》云：“扬旌旄，陈卤簿，焚旃檀，伐鼍鼓。三农竭脂膏，不惜脱布裤。但愿明神喜，生恐明神怒。借问此何神，尔农独畏怖。农云刘猛将，所司非细故。神怒蝗虫飞，神喜甘雨澍。斯神实有功，田祖同呵护。报赛亦人情，胡为乎中路。灾祥在一心，尔农宁不悟。”

---

1 杯棬，形状弯曲的木制饮酒器具。

2 赛，旧时祭祀酬报神恩的活动。

案：《嘉定县志》，刘猛将作刘猛将军。《旧府志》云：“相传神能驱蝗。”《吴县志》：“景定间，因瓦塔而创。初名扬威侯，加封吉祥王，故庙名吉祥庵。”《怡庵杂录》以为宋名将刘武穆锜。王鏊《姑苏志》及《常熟县志》亦皆以为刘武穆锜。俗称节使永定公刘真君庙。而《姑苏志》又云：“猛将名锐，乃锜之弟，尝为先锋，陷敌前。”及考《宋史·刘锜传》，有侄曰汜，无弟锐之名。朱长孺谓：“古名将往往阖门戮力，子弟之功，归之父兄，姓名隐没，盖多有之。不得以《宋史》不载，遂谓必无其人。且绍兴之年，帝驻平江。锜以江东路副总管提举宿卫亲军，并将解潜、王彦两军，为六军。每军千人，为十二将，扈从赴金陵。安知其弟不以是时立功兹土，没而歆其庙食耶？”冯班《题扬威侯庙》诗注云：“庙祀宋将刘信叔。”信叔似是其字。又《宋史》自有刘锐，端平三年知文州，死元兵难，诏立庙赐谥。疑即此神。然文州今陕西文县，则又与吴地无涉。今俗作刘韐。韐字仲偃，宋钦宗时以资政殿学士使金营，不屈死。为神固宜，但又不宜祀于吾地。则以刘武穆锜，或其弟锐为近是。江、震《志》：“元旦，坊巷乡村各为天曹神会，以赛猛将之神，谓神能驱蝗，故奉之。会各杂集老少为隶卒，鸣金击鼓，列队张盖，遍走城市，富家施以钱粟，至二十日或十五日罢。吴人事之甚严，累著灵异。国朝雍正十二年，诏有司，岁冬至后第三戊日及正月十三日致祭。”《府志》载：“刘猛将军庙有五：一在阊门外江村桥西；一在盘门营内；一在横塘；一在洞庭山杨湾；其在中街路宋仙洲巷者，俗称大猛将堂，即吉祥庵也。”

吴县《旧志》：“十三日诣吉祥庵，谒刘猛将，燃巨烛如杯棬，至半月始灭。”《类篇》：“趫趏，走急貌。”丁度《集韵》：“趏，作答切。”音帀。吴语谓急走曰“趏”，读如血音。

【译文】

十三日，是官府祭祀刘猛将军的日子。游人聚集在吉祥庵。庵中点燃两只杯口一般粗的铜烛，燃烧半个月才会熄灭，俗称“大蜡烛”。传说将军的神灵能驱赶蝗虫，天旱时向他求雨就会灵验，能带来丰收，所以乡民们设祭酬答神恩时尤为真诚。正月十三前后几天里，各乡村民宰杀牛羊，供奉美酒，抬着刘猛将军的塑像游街，来酬报刘猛将军的神恩，称为“待猛将”。穹窿山一带，农民们抬着刘将军塑像，如飞一般奔跑，把倾跌视作乐趣，不认为是对将军的怠慢亵渎，这叫作“趏猛将”。我曾作《神弦曲》：“扬旌旄，陈卤簿，焚旃檀，伐鼍鼓。三农竭脂膏，不惜脱布袴。但愿明神喜，生恐明神怒。借问此何神，尔农独畏怖。农云刘猛将，所司非细故。神怒蝗虫飞，神喜甘雨澍。斯神实有功，田祖同呵护。报赛亦人情，胡为乎中路。灾祥在一心，尔农宁不悟。”

点灶灯

十三夜，悬点灶灯于厨下，凡五夜，至十八夜止。

案：《昆新合志》：“上元挂点灶灯，凡三夜。”郡城始于十三夜，曰“试灯”。止于十八夜，曰“收灯”。徐崧、张大纯《百城烟水》云：“吴俗，十三日为试灯日，十八日为收灯日。”

【译文】

十三日的夜晚，在厨房悬挂点燃的灶灯，悬挂五个夜晚，到十八日的夜晚才取下来。

爆孛娄

乡农以糯谷[1]入焦釜，老幼各占一粒，曰“爆孛娄”，谓卜流年之休咎。

案：范成大《吴郡志》、王鏊《姑苏志》、张司直《太仓州志》皆云：吴俗以糯谷爆花曰“孛娄”。《府志》亦云。《姑苏志》又云：“糯谷投焦釜曰‘卜流’，言卜流年也。”然不详何日。江、震《志》载：“十三日，以糯谷投焦釜作米花，谓之‘爆孛娄’，老幼各占一粒，以卜终岁之休咎。”《昆新合志》载：“十四日，以糯谷爆釜中，名‘孛娄’，谓卜流年休咎也。”《常昭合志》载：“上元日，以糯谷投焦釜，曰‘卜流’。”互有不同。李戒庵《孛娄》诗云：“东入吴城十万家，家家爆谷卜

1　糯谷，未脱壳的糯米。

年华。就锅抛下黄金粟，转手翻成白玉花。红粉佳人占喜事，白头老叟问生涯。晓来妆饰诸儿女，数点梅花插鬓斜。”

【译文】

农民们将糯谷放入烧得滚烫的铁锅里炸开花，老幼每人各取一粒，这叫作“爆孛娄”，说是能占卜一年的吉凶。

春饼

春前一月，市上已插标供买春饼，居人相馈贶。卖者自署其标曰“应时春饼”。蒋耀宗、范来宗《咏春饼》联句云：“十字琼肌贵[蒋]，吴侬制不同。易教厨婢习[范]，难语饼师功。旧典堪征数[蒋]，新尝岂画充。匀平霜雪白[范]，熨贴火炉红。薄本裁圆月[蒋]，柔还卷细筒。纷藏丝缕缕[范]，馋嚼味融融。令节传柑候[蒋]，明灯促席中。登盘争觉美[范]，下箸辄能空。触手书防涴[蒋]，抽毫赋孰工。酒停枵腹果[范]，茗佐渴喉通。风物家园好[蒋]，春筵岁事丰。红绫怀昔赐[范]，牙齿已成翁[蒋]。”

案：孙国敉《燕都游览志》：“立春日，于午门赐百官春饼。”陈迦陵词：“争觅取，金盘咬。”注：“立春日啖春饼谓之‘咬春’。”《四时宝镜》：“立春日，春饼、生菜，号‘春盘’。”《府志》亦以迎春日啖春饼。又江、震《志》：

"宴集以春饼为上供，谓即古五辛盘遗意。"吴谷人祭酒《咏春饼》诗云："荐新群爱样团栾，复叠如堆月一盘。次第咬春宜酒配，纵横映字趁灯看。记逢人日煎曾约，莫信吾家说不刊。回首红绫飘昨梦，茅檐无恙且加餐。"

【译文】

开春前的一个月，集市上就有商家插上标牌供卖春饼了，城里人买来相互馈赠。商家在春饼的标牌上写上"应时春饼"。蒋耀宗和范来宗写过《咏春饼》的联句诗："十字琼肌贵（蒋），吴侬制不同。易教厨婢习（范），难语饼师功。旧典堪征数（蒋），新尝岂画充。匀平霜雪白（范），熨贴火炉红。薄本裁圆月（蒋），柔还卷细筒。纷藏丝缕缕（范），馋嚼味融融。令节传柑候（蒋），明灯促席中。登盘争觉美（范），下箸辄能空。触手书防涴（蒋），抽毫赋孰工。酒停枵腹果（范），茗佐渴喉通。风物家园好（蒋），春筵岁事丰。红绫怀昔赐（范），牙齿已成翁（蒋）。"

圆子油䭔

上元，市人簸米粉为丸，曰"圆子"。用粉下酵裹馅，制如饼式，油煎，曰"油䭔"，为居民祀神、享先节物。

案：江、震《志》："元夕会饮，以米粉作丸子、油䭔之属食之。”盖始于永乐十年元夕，以糖圆、油饼为节食，岁以为常。见《皇明通纪》。厉静香《事物异名录》引《表异录》载“宇文护置毒糖䭔”，谓今之元宵子。周必大有《元宵浮圆子》诗：“时节三吴重，圆匀万里同。”又范成大《上元记吴下节物》“撚粉团栾意”，即今之圆子也。吴匏庵《粉丸》诗：“既饱有人频咳唾，席间往往落珠玑。”杭人谓之“上灯圆子”。《正字通》呼蒸饼为䭔，俗以油煎为䭔，亦通。

【译文】

元宵节这一天，城里的人将米粉颠簸摇成丸子，叫“圆子”。把米粉发酵裹上馅，做成饼的样子，用油煎熟，叫作“油䭔”，是人们祭祀神仙和祖先的供物。

灯市

腊后春前，吴趋坊、申衙里、皋桥、中市一带，货郎出售各色花灯，精奇百出。如像生人物则有老跎少、月明度妓、西施采莲、张生跳墙、刘海戏蟾、招财进宝之属；花果则有荷花、栀子、葡萄、瓜藕之属；百族则有鹤凤䴔䴖、猴鹿马兔、鱼虾螃蟹之属；其奇巧则有琉璃球、万眼罗、走马灯、梅里灯、夹纱灯、画舫、龙舟，品目殊难枚举。至十八日始歇，谓之“灯市”。

火樹銀花
不夜天游人
元宵多留
連燈山星橋
笙歌滿金
吾放禁任
狂歡
古代風俗竹枝
百首唐元宵節
放燈

案：周密《乾淳岁时记》："元夕张灯，以苏灯为最。圈片大者，径三四尺，皆五色琉璃所成。山水、人物、花竹、翎毛，种种奇妙，俨然着色便面也。"王鏊《姑苏志》："吴灯，往时最多。范成大诗注有琉璃球、万眼罗二灯，尤为奇绝。或生绡糊方灯，图画史册故事。他如荷花、栀子、葡萄、鹿、犬、走马之状，掷空小球灯，滚地大球灯。又有鱼魫、铁丝、麦杆为之者。一种名'栅子灯'，在鱼行桥，盛氏造，今不传。或悬剪纸人马于傍，以火运动，曰'走马灯'。"《旧府志》："彩笺镌细巧人物，出梅里，名'梅里灯'。剡纸刻花、竹、禽、鱼，轻绡夹之，名'夹纱灯'。"《石湖乐府》序云："吴中风俗，尤竞上元。前一月，已卖灯，谓之'灯市'。价贵者数人聚博，胜则得之。喧盛不减灯夕。"诗云："吴台今古繁华地，偏爱元宵影灯戏。春前腊后天好晴，已向街头作灯市。叠玉千丝似鬼工，剪罗万眼人力穷。两品争新最先出，不待三五迎东风。儿郎种麦荷锄倦，偷闲也向城中看。酒垆博塞杂歌呼，夜夜长如正月半。灾伤不及什之三，岁寒民气如春酣。侬家亦幸荒田少，始觉城中灯市好。"今俗，市上所卖诸灯，未改古制，而乡镇别邑，又皆买自郡中，以是元宵前后，喧盛犹昔。闻最先元夕前后，各采松枝、竹叶，结棚于通衢，昼则悬彩，杂引流苏，夜则燃灯，辉煌火树。朱门宴赏，衍鱼龙，列膏烛，金鼓达旦，名曰"灯市"，凡阊门以内，大街通路，灯彩遍张，不见天日。自吾生以来，此风久已歇绝，则民力之盛衰，于斯可见矣。

【译文】

从进入腊月到立春前，吴趋坊、申衙里、皋桥、中市一带，货郎们挑着各种花灯叫卖，花灯做得精巧奇妙，花样百出。有做成人物像的，比如老跎少、月明度妓、西施采莲、张生跳墙、刘海戏蟾、招财进宝之类；有花果形状的，像荷花、栀子、葡萄、瓜藕之类；有禽兽百族的，像鹤凤鸩鹊、猴鹿马兔、鱼虾螃蟹之类。其中奇绝精巧的，则有琉璃球、万眼罗、走马灯、梅里灯、夹纱灯、画舫、龙舟等，品类名目多得难以一一列举。直到正月十八才停，此称为“灯市”。

走三桥[1]

元夕，妇女相率宵行，以却疾病。必历三桥而止，谓之“走三桥”。

案：长、元《志》皆载：“上元，妇女走历三桥，谓可免百病。”明陆伸《走三桥词》：“细娘分付后庭鸡，不到天明莫浪啼。走遍三桥灯已落，却嫌罗袜污春泥。”刘侗《帝京景物略》谓之“走百病。”吴郡此风，昔废今传，故乾隆《吴县志》删去。

---

1 走三桥，免百病的习俗，各地有所不同，有些地方，正月十六出门逛街市。

【译文】

正月十五的夜晚，妇女结伴夜游，以祛除疾病。一定要走过三座桥才可以，叫作“走三桥”。

放烟火

各乡社庙，或放烟火，有集数十架于庭，次第传爇，媚神以为乐者。范来宗《金衙园观烟火》诗云：“金衙是何园，其地旷非奥。久成荒砾场，旁建社公庙。居民思媚神，立竿光照耀。空中掣金蛇，耳畔轰火炮。争趋忘近远，聚观杂耄少。有客远方来，目笑头屡掉。儤直记禁园，盛会元宵闹。漫天黑夜陈，遍地白日照。雉堞打襄阳，蜃楼现海峤。垂老返江湖，百思不能到。伟哉天上观，岂易人间肖。即此娱社公，聊乞丰年召。”

案：宋高承《事物纪原》云：“火药杂戏，始于隋炀帝。孟襄阳谓即火树也。”瞿宗吉《烟火戏诗》：“天花无数月中开，五色祥云绕绛台。”沈榜《宛署杂记》云：“燕城烟火，有响炮、起火、三级浪、地老鼠、沙砣儿、花筒、花盆诸制。有为花草、人物等形者。花儿名百余种，统名曰‘烟火’。”赵瓯北有《西厂观烟火》诗云：“晚直郊原月未斜，升平乐事览繁华。九边尘静平安火，上苑春催顷刻花。跋浪鱼龙烟似海，劈空雷电炮为车。归途尚有余光照，一路林峦映紫霞。”吾乡承平气象，无异辇下也。

【译文】

元宵时节，各个乡里的土地庙，可能都会放烟火，有的在庭院中集中数十架的烟火，按次序点燃，用来取悦神灵为乐。范来宗作《金衙园观烟火》诗："金衙是何园，其地旷非奥。久成荒砾场，旁建社公庙。居民思媚神，立竿光照耀。空中掣金蛇，耳畔轰火炮。争趋忘近远，聚观杂耄少。有客远方来，目笑头屡掉。爆直记禁园，盛会元宵闹。漫天黑夜陈，遍地白日照。雉堞打襄阳，蜃楼现海峤。垂老返江湖，百思不能到。伟哉天上观，岂易人间肖。即此娱社公，聊乞丰年召。"

闹元宵

元宵前后，比户以锣、鼓、铙、钹敲击成文，谓之"闹元宵"。有跑马、雨夹雪、七五三、跳财神、下西风诸名。或三五成群，各执一器，儿童围绕以行，且行且击，满街鼎沸，俗呼"走马锣鼓"。范来宗《锣鼓》诗云："轰连爆竹近还遥，到处喧阗破寂寥。听去有声兼有节，闹来元旦过元宵。太平响彻家增乐，开道声稀巷转嚣。取次春风催劈柳，卖饧时近又吹箫。"又有无名氏《闹元宵》乐府云："童儿放学店未开，家家铎鼓喧如雷。新年风物幸无事，

彈壁燈貼三面題摩肩搭背來猜謎未似前朝射覆事文思機敏方解疑
古代風俗竹枝百首清打燈謎

买得元宵灯未试。夹雨夹雪七五三，更将走马为筱骖。迎春既过复迎喜，爆竹烧残闹方已。更缚风鸢一尺长，街头又看东风起。”

案：《昆新合志》：“上元节，鸣金达旦，曰‘闹元宵’。”江、震《志》：“元旦，群呼聚类，鸣钲击鼓，以相娱乐。或二旬，或弥月。”竹垞《鸳湖棹歌》有“十棒元宵鼓”。陈迦陵《春夜听邻闺击鼓》词：“落灯风几阵，催人揎袂，琅然响钗应掉。”吴谷人《年鼓》诗云：“急鼓递邻墙，儿童共拍张。一番金奏合，千点柘枝忙。巷曲喧如此，春风记那厢。催花花未醒，又听打渔阳。”

【译文】

元宵节前后，各家各户聚在一起，按照一定的节奏敲击锣、鼓、铙、钹，叫作“闹元宵”。有跑马、雨夹雪、七五三、跳财神、下西风等名目。人们三五成群，手中各拿一种乐器，边打边走，孩子们跟随着跑前跑后，整个街上喧闹得如同开了锅一般，俗称为“走马锣鼓”。范来宗作《锣鼓》诗说：“轰连爆竹近还遥，到处喧阗破寂寥。听去有声兼有节，闹来元旦过元宵。太平响彻家增乐，开道声稀巷转嚣。取次春风催劈柳，卖饧时近又吹箫。”又有无名氏作《闹元宵》乐府诗：“童儿放学店未开，家家铎鼓喧如雷。新年风物幸无事，买得元宵灯未试。夹雨夹雪七五三，更将走马为筱骖。迎春既过复迎喜，爆竹烧残闹方已。更缚风鸢一尺长，街头又看东风起。”

打灯谜

好事者巧作隐语，拈诸灯。灯一面覆壁，三面贴题，任人商揣，谓之“打灯谜”。谜头皆经传、诗文、诸子百家、传奇小说及谚语、什物、羽鳞、虫介、花草、蔬药，随意出之。中者，以隃麋[1]、陟厘[2]、不律[3]、端溪[4]、巾扇、香囊、果品、食物为赠，谓之“谜赠”。城中有谜之处，远近辐辏，连肩挨背，夜夜汗漫，入夏乃已。家[5]震涛《打灯谜》诗云：“一灯如豆挂门傍，草野能随艺苑忙。欲问还疑终缱绻，有何名利费思量。”

案：《国语》，秦客为廋辞于晋之朝，范文子知其三。此谜之缘始也。《左氏》有“河鱼”“庚癸”之言，《乐府》有“石阙”“藁砧”之句，皆近于谜，特未施之灯耳。朱存理《古今钩玄》云：“古所谓廋辞，即今之隐语，而俗谓之谜。”吴人元夕多以此为猜灯。《正字通》云：“曹娥碑阴，大明寺壁，东坡研盖之类，皆俗之谜也。”考灯谜有二十四格，曹娥格为最，次莫如增损格。增损格即离合格也。孔北海始作离合体诗，其四言一篇，合“鲁国孔融文举”六字。余外复有苏黄谐声、

1　隃麋，墨的代称。最早的墨，以隃麋县所出为贵。

2　陟厘，指陟厘纸，用陟厘制成。此处指代纸。

3　不律，毛笔。《尔雅·释器》：“不律谓之笔。”

4　端溪，广东地名，以产砚著称，所产之砚居中国四大名砚之首，谓之端砚。此以端溪代砚。

5　家，本家，同姓。

别字、拆字、皓首、雪帽、围棋、玉带、粉底、正冠、正履、分心、卷帘、登楼、素心、重门、闲珠、垂柳、锦屏风、滑头禅、无底囊诸格。要不及会心格为最古。钱虞山《癸亥元夕》诗：“猜残灯谜无人解。”又钱世昭《私志》载：“王荆公字谜甚多。盖即灯谜之祖。”周密《武林旧事》：“以绢灯剪写诗词及旧京诨语，戏弄行人。”又吴自牧《梦粱录》：“商谜者，先以鼓儿贺之，然后聚人猜谜。”又《都城纪胜》：“来客念隐语说谜，名‘打谜’。”陈迦陵《元夜》词：“更夹路香谜，凭人打。”又沈香岩《灯词》：“打不破村学究灯词哑。”王鏊《姑苏志》云：“上元灯市藏谜者，曰‘弹壁灯’。”江、震《志》云：“好事者或为藏头诗句，任人商揣，谓之‘灯谜’，亦曰‘弹壁’。”蔡铁翁《吴歈》注谓“谜以西厢曲为主，余弗尚焉。”顾有不尽然者。

【译文】

有些人别出心裁制作了谜语，贴在灯笼上，灯笼一面靠在墙壁上，三面贴上谜题，任人猜测揣摩，叫作“打灯谜”。谜面都是从经传、诗文、诸子百家、传奇小说，以及谚语、什物、羽鳞、虫介、花草、蔬药中随意选出的。猜中的人，奖励文房四宝、巾扇、香囊、果品等物，叫作“谜赠”。城中凡是猜谜的地方，远近的人都聚集在那里，肩连着肩、背挨着背，每晚都有很多人，一直持续到夏天才停下来。我的本家顾震涛《打谜诗》说：“一灯如豆挂门傍，草野能随艺苑忙。欲问还疑终缱绻，有何名利费思量。”

三官素 七子山

上元、中元、下元日为三官诞辰。俗以正、七、十月朔至望日嗜素者，谓之“三官素”。或以月之一、七、十日持斋，谓之“花三官”。遇三元日，士庶拈香，骈集于院观之有神像者。郡西七子山，有三官行宫，释氏奉香火。至日，舆舫络绎，香潮尤盛。归持灯笼，上衔“三官大帝”四字，红黑相间，悬于门首，云可解厄。或有以小杌插香供烛，一步一拜至山者，曰“拜香”。

案：《宋史·方伎传》：“苗守信上言：三元日，上元天官，中元地官，下元水官，各主录人善恶。”盖三元之名，已见《魏书》《旧唐书》，然不言三官主月。考丘悦《三国典略》载：“张角为太平道，张修为五斗米道，使人为奸令祭酒，主以《老子》五千文使都习，号奸令。请祷之法，书病人姓名，说服罪之意，作三通：其一上之天，著山上，其一埋之地，其一沉之水，谓之三官手书，使病者家出米五斗以为常，号‘五斗米师’。”详《后汉·刘焉传》注。传以张修为张衡，张陵之子。明宋景濂《跋曲阿三官祠记》亦取《典略》之说。又《宣和画谱》有周昉《三官像图》。《道书》：“正月十五日上元，九炁天官，主录百司，上诣天阙，进呈世人罪福之籍。上元，十天灵官、神仙兵马与上圣高真妙行真人，下降人间，考定罪福。中元，九地灵官。下元，水府灵官。上元、中元、下元皆大庆之月也。长斋诵《度人经》，则福及上世，身得与神仙并。”

此吴俗所以多诵经持斋者尔。

【译文】

正月十五、七月十五、十月十五，是掌管人间善恶的三官的诞辰日。民俗将正月、七月、十月，从初一到十五吃素称为“三官素”。有的把每月初一、初七、初十吃斋念佛叫“花三官”。遇到正月十五、七月十五、十月十五，士人和百姓会聚集在寺院或者道观等有神像的地方上香。苏州府西边有座七子山，上有三官的行宫，由佛门侍奉香火。到了祭祀的日子，车船络绎不绝，香火尤其旺盛。上香的人回家时点上灯笼，上写“三官大帝”四个大字，红黑相间，挂在门上，说是可以解除厄运。还有人端着一张小供桌，上插香烛，一步一拜，一直拜进山门，叫作“拜香”。

接坑三姑娘

望夕，迎紫姑，俗称“接坑三姑娘”。问终岁之休咎。

案：刘敬叔《异苑》：“紫姑，姓何名媚，字丽娘，莱阳人。寿阳李景之妾。不容于嫡，常役以秽事。于正月十五日，感激而死。故世人以是日作其形，夜于厕间或猪栏边迎之。祝曰：‘子胥不在。曹姑归去。小姑可出。’戏提猪觉重者，则是神来，可占众事。”李商隐诗：“羞逐乡人赛紫姑。”此风

元宵之夜請紫姑
保佑吉祥賜安福終歸
女兒同情意焉辭荒唐
事有無
古代風俗竹枝百首 請紫姑

唐时已然。又朱鹿田《元夕看灯词》："红裙私拜紫姑前。"又熊儒登《正月十五夜》诗："深夜行歌声绝后，紫姑神下月苍苍。"又孔清江《上元》诗："群儿嬉戏尚未寝，更看紫姑花满头。"又范石湖《上元纪吴下节物》诗："箕诗落笔惊。"宗懔《荆楚岁时记》："正月望夕，迎紫神以卜。"沈存中《梦溪笔谈》："正月望夜，迎厕神。"《昆新合志》亦以十五日"迎紫姑，问休咎"。范《志》则以十二月十六日"祭厕姑，男子不得至"。今俗已非。

【译文】

十五的晚上，迎祀厕神紫姑，俗称为"接坑三姑娘"。可向紫姑问卜一年的吉凶。

百草灵

妇女又有召帚姑[1]、针姑[2]、苇姑[3]，卜问一岁吉凶者。一名"百草灵"。乡间则有祈蚕之祭。

案：范石湖《上元纪吴下节物》诗注"筵篿巫志怪，香火

1 帚姑，把旧扫帚系在裙子上占卜。

2 针姑，用针来占卜。如果出现针头针尾相接连的情况，就是吉兆。

3 苇姑，用芦苇茎秆的分合占卜。

婢输诚”句下：“俗传正月百草灵，故扫（帚）、苇、针之属皆卜焉，多婢子辈为之。”弊帚系裙以卜，名“扫帚姑”。针姑以针卜，伺其尾相属为兆，俗名“针姑”。苇茎分合为卜，名“苇姑”。至白粥以祭蚕神，则本《岁时记》所载王成遇蚕神故事也。

【译文】

有的妇女找来扫帚、针线、芦苇占卜一年的吉凶，叫作“百草灵”。乡间还有祭祀蚕神祈福的习俗。

验水表

十五夜，月明时立一尺五寸之表于地。至夜子正一刻候之，以卜旱涝。

案：韩鄂《四时纂要》：“楚俗，立春月立八尺表，占候日景。景短则为旱，长则为水。”吴占则于正月望夜。《负喧野录》云：“大约据表之长而中分之，为七寸半者二。若景适及七寸半为中正，则是岁雨旸时若。又以两七寸半各十分分，影在七寸半以下为不及，主旱。影在七寸半以上为有余，主水。极有准的。”九县《志》皆载：“正月望夜，月中建表，候雨旸。”

【译文】

正月十五夜里，月明之时立起一把一尺五寸长的标尺。到半夜子时一刻，人们根据标尺投在地上月影的长短来推断一年的旱涝情况。

灯节

是夜，俗又呼为“灯节”。比户燃双巨蜡于中堂，或安排筵席，互相宴赏。神祠、会馆，鼓乐以酬，华灯万盏，谓之“灯宴”。游人以看灯为名，逐队往来，或杂遝于茶炉、酒肆之间，达旦不绝。桥梁植木桅，置竹架如塔形，逐层张灯其上，沿河神庙亦植竿引索悬灯，云“造桥灯”。皆以禳祓。蔡云《吴歈》云：“看残大烛闹元宵，划出旱船忙打招。不放月华侵下界，烟竿火塔又星桥。”

案：范石湖《上元纪吴下节物》诗：“樯炬疑龙见，星桥讶鹊成。”注：“舟人接竹桅樯之表，置灯于上，望之如星。”又云：星桥，乃桥灯也。又有句云：“旱船遥似泛。”盖旧俗，夹道陆行为竞渡之乐，谓之“划旱船”。今俗已废。《昆新合志》亦云：“上元各乡社庙，设桥灯、塔灯。”

【译文】

正月十五夜，民俗又称为“灯节”。家家户户在中堂点燃两支巨大的蜡烛，有的人家还会排摆宴席，相互宴请欢乐。在神祠、会馆，以鼓乐来酬谢神灵，同时点燃很多花灯，称作“灯宴”。人们以赏灯为由，成群结队或往来于街巷，或者拥挤于茶馆、酒肆，热闹非凡，到天明都停不下来。桥上竖起桅杆，放置如塔形的竹架，每层都挂上灯笼，沿河的神庙里也都竖起竹竿悬挂灯笼，这叫“造桥灯”，都是为了祈福避灾。蔡云在《吴歈》中说：“看残大烛闹元宵，划出旱船忙打招。不放月华侵下界，烟竿火塔又星桥。”

二月

玄墓看梅花

暖风入林，玄墓梅花吐蕊，迤逦至香雪海。红英绿萼，相间万重。郡人舣舟虎山桥畔，襆被[1]遨游，夜以继日。李福《玄墓探梅歌》云："雪花如掌重云障，一丝春向寒中酿。春信微茫何处寻，昨宵吹到梅梢上。太湖之滨小邓林，千株空作横斜状。铜坑寥寂悄无踪，石壁嵯峨冷相向。踏残明月锁香痕，翠羽啾啾共惆怅。报道前村消息真，冲寒那顾攀层嶂。玉貌惊看试半妆，霜华喜见裁新样。酹酒临风各有情，小别经年道无恙。此花与我宿缘多，冰雪满衿抱微尚。相逢差慰一春心，空山不负骑驴访。"

案：徐崧、张大纯《百城烟水》："邓尉在光福里，去城七十里，因后晋青州刺史郁泰玄葬此，又名'玄墓'。"又引《吴县志》："玄墓在邓尉西南六里，然相连，实一山。故《一统志》及《山志》合为一山。今俗通称玄墓，间呼邓尉山。人以圃为业，尤多树梅。"《府志》："玄墓之西为弹山，弹山西北为西碛，铜坑与西碛并峙。西碛之南为孙堰，东为马驾，向未有名。山不甚高，四面皆树梅。康熙中，巡抚宋荦题'香雪海'三字于崖壁，其名遂著。"乾隆《吴县志》云："梅花以惊蛰为候，最盛者以玄墓、铜坑为极。马家山、费家河头、

1　襆被，用包袱裹束衣被。

蟠螭山、石壁、弹山、石楼，皆游赏处也。而邓尉山前，香花桥上，坐而玩之，日暖风来，梅花万树，真香国也。”梅花最深处在铜坑，中有吟香阁，宋高士先朝仪凤所建，阁已久亡。嘉庆初，乡先生范芝岩、吴昙绣诸公，皆有倡和诗，家文源集刻行世。先世有玄墓探梅路径一则，由光福至三官堂前，至费家河头，抵涧里、乌山头、铜坑，寻吟香阁遗址，过巉山头及草庵、金鱼涧，登官山岭，取董份墓至玄墓山，从蔡家坞一直至柴庄岭、老虎洞，姚家河头宿。越日，从姚家河头经光福凤鸣冈，上峙崦岭、司徒庙，看清、奇、古、怪四大树，上香雪海，由倪家巷、铜井山下至潭东，上弹山，登石楼，转天井，上看红梅、绿萼之和丰庵。登六浮阁，看太湖。至潭西，访五侯公墓。过蟠螭山，上大石壁，归绣球山。由潭东上长旂岭，过钱家磡，一直仍上柴庄岭。归舟梅花数十里，历历在目。若误趋他涂，往往有不能遍历者。汪琬诗云：“新柳条垂着水齐，画桥行傍虎山堤。卷帘渐觉香风入，一路梅花到崦西。”又沈朝初《忆江南》词云：“苏州好，鼓棹去探梅。公子清歌山顶度，佳人油壁树间来。玄墓正花开。”

【译文】

春风带着暖意吹入林间，玄墓山的梅花绽放，曲折连绵直到香雪海。红色的花朵与绿色的花萼，层层叠叠。苏州府城的游人把船停靠在虎山桥边，携带衣被，准备在此间夜以继日地赏花游乐。李福作过《玄墓探梅歌》，说：“雪花如掌重云障，一丝春向寒中酿。

春信微茫何处寻，昨宵吹到梅梢上。太湖之滨小邓林，千株空作横斜状。铜坑寥寂悄无踪，石壁嵯峨冷相向。踏残明月锁香痕，翠羽啾啾共惆怅。报道前邨消息真，冲寒那顾攀层嶂。玉貌惊看试半妆，霜华喜见裁新样。酹酒临风各有情，小别经年道无恙。此花与我宿缘多，冰雪满衿抱微尚。相逢差慰一春心，空山不负骑驴访。”

惊蛰闻雷米似泥

土俗，以惊蛰节日闻雷，主岁有秋。谚云“惊蛰闻雷米似泥”。若雷动于未交惊蛰之前，则主岁歉。谚云“未蛰先蛰，人吃狗食”。

案：《孝经纬》：“雨水十五日，斗指甲为惊蛰，二月节。”蛰者，蛰虫震惊起而出也。

【译文】

本地的风俗，把在惊蛰这一天听到雷声，作为丰收年的预兆。谚语说“惊蛰闻雷米似泥”。如果在惊蛰之前就打雷，则预示这一年要歉收。谚语说“未蛰先蛰，人吃狗食”。

土地公公生日

二日为土地神诞，俗称土地公公，大小官廨皆有其祠。官府谒祭，吏胥奉香火者，各牲乐以酬。村农亦家户壶浆以祝神厘，俗称田公、田婆。

案：《周礼·春官》，大示而外，有土示、地示。此后代土地神之所由名也。土示，五土之示，即社也。地示，地之百示。今祀典，自有社稷坛，而民间复立土地庙者。社坛，古之国社，后代谓之官社。民间土地祠，《记》所谓“大夫以下成群立社，曰‘置社’”，即后代之里社也。古二十五家为社。《明史》：“里社，每里一百户，立坛一所，祀五土、五谷之神。”《左氏传·昭公二十九年》：社稷之神为上公。又杜氏注“用币于社”，谓请救于上公。《后汉·方术传》有社公之名。是天下之社神，宜通谓之公，后讹为土地公公，且茧袍、乌帽，装扮白发翁矣。俗又各立名字，更非古制。如陈确庵《尉迟土地庙序》云：“社以祀山林、川泽、原隰之神，谓之‘地祇’。庙以祀先代之有功德者，谓之‘人鬼’。今土地庙乃有陆宣公、子胥、武侯、卫公之称，则合地祇、人鬼而一也。”盖自世之以人实之，于是二月二日之祀，或有移祀于所配食者之降生日矣。抑知今之二月二日，犹古之社也。《月令》二月，“择元日，命民社”，郑注谓祀社稷之神。元日，谓近春分前后戊日元吉也。称田公、田婆者，即《提要录》所云社翁、社母也。田事将兴，故祀之，以祈农祥。

【译文】

二月初二是土地神的诞辰，民间称土地神为土地公公，大小官署都有土地公公的祠庙。官府祭祀土地公公时，小吏们进奉香火，各摆上祭祀的牛羊猪，并奏乐以酬谢土地公公的保佑。村民们也家家户户供奉美酒向土地神求福佑，俗称土地神为田公、田婆。

撑腰糕

是日，以隔年糕油煎食之，谓之“撑腰糕”。蔡云《吴歈》云：“二月二日春正饶，撑腰相劝啖花糕。支持柴米凭身健，莫惜终年筋骨劳。”又徐士鋐《吴中竹枝词》云：“片切年糕作短条，碧油煎出嫩黄娇。年年撑得风难摆，怪道吴娘少细腰。”

案：刘若愚《芜史》：“燕俗，二月二日，用黍[1]面枣糕以油熬之，曰‘薰虫’。”吴曼云《江乡节物词》小序云：“杭俗：二日，煎糕、炒豆，以祀土地。”谓即春祭社之礼。有“糕花凝白豆萁红”之句。方以智《通雅》：“𥌓即张，一作撑，雌争反。”《集韵》：“支柱也。”《昆新合志》：“二月二日，食𨳿腰糕。”𨳿，字书无此字，俗呼雌枪反，去声。

1 黍，一年生草本植物，叶线形，子实淡黄色，去皮后称黄米，煮熟后有黏性。

【译文】

二月二这一天，要吃油煎的隔年年糕，称为“撑腰糕”。蔡云《吴歈》说：“二月二日春正饶，撑腰相劝啖花糕。支持柴米凭身健，莫惜终年筋骨劳。”徐士铉《吴中竹枝词》：“片切年糕作短条，碧油煎出嫩黄娇。年年撑得风难摆，怪道吴娘少细腰。”

文昌会

三日为文昌帝君诞，大吏致祭于竹堂寺畔之庙。庙属长洲境，故长邑宰亦祭于此。他邑有其庙者，各邑宰为之主祀。余如道宫[1]、法院[2]、会馆[3]、善堂[4]供奉帝君之像者，俱修《崇醮录》，谓帝君掌文昌府事，主人间禄籍[5]。士大夫酬答尤虔，虽贫者，亦备分烧香，纷集殿庭，谓之“文昌会”。

案：《祀典》：“二月三日为文昌诞辰，官为致祭。”本道书“二月三日为文帝诞辰”之说。文昌祠，俗亦称梓潼帝君庙。孙光宪《北梦琐言》：“神姓张，名恶子。居梓潼县之七

1 道宫，道观。

2 法院，修炼法术的道院。

3 会馆，明清时期都市中由同乡或同业组成的民间团体。

4 善堂，旧时指育婴堂、养老院等慈善机构。

5 禄籍，旧时谓天上或冥府记录人福、禄、寿的簿册，为官食禄的簿籍。

曲山。仕晋，战没，人立庙祀之。”马贵与《通考》云：“唐玄宗、僖宗入蜀，皆有封号。宋咸平中，封英显王。”迨至元世，进号帝君，特设庙祀。于是天下学校皆有祠。《明史·礼志》：弘治中，礼部尚书周洪谟议罢此祀，并毁祠之在学校者。谓“梓潼显灵于蜀，庙食其地为宜”。嘉靖中，倪文毅《请正祀典疏》亦本周说。叶石林《岩下放言》载：“蜀有二举人，行至剑门张恶子庙，夜各梦神，预作来岁状元赋，甚灵异。”高文虎《蓼花洲闲录》亦载此事。后人以其于科目有灵感，且元代尝封为文昌君，道家遂取《阴骘文》十七世为士大夫之说以实之。但考《史记·天官书》，“斗魁戴匡六星为文昌宫”，四曰司命、五曰司中、六曰司禄。其三曰上将、次将、贵相。屈原《九歌》分大司命、少司命为二。朱竹垞谓：“少司命，即《星经》所云司命二星，在虚北。司禄二星在司命北。大司命，则文昌之第四星也。”古之祀文昌者，司中、司命。今之号为帝君者，盖司禄也。《楚辞》：“后文昌使掌行兮。”王逸注：“顾命中宫敕百官。”“天有三宫，谓紫微、太微、文昌也。”《孝经援神契》云：“文者精所聚，昌者扬天纪，辅拂并居以承天象。”故曰文昌宫。然则梓潼神之与文昌六星无涉，信矣。崔鸿《后秦录》：“姚苌立张相公庙于梓潼岭。”李义山诗，称张恶子庙。则知唐时无文昌之称。虞文靖《相如院文昌万寿宫记》云：元初但称七曲神君。王宗沐《续通考》：“景泰五年，始敕赐梓潼为文昌宫。”是梓潼张神之为文昌帝君，或自此相沿与？

【译文】

二月初三是文昌帝君的诞辰，苏州府的大官们在竹堂寺旁的文昌庙中举行祭祀。文昌庙在长洲县境，所以长洲的知县也在这里祭祀。其他各县有文昌庙的，由各县的知县主持祭祀。其他如道宫、法院、会馆、善堂等处供奉有文昌帝君像的，都要撰写《崇醮录》，说是文昌帝君掌管文昌府的事，主管人间的禄籍。士大夫的酬报尤为虔诚，即使贫穷的人，也要备好香烛，聚集在大殿与院中，称为“文昌会”。

冻狗肉

八日为祠山张大帝[1]诞。相传，大帝有风山女、雪山女。归省前后数日，必有风雨，号请客风、送客雨。虽天气甚温，又必骤寒。俗有“大帝吃冻狗肉”之谚。

案：张司直《太仓州志》云：“二月八日为张大帝生日。必有风雨酿寒。”《常昭志》亦云：“又云大帝吃冻狗肉，逢辰日，上天有接客风、送客雨。”考晋詹仁泽《祠山家世编》、宋程棨《三柳轩杂识》俱引《祠山事要》，有“化身为彘，督阴兵浚河，为夫人李氏所觇，工遂辍，是以祀之，避豨用犬”。

1 祠山即安徽省广德县横山。祠山大帝是长江中下游地区最具代表性的治水神，名张渤，传为西汉人，因治水有功深受人们爱戴，因建其祠于横山，遂改横山为祠山，奉张渤为祠山大帝。

刘绳庵《重修庙记》："每春阴多寒，折俎用冻脯。"此殆俗所传冻狗肉之说欤？

【译文】

二月初八是祠山张大帝的诞辰日。相传，大帝有风山女和雪山女两个女儿。在她们回家省亲的前后几天，必定有风雨，这就是传说的请客风、送客雨。这时虽然天气已经暖起来，但会骤然寒冷。民间有"大帝吃冻狗肉"的谚语。

百花生日

十二日为百花生日，闺中女郎剪五色彩缯，粘花枝上，谓之"赏红"。虎丘花神庙，击牲献乐，以祝仙诞，谓之"花朝"。蔡云《吴歈》云："百花生日是良辰，未到花朝一半春。红紫万千披锦绣，尚劳点缀贺花神。"

案：田汝成《西湖游览志》云："花朝、月夕，世俗恒言二、八两月为春秋之中，故以二月半为花朝，八月半为月夕。"周处《风土记》及《提要录》皆以二月十五日为花朝。然《翰墨记》以二月十二日为花朝。《诚斋诗话》："东京亦以二月十二日为花朝。"《宣府志》："花朝节，城中妇女剪彩为花，插之鬓髻，以为应节。"《昆新合志》云："二月十二日为花朝。花神生日，各花卉俱赏红。”《镇洋志》以十二日为崔元徽护百花避封姨之辰，故剪彩条系花树为幡。然郑还古《博异记》载元徽事，只云春夜，不言月日。

【译文】

二月十二是百花的生日，闺房中的妙龄女子剪五彩丝绸，粘在花枝上，称为“赏红”。虎丘的花神庙，杀牛羊奏鼓乐，以庆贺花神的诞辰，称为“花朝”。蔡云《吴歈》说：“百花生日是良辰，未到花朝一半春。红紫万千披锦绣，尚劳点缀贺花神。”

二月十二

土俗以十二日天气清朗，则百物成熟。谚云：“有利无利，但看二月十二。”

案：贾思勰《齐民要术》作“有利无利，但看四月十四”。郡人又作“有利无利，但看三个十二”，谓二月十二、三月十二、四月十二也。《吴县志》谓：“花生日晴则百果熟。”

【译文】

本地民俗认为，二月十二如果天气晴朗，则预示各种农作物成熟。谚语说：“有利无利，但看二月十二。”

观音生日

十九日为观音诞辰。士女骈集殿庭炷香，或施佛前长明灯油，以保安康。或供长幡，云“求子得子”。既生小儿，则于观音座下皈依寄名[1]，可保长寿。僧尼建观音会，庄严道场，香花供养。妇女自二月朔持斋，至是日止，俗呼“观音素”。六月、九月朔至十九日皆如之。

案：张读《宣室志》载：“唐敬宗时，厨吏修御膳，烹卵，闻鼎中呼观音菩萨，声甚凄咽，因罢斥缁徒之诏，诏郡国各于精舍塑观音菩萨像。”然未明言男女，今皆作女人像，法相端严，确指为梁妙岩公主得道成佛，并相传十九日为观音诞。六月十九日为观音成道之辰，见吴县旧志。

【译文】

二月十九日是观音的诞辰日。男男女女聚集到寺庙里上香，或者给佛像前的长明灯布施添油，来保佑安康。还有人供上一根长幡，说是能“求子得子”。等到生了小孩，就带着孩子到观音座前拜僧尼为师，成为俗家弟子，这样可保孩子长寿。僧尼组织的观音会，道场气氛庄严，用香和花供祭。妇女从二月初一就开始斋戒，到这天结束，民间称为“观音素”。六月、九月的初一到十九日都是如此。

---

1 寄名，指幼童认他人为义父母或僧尼的俗家弟子以求长寿之举。

观音山香市 山箻

观音诞日，有至支硎山朝拜者。望前后，已联缀于涂。马铺桥迤西，乃到山路也。人多赁坐竹舆，资以代步，不帷不盖，两人肩之以行，俗呼“观音山箻子”。

案：《府志》云：“府西二十五里，有支硎山，以山之东趾有观音寺，故又名观音山。”长、元、吴《志》皆云：“二月十九日为观音诞。支硎山，士女连袂进香。”徐崧、张大纯《百城烟水》云：“支硎山，俗称观音山。三春香市最盛。”黄省曾《吴风录》云：“二、三月，郡中士女浑聚至支硎观音殿，供香不绝。”沈朝初《忆江南》词云：“苏州好，二月到支硎。大士焚香开宝座，小姑联袂斗芳軿。放鹤半山亭。”

【译文】

观音诞辰日，人们到支硎山朝拜。前后望去，通往支硎山的路上，行人络绎不绝。从马铺桥向西延伸，就到了进山的路。人们多租坐竹轿，用以代步。轿子没有帷幕和顶盖，两人抬在肩上走，俗称为“观音山箻子”。

木柿柴

观音山人以枣、栗诸木作盂碗、葫芦之属。或以寸木作妆域，上覆如笠，下悬如针，旋转为戏，俗呼“转盘图”。又以柳木片胶粘作小舫为小儿玩物，颇不耐弄。俗有“乖乖乖，观音山买木柿柴”之谣。

案：《晋书》：王濬为益州刺史，“造船，木柿蔽江而下”。又《魏书》：太祖“营梓宫，木柿尽生成林”。五代周显德四年，修永福殿，役徒有削柿为匕，以瓦啖饭者。《集韵》《韵会》：“柿，芳废切。”音肺。《说文》：“削木札朴也，从木，朮声。陈楚谓椟为柿。”徐锴曰：“即木椟也。”又削下木片也。《后汉·杨由传》：“风吹削柿。”又《颜氏家训》：“削柿，削札椟之柿。”古者书误则削之，《左传》云“‘削而投之’是也”。吴语谓削木片曰“木柿”。

【译文】

观音山的人用枣、栗等木制作碗盆、葫芦一类的东西。还有的用一寸长的木头制作妆域，上面像斗笠、下面像悬着的针，使其旋转为游戏，俗称“转盘图”。还有将柳木片用胶粘成小船的小孩子玩具，但很不耐玩。民间有“乖乖乖，到观音山买木柿柴”的童谣。

老和尚过江

二十八日为“老和尚过江”。必有风报。若吹南风，主旱。

案：范成大《吴船录》云：“丁巳泊长芦，襆被宿寺中，此为菩萨达摩一苇浮渡处。”然未尝指定此日也。《昆新合志》谓：“二十七日、二十八日，南风主旱。谚云：‘念七念八吹得庙门开，蛳螺蛖蚬哭哀哀。’”

【译文】

二月二十八日是“老和尚过江”的日子。这一天一定会刮风。如果刮南风，就预示着这一年是旱年。

神鬼天 落沙天

清明前后，阴雨无定，俗呼“神鬼天”。或大风陡起，黄沙蔽日，又谓之“落沙天”。蔡云《吴歈》云：“劈柳吹花风作颠，黄沙疾卷路三千。寄声莫把冬衣当，耐过一旬神鬼天。”

案：刘侗《帝京景物略》：“燕俗谓阴雨为酒色天。”

【译文】

清明前后，天气阴雨不定，俗称“神鬼天”。有时突然刮起大风，

村頭齊觀耍傀儡搬演故事又一回
載歌載舞賴提擧 博得歡笑落夕暉
古代風俗竹枝一百首 宋傀儡戲

黄沙遮蔽了太阳，又叫“落沙天”。蔡云《吴歈》说：“劈柳吹花风作颠，黄沙疾卷路三千。寄声莫把冬衣当，耐过一旬神鬼天。”

春台戏

二、三月间，里豪市侠，搭台旷野，醵钱演剧，男妇聚观，谓之“春台戏”，以祈农祥。蔡云《吴歈》云：“宝炬千家风不寒，香尘十里雨还干。落灯便演春台戏，又引闲人野外看。”

案：汤文正公抚吴告谕中有云：“地方无赖棍徒，借祈年报赛为名，每至春时，出头敛财，排门科派，于田间空旷之地，高搭戏台，哄动远近，男妇群聚往观，举国若狂。”

【译文】

二、三月间，乡镇里的豪绅侠士，在旷野上搭建戏台，凑钱演戏，男男女女前往观看，称为“春台戏”，用来祈求农业丰收。蔡云《吴歈》说：“宝炬千家风不寒，香尘十里雨还干。落灯便演春台戏，又引闲人野外看。”

解天饷

春中各乡土地神庙有“解天饷”之举。司香火者董其事。庙中设柜，收纳阡张、元宝，俗呼“钱粮”。凡属境内居民，每户献纳一副、十副、数十副不等。每完一副，必输纳费制钱若干文，名曰“解费”。献纳稍迟，则遣人于沿街鸣锣使闻，谓之“催钱粮”。有头限、二限、三限之目。限满之日，盛设仪从鼓乐，戴甲马[1]，舁神至穹窿山上真观。以钱粮焚化玉帝殿庭，为境内居民祈福，名曰“解天饷”。

案：沈榜《宛署杂记》云：“阡张，凿纸为条，与冥钱同类。”又吴云岫《吴中百一谣》云：“天亦何所欲，而征人间饷。年年解穹窿，愚俗甘受诳。”

【译文】

春天，各乡的土地庙里有“解天饷”的活动。由庙里管香火的庙祝来管理这事。庙中摆一个柜子，用来收纳民众捐赠的纸钱和元宝，俗称为“钱粮”。凡苏州府境内的居民，每家要献纳一副、十副、数十副不等。每献一副，需要缴纳若干文制钱，叫作“解费”。如果献纳稍有延迟，庙祝就会派人沿街敲锣地去催，让大家都听到，叫作“催钱粮”。献纳的期限有头限、二限、三限的说法。献纳的期限满了之后，庙祝大设仪仗鼓乐，带上神符祭品，抬着神像到穹窿山的上真观，将纸钱、元宝在玉帝殿庭内焚化，为本地居民祈福，叫“解天饷”。

---

1 甲马，画有神像，用于祭神的纸。

三月

田鸡报 三月沟底白，莎草变成麦

三日，农民听蛙声于午前后，以卜丰稔，谓之“田鸡报”。谚云：“田鸡叫拉午时前[延先切]，大[读作度]年在高田。田鸡叫拉午时后，低田弗要愁。”俗又以是月晴，宜麦。谚云：“三月沟底白，莎草变成麦。”

案：范成大诗：“薄暮蛙声连晚闹，今年田稻十分秋。”褚人获《坚瓠集》云：“吴中以上巳蛙鸣，则无水患。谚云：‘三月三个虾蟆，禁口难开。’”又九县《志》皆载占谚云：“午前鸣，高田熟。午后鸣，低田熟。”并载唐人诗云：“田家无五行，水旱卜蛙声。”沈嘉辙《南宋杂事诗》云：“家乡风物嗜鸣蛙。”叶绍翁《四朝闻见录》云：“杭人嗜田鸡如炙，即蛙也。”今吾乡亦名蛙为田鸡，多喜嗜之。长、元、吴《志》又皆载“三月沟底白”之谚。《昆新合志》并云：“是日晴，三青贱。俗云：‘雨打石头遍，叶子三钱片。’”

【译文】

三月初三，农民以这天在午时前后听到青蛙的鸣叫，来占卜这一年的收成，称为“田鸡报”。谚语说：“田鸡叫拉午时前，大年在高田。田鸡叫拉午时后，低田弗要愁。”习俗又以这月天晴，适合麦子生长。谚语说：“三月沟底白，莎草变成麦。”

野菜花 眼亮糕

荠菜花，俗呼“野菜花”。因谚有“三月三，蚂蚁上灶山”之语，三日，人家皆以野菜花置灶陉[1]上，以厌虫蚁。侵晨[2]，村童叫卖不绝。或妇女簪髻上，以祈清目，俗号“眼亮花”。或以隔年糕油煎食之，云能明目，谓之“眼亮糕”。

案：苏东坡《物类相感志·总论》：“三月三日，收荠菜花置灯檠上，则飞蛾蚊虫不投。”吴曼云《江乡节物词》小序云：“杭俗，上巳日，置荠菜花于灶上，可驱虫蚁。”诗云：“一枝春向灶觚探。”田汝成《西湖游览志》：“三月三日，男女皆戴荠菜花。谚云：‘三春戴荠花，桃李羞繁华。’”江、震《志》亦并载此俗。又《昆新合志》云：“三月三日，各乡村舁神朝岳帝，曰‘野菜会’。北乡更盛。儿女皆簪野菜花。或以野菜花抹灶，可驱虫蚁。”吴自牧《梦粱录》谓清明“以柳条插门，名曰‘明眼’。”与吾乡三日戴荠花之俗，取意略同。

【译文】

荠菜花，俗称“野菜花”。因谚语有“三月三，蚂蚁上灶山”的话，三月初三，家家都把野菜花放在灶头上，以驱赶虫蚁。这天的黎明时，

1 灶陉，灶的边缘（灶边承器之处）。

2 侵晨，黎明。

清明一霎又今朝闻得沿街
賣柳條相約比鄰諸姊
妹一枝斜插綠雲嬌
古代風俗竹枝百首清代清明賣柳條

城里的街巷中就会传来村童叫卖野菜花的声音，不绝于耳。有的妇女会把荠菜花戴在发髻上，用来祈求眼清目明，俗称“眼亮花”。也有人把隔年的糕油煎后吃掉，说是也能够明目，叫作“眼亮糕”。

插杨柳

清明日，满街叫卖杨柳，人家买之，插于门上。农人以插柳日晴雨占水旱，若雨主水。谚云：“檐前插柳青，农夫休望晴。”

案：《五代·后周序》：江淮间，寒食日家家杨柳插门。吴自牧《梦粱录》云：“清明日，家家以柳条插门上。”又周密《乾淳岁时记》：“清明前三日，家家插柳，大家则加枣锢[1]于柳上。”又喻正己《诗话隽永》：“贾秋壑诗云：‘寒食家家插柳枝。’”又史梅溪《饮录斋词》有“柳户清明”之句。九县《志》亦皆载“清明日，插柳于檐”。《昆新合志》又云：“寒食日，插麦叶于门户。”并云：“是日宜雨。谚云：‘雨打墓头田，高低好种田。’”

【译文】

清明这一天，满街都是叫卖杨柳枝的，家家户户买来，插在门上。农民根据插柳日的阴晴来预测一年的旱涝，若这天下雨则预示这一年

1　锢，饼类。《玉篇·食部》：“锢，饼也。”

水涝。谚语说："檐前插柳青，农夫休望晴。"

戴杨柳球

妇女结杨柳球戴鬓畔，云红颜不老。杨韫华《山塘棹歌》云："清明一霎又今朝，听得沿街卖柳条。相约比邻诸姊妹，一枝斜插绿云翘。"

案：段成式《酉阳杂俎》："唐中宗三月三日，赐侍臣细柳圈，带之可免虿毒。"《唐书·李适传》谓："细柳圈辟疠。"又刘若愚《芜史》云："清明日，戴柳枝于发。"又吴曼云《江乡节物词》小序云："杭人清明，多有采柳枝插鬓者。"诗云："新火才从竹屋分，绿烟吹作雨纷纷。杨枝最是无情物，也逐春风上鬓云。"《吴县志》亦载："清明日，人带柳圈。"又江、震《志》："清明，男女咸戴杨柳，谚云'清明不带柳，红颜成皓首'。"《昆新合志》则云："寒食日，男女胥佩戴麦叶。"此又一说。

【译文】

清明日，妇女把杨柳枝编结成球戴在鬓旁，据说可以使容颜不老。杨韫华《山塘棹歌》说："清明一霎又今朝，听得沿街卖柳条。相约比邻诸姊妹，一枝斜插绿云翘。"

过节

人无贫富，皆祭其先，俗呼“过节”。凡节皆然。盖土俗家祭，以清明、七月半、十月朝为鬼节，端午、冬至、年夜为人节。逢鬼节则祭用麦面。烧纸、焚锭，亦鬼节为盛。新丧终七而未逾年者，多招释氏、羽流[1]，讽经礼忏，以资冥福，至亲往拜灵座，谓之“新清明”。

案：《杜甫诗注》：“秦人呼寒食为熟食，谓不动烟火，预办熟食物过节也。”吴人“过节”二字本此。《程氏遗书》：“寒食常礼，祭先称家有无。”《昆新合志》云：“十月朔，名鬼节。”又云：“清明前二日为寒食。新丧终七，而未逾年者，皆设长粽以祭。新葬者亦然。”江、震《志》皆云：“人有新亡者，其家必倍悲痛，名‘新寒食’。至戚则往祭于几筵，俗呼‘排座’。”吴俗，清明、七月半、十月朔，家祭用麦面，犹邺中寒食祭先用麦饭也。

【译文】

人无论贫富，都要祭祀自己的祖先，俗称为“过节”。所有的节日都是这样的。按当地举行家祭的风俗，把清明、七月十五、十月初一作为鬼节，把端午、冬至、除夕作为人节。每逢鬼节就用麦面（做

1 羽流，道人。

各种祭品）祭祀，烧纸钱，焚元宝，以七月十五鬼节为最盛。人死去超过七天尚没有满一年的，大多会请和尚、道士，念经超度亡灵，为逝者祈福，至亲要到灵位前拜祭。清明节时，祭祀去世不到一年的亲人的活动，称作“新清明”。

青团[1]焐熟藕

市上卖青团、焐熟藕，为居人清明祀先之品。徐达源《吴门竹枝词》云：“相传百五禁厨烟，红藕青团各荐先。熟食安能通气臭，家家烧笋又烹鲜。”

案：卢《志》：“寒食祭先，以稠饧、冷粉团。”并引吕希哲《岁时杂记》谓：“两浙民俗，以养火蚕，故于此日禁火。”今俗用青团、红藕，皆可冷食，犹循禁火遗风。然与鬼神享气之义不合，故仍复有烧笋、烹鱼以享者。蔡铁翁诗：“烧笋烹鱼例荐先。”然江、震《志》又皆云：“寒食祭先，用角粽、青团。青团，乡人捣稻麦汁搜粉为之。”《集韵》《类篇》：焐，并“乌卧切”，音涴，犹言暖也。吴语，谓煮食物得暖气而易烂曰“焐”。

---

1 青团，江南一带的传统特色小吃，青色，用艾草的汁掺入糯米粉，揉成团子蒸熟。

【译文】

清明节时，市场上有卖青团、炣熟藕的，是当地人清明节祭祀祖先的物品。徐达源的《吴门竹枝词》说：“相传百五禁厨烟，红藕青团各荐先。熟食安能通气臭，家家烧笋又烹鲜。”

上坟

士庶并出，祭祖先坟墓，谓之“上坟”。间有婿拜外父母墓者。以清明前一日至立夏日止。道远则泛舟具馔以往，近则提壶担盒而出。挑新土、烧楮钱、祭山神、奠坟邻：皆向来之旧俗也。凡新娶妇，必挈以同行，谓之“上花坟”。新葬者，又皆在社[1]前祭扫，谚云“新坟不过社”。周宗泰《姑苏竹枝词》云：“衣冠稽首祖茔前，盘供山神化楮钱。欲觅断魂何处去，棠梨花落雨余天。”又蔡云《吴歈》云：“柁尾飘飘挂纸钱，出城都是上坟船。荒原落叶何曾扫，胜地名花别有缘。”

案：《礼记》：宗子在他国，庶子无庙，孔子许“望墓为坛，以时祭祀”，此墓祭之本也。但未必在寒食。而《五代史·周世宗纪》论云：五代礼坏，“寒食野祭而焚纸钱”。似野祭始

1 社，社日，祭祀灶神的日子，此指春社日。立春后第五个戊日为春社日；立秋后第五个戊日为秋社日。

于五代矣。然蔡中郎谓："古不墓祭。"魏文帝黄初三年诏用此语，自作终制，亦云"礼不墓祭"。则汉、魏时固有墓祭者。汉元帝追念萧望之，每遣使祭其冢。光武令诸功臣皆过家上冢，又遣使祭窦融父冢。且《孟子》书有"墦间之祭"。《韩诗外传》有"椎牛祭墓"之文。《史·周本纪》云："武王上祭于毕。"毕，文王墓地也。《吴越春秋》："夏少康，封禹庶子于越。春、秋祠墓于会稽。"则夏时已有墓祭。《周官·小宗伯》："成葬而祭墓为位。"《冢人》："凡祭墓为尸。"《檀弓》记"有司以几筵舍奠于墓左"，注疏皆谓祭后土之神。朱子云"周礼，上已有墓祭"，则以为祭先矣。窃意后人因后土之祭，而并祀祖先尔。《汉书·光武纪》：建武十八年三月，有事于十一陵。则期又在八月。又《朱买臣传》云：故妻夫家上冢。亦未详何时。《旧唐书》载开元二十年敕云："寒食上墓，礼经无文；近代相沿，浸以成俗。士庶之家，宜许上墓。编入五礼，永为常式。"又柳子厚《与许京兆书》："近世礼重拜扫，每遇寒食，皂、隶、佣、丐，皆得上父母丘墓。"则寒食之期，始于隋唐间也。徐凝诗云："嘉兴县里逢寒食，落日家家拜扫回。"此更可证。《程氏遗书》谓："拜坟，十月一日拜之，感霜露也。寒食，则从常礼祭之。"东坡有《海南人不作寒食，而以上巳上冢》诗云："鹿门山下德公回。"或据此以为寒食上墓，汉已有之。然章怀注《庞公传》引《襄阳记》，止云"司马德操来候，值德公渡沔上先人墓"云云，初不言时日。东坡传（疑作诗字）但以上冢借庞公为言耳。喻正己《诗话隽永》：

寒食祭掃墓
紙錢飛黃泉
不出生人淚
暮雨蕭蕭惆悵歸
古代風俗竹枝百首
唐代寒食祭掃

“贾秋壑于德佑元年寒食，上母坟。”周密《武林旧事》：“清明前三日为寒食，人家上冢，而野祭尤多。妇人淡妆素服，提携游女，分馂游息。”又吴自牧《梦粱录》：“清明日，诸宫妃王子坟堂，行享祀礼。官员士庶，俱出郊省坟，以尽思时之敬。”今《昆新合志》：“寒食，往祭先垄，谓之扫墓。”又《常昭合志》：“清明祭墓，谓之‘上陇’。”又江、震《志》皆载：“清明，士女并出祭墓，俗呼‘上坟’。”又云：“今妇人并出祭墓，惟新寒食及新娶妇之家为然，余则否。”《府志》及长、元、吴《志》皆云：“寒食清明扫墓。”又褚人获《坚瓠集》云：“吴中，于清明前，子女长幼持牲、醴、楮钱，祭扫坟墓，虽至贫乏，亦备壶醪、豆豕。间有族人祭无祀孤冢，夫祭外父母者，纸灰满谷，哭声哀戚，有古淳朴之风。洞庭山又以馂馀燕诸族人，亲友互相庀具。壶觞腾涌，欢呼鼓腹。祭先睦族之诚，又他乡之所不及。”

【译文】

清明时节，士人百姓都要去扫墓，祭祀祖先，叫作“上坟”。也有女婿拜祭亡故的岳父母坟墓的。从清明前一天开始，到立夏结束。路途远的就乘船备好路上吃的食物前往，路途近的就提着壶担着食盒去。在坟头上培新土，烧纸钱，同时也拜祭山神和相邻的坟墓：都是由来已久的风俗。新娶的媳妇，必带着一同前往，叫作“上花坟”。新亡人的坟墓又都在春社日前祭扫，谚语说“新坟不过社”。周宗泰《姑苏竹枝词》：“衣冠稽首祖茔前，盘供山神化楮钱。欲觅断魂何处去，棠梨花落雨余天。”蔡云《吴歈》说：“柁尾飘飘挂纸钱，出城都是上坟船。荒原落叶何曾扫，胜地名花别有缘。”

纸锭

土俗，家祭、墓祭皆焚化纸锭。纸以白阡，切而为陌[1]，俗呼“白纸锭”。有满金、直甴[2]之分，以金银纸箔糊成。其有挂于墓者，则彩笺剪长缕，俗呼“挂钱”，亦曰“挂墓”。家日新《纸钱》诗云：“纸钱纸钱谁所作，人不能用鬼行乐。一丝穿络挂荒坟，梨花风起悲寒云。寒云满天风括地，片片纸钱吹忽至。纸钱虽多人不拾，寒难易衣饥换食。劝君莫把纸钱嗔，不比铸铜为钱能杀人。朝为达官暮入狱，只为铜山一片绿。”

案：《唐书·王屿传》云：“汉以来，葬者皆有瘗钱[3]。后里俗稍以纸剪钱为鬼事。”开元二十六年，屿为祠祭使，始用之禳祓祭祀。范传正谓：“惟颜鲁公真卿、张司业参家祭，不用纸钱。”王建《寒食行》云：“三日无火烧纸钱，纸钱那得到黄泉。”又徐凝诗云：“惟有县前苏小墓，无人送与纸钱灰。”是则唐时已盛行。乃欧阳修谓始于五代。又都元敬《听雨记谈》

1 陌，同“佰”。用于钱，指一百文。

2 甴，吴方言，篮子、水桶等的提手。

3 瘗钱，陪葬的钱。

騎驢擔酒
祭祖墳，一路春
光蕩眼新
道旁關撲擲
沿順竿挑利物
好誘人
古代風
俗竹枝百首之
宋代三月三擔酒
上坡風俗

亦谓：“金银楮锭及钱，始于五代。”又引《清异录》载：“周世宗发引之日，金、银、钱、宝皆寓以形，而楮泉大若盏口。其印文：黄曰‘泉台上宝’，白曰‘冥游亚宝’。”宋僧道世《法苑珠林》又谓纸钱起于殷长史，更不知何本。宋钱若水不烧楮镪，吕南公为文颂之。邵康节祭祀焚楮钱，伊川见而怪问之，曰：“亦明器之义。”周益公《杂志·辨楮币》谓：“俗人创，二字通上下皆用，犹纸钱也。”则宋时纸钱真作钱样。《吴县志》：“清明前后，扫墓挂纸钱于冢。”又《昆新合志》云：“楮锭有剪长缕者，名‘挂钱’，俗云‘挂墓’。”钱唐姚春漪诗注：“甴，音环，去声。杭州土音也。”吴人亦谓背负物曰甴。

【译文】

本地风俗，家祭、墓祭都要焚烧冥钱纸锭。纸用白阡纸，裁切成一百文的样子，俗称“白纸锭”。纸锭又有满金、直甴之分，用金银纸箔糊成。挂在坟墓上的，还要用彩纸条剪成长条，俗称为“挂钱”，也叫“挂墓”。我的本家顾日新作《纸钱》诗说：“纸钱纸钱谁所作，人不能用鬼行乐。一丝穿络挂荒坟，梨花风起悲寒云。寒云满天风括地，片片纸钱吹忽至。纸钱虽多人不拾，寒难易衣饥换食。劝君莫把纸钱嗔，不比铸铜为钱能杀人。朝为达官暮入狱，只为铜山一片绿。”

山塘看会

清明日，官府至虎丘郡厉坛[1]致祭无祀。游人骈集山塘，号为“看会”。会中之人，皆各署吏胥，平日奉侍香火者，至日各舁神像至坛。旧例：除郡县城隍及十乡土谷诸神之外，如巡抚都土地诸神，有祭事之责者，皆得入坛，谓之“督祭”。凡土谷神又咸以手版[2]谒城隍神。短簿祠道流以王珣为地主，袍笏端庄，降阶迎接。每会至坛，箫鼓悠扬，旌旗璀璨，卤簿台阁，斗丽争妍。民之病愈而许愿服役者，亦多与执事。或男女缧绁[3]装重囚，随神至坛，撤枷去杻，以为神赦。选小儿女之端好者，结束鲜华，赤脚站立人肩，或置马背，号为“巡风会”。过门之家，香蜡以迎。薄暮反神于庙。俗呼“转坛会”。蔡云《吴歈》云：“纷纷神役与神囚，多事舁神到虎丘。却爱巡风小儿女，绣衣花帽骋骅骝。”又郭麐《山塘竹枝词》云：“灵旗社鼓说迎神，长吏同班露冕春。一例折腰手版内，那知张翰与王珣。”又杨韫辉华《山塘棹歌》云：“三驺排立厉坛匀，县长朝来监祭神。一样阴司重地主，阶前袍笏立王珣。”

案：《易》：“城复于隍。”此城隍之名所由昉也。《左

1 厉坛，祭无祀鬼神的场所。

2 手版，古时官吏上朝或谒见上司时所拿的笏。

3 缧绁，捆绑犯人的绳索。

传》“祝宗用马于四鄘”，又“祈于四鄘”，杜预注：“鄘，城也。”钱竹汀以为城隍之祀之滥觞。赵与时《宾退录》谓“芜湖城隍祠，建于吴赤乌二年”，是三国时已有之。《北史》：慕容俨镇郢城，“城中先有神祠一所，号城隍神”。《南史》：梁邵陵王纶，“祭城隍神”。《隋书·五行志》：“梁武陵王纪，祭城隍神，将烹牛，有赤蛇绕牛口。”纶与纪皆与俨同时，祀城隍神见诸此。至唐遂盛，张说、韩愈、杜牧之、麹信陵皆有祭城隍之文。杜甫、羊士谔有赛城隍诗。李白《鄂州刺史韦公德政碑》云：“大水灭郭，公抗词正色，言于城隍，其应如响。”李阳冰《缙云县城隍庙记》云：“城隍神，祀典无之，吴越有尔。”李昉等《太平广记》：“吴俗畏鬼，每州县必有城隍神。”欧阳公跋云：“城隍庙，今天下皆有，而县则少。”《宾退录》又云：“负城之邑，亦有与郡县两立者。”陆放翁《镇江府城隍庙记》云：“唐以来，郡县皆祭城隍，今世尤谨。守令谒见，仪在他神祠上。社稷虽尊，犹以令式从事，至祈禳报赛，独城隍神而已。”陆凤藻《小知录》载：“洪武二年，上在朝阳殿，梦东莞城隍及钵盂山土地云：‘每岁致祭无祀，一次不敷，乞饬有司，岁祭三次，庶幽魂得以均沾。’上觉而异之，召礼部议，诏天下无祀者，岁凡清明、中元、十月朔，郡邑官致祭，著为令。我朝因之。”《府志》：“郡厉坛，在虎丘山前，附郭三邑，统祭于此。”沈朝初《忆江南》词云：“苏州好，节序届清明。郡庙旌旗坛里盛，十乡台阁半塘迎。看会遍苏城。”注：“虎丘厉坛，清明赛会最盛，十乡城内外土谷神也。闻古者像不土绘，以神主。洪武三年，诏天下城隍止立神主，上称某府、某州、某县城隍之神。今吴中土谷之神，分配古贤名姓，塑像奉祀，如任彦升、蒋子文、张翰、王珣之类皆是。且昔之导以神牌者，今皆舁像矣。”尝阅《曝书斋集》，有《山塘即事》诗云：“寒食山塘路，游人队队偕。桁杨[1]充罪隶，箫鼓导神牌。红粉齐当牖，银花有堕钗。殷勤短主簿，端笏立阼阶。”“神来官道拥，祝祭厉坛仍。活脱青袍引，纵横绣幰[2]乘。巫风书具训，奢俗礼宜惩。手版纷纷集，吾怜张季鹰。”揽云居士《吴门续画舫录》云“吴中尝以清明、中元、十月朔三节赛神，祀孤于虎丘郡厉坛。舟子藉诸丽品，以昂其价。画舫鳞集山塘，视竞渡尤盛。竞渡止经旬之约，赛会尽一日之欢。西舫东船，伊其相谑。直无遮大会”云。

【译文】

清明这一天，官府到虎丘的苏州府厉坛去祭无人祭祀的孤魂野鬼。游人聚集在山塘，称作“看会”。参加祭祀的，都是各衙门小吏、平日侍奉香火的庙祝等，这一天都抬着神像到厉坛去祭拜。按旧例：除了府县城隍以及十乡土谷诸神外，如巡抚都土地等神，凡有祭事之责的神灵，都要抬到厉坛祭拜，叫作“督祭”。凡是土谷神都手持笏版拜谒城隍神。虎丘短簿祠（供奉的是东晋司徒王珣）的道士将王珣奉

---

1 桁杨，古代套在囚犯颈上或脚上的刑具。

2 幰，车上的帷幔。

为土谷神，其神像着长袍插笏板一副端正庄重的样子。神像抬到厉坛时，道众们走下台阶迎接。每一次厉坛拜祭，皆箫鼓悠扬，旌旗璀璨，各官府的仪仗队争奇斗艳。百姓在患病时求神许愿来服务的，痊愈后都纷纷来参与祭祀活动。有男女捆绑装作重囚犯，随神像来到厉坛，然后去除绳子和枷锁，演绎得到神灵赦免。还有挑选相貌漂亮的男童女童，穿戴打扮得光鲜亮丽，赤脚站在大人肩上，或是站在马背上，称为“巡风会”。队伍经过的人家，都点燃香烛迎接。傍晚时分将神像送回庙中，俗称“转坛会”。蔡云《吴歈》说：“纷纷神役与神囚，多事舁神到虎丘。却爱巡风小儿女，绣衣花帽骋骅骝。”郭麐《山塘竹枝词》说：“灵旗社鼓说迎神，长吏同班露冕春。一例折腰手版内，那知张翰与王珣。”杨韫华《山塘棹歌》说：“三驺排立厉坛匀，县长朝来监祭神。一样阴司重地主，阶前袍笏立王珣。”

犯人香 回残烛

府城隍庙，俗称“大庙”。郡中市肆，悬旌入行，以及聚规、罚规，皆在庙台击牲演剧。香火之盛，什佰于他神祠。而士庶答赛[1]，尤为心愫。大堂、二堂，皆有其像。三节入坛，则舁二堂之像，俗呼“出会”。城隍寝宫，装塑夫人，谓之“后宫”。人病，

1　答赛，报祭神灵。

其戚若友联名具疏于庙以祈神佑，谓之“保福”。告痊，谓之“拔状”。或许愿于神，病既愈，富家召优伶演剧，供献冠、袍、靴、履；贫窭之子，亦必倩祝史献牲，谓之“还愿”，无日无之。女子为后宫侍从，男子为廊下隶卒，署名腰牌上，注服役月日、年纪。其人死，即肖像于庙。或病者暗充罪人，有毕生为神犯者，有历五年、三年为满者，谓之“暗犯”。遇清明节，殿前烧香，焚化批文，名曰“犯人香”。七月半、十月朔节亦如之。三五日前已纷纷投到。既死，恐真为犯鬼，又必焚疏求释。庙左右，纸马铺拦街摊卖香烛、钱粮不绝。庙祝、司香，收神前残蜡，复售于烛肆，俗呼“回残蜡烛”。

案：《府志》云：“府城隍庙，在武状元坊，即雍熙寺基地，隶吴县。旧在子城西南隅，明洪武三年，改建今所。”又云：“吴县城隍庙，明初附像于府城隍西庑。万历二十三年，知县袁宏道创建于庙[1]仪门之右。其仪门之左，长洲县城隍庙在焉。元和县城隍庙则在钮家巷，雍正四年即土谷神张明庙改建。”《旧唐书·王毛仲传》：管闲厩刍粟之类，“每岁回残，常致数万斛”。又《新唐书·食货志》：“太和九年，以天下回残钱，置常平仓本钱。”吴人谓买物用过，仍卖店中曰“回残”。二字本此。

---

1 日本校刊本校云：“于庙疑倒。”

【译文】

府城的城隍庙，俗称“大庙”。郡中街市，悬挂幌子开业，以及订立聚规、罚规，都要在大庙前宰杀牲畜，搭台演戏。大庙的香火十分旺盛，规模十倍百倍于其他神祠。士人和百姓在这里报祭神灵，比在别处更诚心。大堂、二堂都安放配祭的神像。清明节、七月十五、十月初一三个节日就抬出二堂的神像，到虎丘厉坛进行祭拜，俗称“出会”。城隍庙的寝宫，塑有夫人像，称为“后宫”。有人生病了，他的亲戚朋友会联名写祝告文书请求神仙保佑，叫作“保福”。向神灵报告病愈，叫作“拔状”。有人在病中向神灵许愿，病愈后，富裕人家会组织优伶到大庙里唱戏，供奉衣服、袍子、靴子、鞋袜；贫穷的人也必定请主持祭祀的人替自己敬献祭品，叫作“还愿”。这样的事情，每天都有。女子做后宫侍从的，男子做廊下隶卒的，都要在腰牌上署名，注明服役的时限和姓名。人死了，就在庙里挂上他们的肖像。有病的人暗地里把自己当成赎罪的罪人，也有人毕生把自己当作神前罪人，有的人经过三年、五年期满，这样的人，叫作“暗犯”。遇到清明节，在殿前烧香，焚烧祝告文，叫作“犯人香”。七月十五、十月初一也一样。节前三五日就要将香烛等送到祭坛。已经死了的人，后人怕他们真的成了犯罪的鬼魂，要焚烧告文来求神释放。庙宇门口，卖纸马的店铺常常强行将香烛、纸钱卖给进庙祭拜的人。庙里主持祭祀的庙祝、管理香火的司香，收拾神像前残余的蜡烛香纸又卖给门口售卖香烛的店铺，叫作“回残蜡烛”。

放断鹞

纸鸢，俗呼鹞子。春晴竞放，川原远近，摇曳百丝。晚或系灯于线之腰，连三接五，曰“鹞灯”。又以竹芦粘簧，缚鹞子之背，因风播响，曰“鹞鞭”。清明后东风谢令乃止，谓之“放断鹞”。杨韫华《山塘棹歌》云：“春衣称体近清明，风急鹞鞭处处鸣。忽听儿童齐拍手，松梢吹落美人筝。”

案：宋高承《事物纪原》：“纸鸢，其制不一，上可悬灯。又以竹为弦，吹之有声如筝，故又曰‘风筝’。”明徐充《暖姝由笔》谓：“纸鸢，鹞子也。一曰‘风筝’。”褚人获《坚瓠集》云：“吴中小儿好弄之，然当其抟风而上，盖亦得时则驾者与！张元长《笔谈》载：‘梁伯龙戏以彩缯作凤凰，吹入云端，有异鸟百十拱之，观者大骇。’近作女人形，粉面黑鬓，红衣白裙，入于云霄，袅娜莫状。悬丝鞭于上，辄作悦耳之音。春日放之，以春之风自下而上，纸鸢因之而起，故有‘清明放断鹞’之谚。”《常昭合志》：“儿童放纸鸢，以清明日止，曰‘放断鹤’。”今俗扎作人物、故事、虫介诸式，皆加以鹞之名。且作鹰隼、鸿雁之形，呼曰老鹰鹞、雁鹅鹞，真昧于鹞之义矣。吴谷人《新年杂咏》小序云：“杭俗，春初竞放灯鹞，清明后乃止。谚云：‘正月鹞，二月鹞，三月放个断线鹞。’”陈迦陵《春城望纸鸢》词：“急景难淹，又天半夜灯初上。见火蛾，旋绕飞下，雪梨十丈。”注：“风筝入夜，必缒灯火，

巧糊彩畫飛蹁躚乘風起舞綠楊天
影馳碧空飄雙帶又送紙鳶到上邊
古代風俗竹枝百首
明婦女放風箏

并于其上高放梨花雪爆。”今吾乡亦不乏此好事者。

【译文】

纸鸢，俗称为鹞子。春天晴朗的日子里，人们竞相放飞。在河边、旷野上，丝线密密麻麻在空中摇曳。夜晚有的将灯笼系在丝线中间，接连不断，叫作“鹞灯”。还有的用竹子或芦苇做的薄簧片，绑在纸鸢的背上，随风发出声响，叫作“鹞鞭”。清明节后东风不再刮了，放鹞子的活动停止，清明这天最后一次放风筝就叫作“放断鹞”。杨韫华《山塘棹歌》说：“春衣称体近清明，风急鹞鞭处处鸣。忽听儿童齐拍手，松梢吹落美人筝。”

野火米饭

是日，儿童对鹊巢支灶，敲火煮饭，名曰“野火米饭”。

案：《辇下岁时记》：“清明，尚食内园官小儿，于殿前钻火，先得火者进上，赐绢三疋、金碗一口。”吾乡野火米饭，犹循钻火遗风。钱思元《吴门补乘》亦载野火米饭之俗。

【译文】

清明节这一天，小孩子对着喜鹊窝支起灶台，敲击火石以取火煮饭，称之为“野火米饭”。

游春玩景 看菜花

春暖，园林百花竞放，阍人[1]索扫花钱少许，纵人浏览。士女杂遝，罗绮如云。园中畜养珍禽异卉。静院明轩，挂名贤书画，陈设彝鼎图书。又或添种名花，布幕芦帘，堤防雨淋日炙。亭、观、台、榭，妆点一新。寻芳讨胜之子，极意留连。随处各有买卖赶趁，香糖、果饼，皆可人口。琐碎玩具以诱悦儿曹者，所在成市。游玩天平、灵岩诸山者，探古迹，访名胜，兜舆、骏马，络绎于涂。虎丘山下，白堤七里，彩舟、画楫，衔尾以游。南园、北园，菜花遍放，而北园为尤盛，暖风烂漫，一望黄金。到处皆绞缚芦棚，安排酒垆、茶桌，以迎游冶。青衫白袷，错杂其中。夕阳在山，犹闻笑语。盖春事半在绿阴芳草之间，故招邀伴侣，及时行乐，俗谓之“游春玩景”。蔡云《吴歈》云：“邓侯山下梅花香，十三桥下数轻航。雪海一番风信过，武丘再访玉兰房。”又云：“慈云稽首古支硎，针线非关社日停。别业师林推第一，裙衫穿透碧珑玲。”又云：“北园看了菜花回，又早春残设饯杯。此日无钱看买酒，半壶艳色倒玫瑰。”又杨韫华《山塘棹歌》云：“观音山笲最轻盈，柳侧花间好并行。侬是牡丹郎蛱蝶，相随一路到天平。”又云：“寻春刚遇落花时，好遣小蛮唱《柳枝》。痴绝乌篷裙屐客，新诗题满白公祠。”又云：

1　阍人，旧时宫门按时启闭，故称守宫门的人为阍人。后泛指守门人。

“茶寮高隐绿杨枝，玉几堆盘位置宜。一碗香茗数家食，眼前无地觅贫儿。”又云：“北园春尽菜花香，野蝶飞来都变黄。归棹齐门看落照，红灯一道出山塘。”

案：莫旦《苏州赋》有“楼船鼓吹兮暮春嬉”之语。注：“吴俗好遨游，当春和景明，莺花烂漫之际，用楼船、箫鼓，具酒肴以游上方、石湖诸处，上巳日为最盛。绮川子弟，倾城而出，茶赛博戏，无贫富早集。”卢《志》亦云：“上巳日，士女皆于池亭流觞曲水，效修禊[1]故事。”然今皆不传。惟长、元、吴《志》并载：“二月始和，即命楼船、箫鼓，游山览胜。”又范《志》：“春时，用六柱船，红幕青盖，载箫鼓以游。虎丘、灵岩为最盛。”又徐崧、张大纯《百城烟水》云：“二月始和，虎丘、天平、观音、上方诸山，游人最盛。竹舆轻窄，上下如飞。”又邵长蘅《冶游》诗云：“二月春始半，踏青邀女伴。小桃虎丘红，新柳山塘短。”今盖犹不异于昔云。《吴县志》又谓：“吴人好游，以有游地、有游具、有游伴也。游地，则山、水、园、亭，多于他郡。游具，则旨酒嘉肴、画船箫鼓，咄嗟而办。游伴，则选伎声歌，尽态极妍，富室朱门，相引而入，花晨月夕，竞为胜会，见者移情。”吾乡园林第宅，为近日游人所争集者，如潘儒巷之狮子林，元至正间，天如则禅师倡道之地。中多奇石，阴洞典奥，倪高士瓒爱其景，为之绘图，

1　修禊，古代民俗于农历三月上旬巳日到水边嬉戏，以祓除不祥。

旧在寺中。本朝康熙间，黄小华殿撰轩之父购为涉园。圣祖、高宗南巡，屡幸其地。园中有古松五株，皆生石上，俗又名五松园。舒铁云《游狮子林作》云："百转百丘壑，一步一阶级。缩地无近谋，漏天有余涩。云林老画师，笔笔不相袭。凝神惨经营，弹指妙结习。"载《瓶水斋集》中。北街拙政园，明王献臣别墅，后归徐氏。再易主，为海昌陈相国之遴别业。既籍官，为廨署。署废，为民居。乃东偏归蒋棨，名复园。西偏归叶士宽，名书园，今为吴松圃协揆璥宅。《百城烟水》称其地"林木绝胜，内有宝珠山茶三四株，交柯合理，花时巨丽鲜妍，纷披照瞩，为江南所仅见。"阔街头巷网师园，本为清河道宋宗元构以养母，有《网师小筑十二咏》。今归太仓瞿氏，俗称瞿园。阊门外下塘花埠街刘蓉峰观察恕寒碧庄，俗称刘园。本为明徐冏卿泰时东园故址。园之东北，今尚有东园弄。恕爱石，园中聚奇石为十二峰，载《府志》。虎丘山浜白公祠，嘉庆二年，太守任公兆垌即蒋氏塔影园改建。盖园本程氏故居。蒋氏有之，袭塔影之名，实非家云美先生故第也。中有仰苏楼、怀杜阁。又有思白堂，流泉叠石，花木郁然，为往来嘉客讌集之所。道光五年，邑侯万公台重修，即思白堂改为慕李轩，并增葺临流小阁，颜曰"塔影山光"。又一榭园，本为薛六郎坟庵，孙渊如观察星衍所筑。即其左为沪渎侯祠，一名忆啸园，中有授书堂、宝顺斋、壶天小阁。斋壁嵌置顺陵碑，凡四十七石。阁壁嵌置薛氏旧摹石鼓全文，凡七石。闾丘坊巷钱武肃王分祠，一名息园，吾家依园故址也。乾隆时蒋曰梁、杨大琛先后居之。

古代风俗竹枝百首
宋茶水贩

嘉庆十六年，钱参军锋改筑。中有一丘，相传为梁妙岩公主墓，筑台其上，曰妙岩台。灵岩山碧玲珑馆，向为毕秋帆制府沅别业，今为虞山蒋氏祠。又盘门内之乐园，为陆氏宅，故又名陆园。他如钟吾山之上真观；西山之无隐、吾与、来鹤、何亭、德云、普贤、藕花、总持林、寒山、法螺诸静室；及南城之结草庵、流水禅居诸禅房；又南濠之人参会馆、关东会馆、泉州会馆；洞泾内之同仁堂、培德堂；虎丘之同善堂；南濠之体善堂：亦皆小有花圃，裙屐骈集。如古迹，则有支硎山之碧琳泉，穹窿山下之朱买臣读书台，城南之苏子美沧浪亭，桃花坞之唐六如祠。后板厂之蒋深绣谷园，中有绣水、苏斋、交翠堂诸胜。又包家墩之小云栖，为周忠介公顺昌读书处。又虎丘后山之玉兰房，相传为宋南渡时，朱勔自闽移置，将进御而汴梁已失，遂弃植于此。明天启初，为大风所摧，今孙枝复高三寻，花时烂漫如雪。又枫桥西沿塘小停云馆，本为国朝王庭魁宅，后归袁廷梼，葺为渔隐小圃，后查氏改为绉云别墅。门对郊原，有楼翼然，菜花盛放，可以远眺，俗又名菜花楼。至若灵岩山之馆娃宫：响屧廊；采香泾；琴台；石室俗称西施洞，相传为吴王囚范蠡处；吴王井二，圆者象天，八角者象地。为吴王避暑处。池四，为澣花、上方、洗砚、浣月。石之奇巧者十有八，为：石鼓二、石射堋、醉僧石、石鼍、寿星石、佛日岩“披云”“望月”二台、石楼、袈裟石、石髻、石城、灵芝石、石马、槎头石、献花石、藏经石幢、猫儿石，俗称灵岩十八景。名胜，则有吾家山之石壁。天平山南趾之白云寺，唐宝历二年建，今改为范文正公功德院，并其祖墓在焉，故俗称范坟。其后群石林立者，曰“万笏朝天”。万历末，范参议公允临构为别业。亭观台榭，璀璨一时，远望如画图中蓬莱三岛。引泉为沼，带以修廊，通以石梁，有寤言室、咒钵庵、来燕榭、听莺阁、宛转桥诸胜。其室联有“门前绿水飞奔下，屋里青山跳出来”之句。山半有白云泉，甚白而甘，盖乳泉也。别有一泉，如线注出石罅者，曰一线泉。龚明之《中吴纪闻》云：“此龙湫也，虽大旱不竭。”巏山在阳山。《百城烟水》云：“东北峰之最高者，旧名来鹤，望之如狻猊，土人指岝崿为雌，巏为雄。相传始皇时有管仙人隐于此，故又名管山。”山上诸神祠，皆依山为榭，曲池修廊，可供游人眺赏。好事者结兰花社会，奇花异瓣，互相斗胜。韦涟怀《游巏山》诗云：“何人凿山劚云窟，排空忽架金银台。回廊曲槛路窈窕，飞栏横跨长松堆。香兰座上竞奇馥，水仙座上先春梅。钿车宝马满香陌，蝴蝶上鬓流莺猜。吴侬好事媚神鬼，冶游不惜千琼瑰。”盖实录也。山塘，自大津桥下塘至虎丘，延亘七里，古名白堤。其水为唐刺史白居易所凿。下塘野芳浜为画船争集之处，旧名新泾。明时已称野芳浜，见毛埕《记》。揽云居士诗云：“觅得百花深处泊，销魂只在野芳浜。”《元和县志》云：“虎丘山塘，游赏者春秋为盛。当花晨月夕，仙侣同舟，佳人拾翠。四方宦游之辈，靡不毕集。花市则红紫缤纷，古玩则金玉灿烂，孩童弄具、竹器用物、鱼龙杂戏，罗布星列，令人目不给赏。至于红阑水阁，点缀画桥疏柳。斗茶、赌酒，肴馔倍于常价。而人愿之者，乐其便也。”南园，《祥符图经》云："在子城西南。"今府学后也。本为广陵王旧圃，大观末为蔡京赐第。北园，即苏家园，御史苏怀愚所筑，在阊门内后板厂，后为御史李模园。今皆夷为场圃，为郡中菜花最盛处。谚云"天上天堂，地下苏杭"。夫杭为东南都会，南宋驻跸之所，而犹后于苏，则苏之繁盛可知矣。沈朝初《忆江南》词云："苏州好，胜景聚灵岩。响屧风流遗石上，琴台古调落高山。宫馆好跻攀。""苏州好，积翠列天平。万笏含烟浮碧玉，层岩晴日画丹青。古洞白云清。""苏州好，城里半园亭。几片太湖堆崒嵂[1]，一篙新涨接沙汀。山水自清灵。""苏州好，城北菜花黄。齐女门边脂粉腻，桃花坞口酒卮香。处处弄笙簧。""苏州好，最好送春时。白傅堤边看嫩绿，真娘墓上唱新词。昨夜断肠诗。""苏州好，载酒卷艄船。几上博山香篆细，筵前冰碗五侯鲜。稳坐到山前。""苏州好，茶社最清幽。阳羡时壶烹绿雪，松江眉饼炙鸡油。花草满街头。""苏州好，酒肆半朱楼。迟日芳樽开槛畔，月明灯火照街头。雅坐列珍羞。"

【译文】

春暖后，苏州园林中百花竞放，看门人收少许扫花钱，就让游人进园，游览观赏。士人女宾纷至沓来，华美的绫罗衣裙在花海中如彩云一样。园中蓄养着珍禽，种植了奇花异草。院子寂静，窗户明亮，室内墙壁上悬挂着名人贤达的字画，木架上陈列着鼎、尊等器具和经

1　崒嵂，高山；高峻貌。

史典籍。那些特别种植的名贵花卉，用幕布、苇帘遮挡，防止日晒雨淋。亭、观、台、榭，都装点一新。喜欢寻花览胜的人，流连忘返。园子周围到处是趁机做小买卖的生意人，香糖、果饼想吃的话随时可以买到。逗小孩子玩耍的小玩具，到处都有。到天平山、灵岩山游玩的人，探古迹，访名胜，有的坐着轿子，有的骑着骏马，一路上的人络绎不绝。虎丘山下，绵延着七里白堤，水面上彩舟横渡，桨楫翻飞，船与船首尾相连。南园、北园菜花盛开，北园开得更盛，悠悠荡荡的暖风中，宛如一个金色世界。随处可以看到用绳子捆绑搭建的芦苇棚，棚下有酒垆和茶水桌，专为游人小憩而设。穿着青布衫和白夹衣的老百姓，混杂在罗裙长衫的人群里。人们游兴颇浓，直到夕阳落在山脊，耳边还响着欢声笑语。一半春色就在这样的绿荫和鲜花之间。人们呼朋引伴，在春光里及时行乐，俗称“游春玩景”。蔡云《吴歈》说：“邓侯山下梅花香，十三桥下数轻航。雪海一番风信过，武丘再访玉兰房。”又说：“慈云稽首古支硎，针线非关社日停。别业师林推第一，裙衫穿透碧珑玲。”又说：“北园看了菜花回，又早春残设饯杯。此日无钱看买酒，半壶艳色倒玫瑰。”杨韫华《山塘棹歌》说：“观音山笄最轻盈，柳侧花间好并行。侬是牡丹郎蛱蝶，相随一路到天平。”又说：“寻春刚遇落花时，好遣小蛮唱《柳枝》。痴绝乌篷裙屐客，新诗题满白公祠。”又说：“茶寮高隐绿杨枝，玉几堆盘位置宜。一碗香茗数家食，眼前无地觅贫儿。”又说：“北园春尽菜花香，野蝶飞来都变黄。归棹齐门看落照，红灯一道出山塘。”

茶贡

谷雨节前，邑侯采办洞庭东山[1]碧螺春茶入贡，谓之“茶贡”。

案：《府志》：“茶出吴县西山，以谷雨前为贵。”王应奎《柳南随笔》云：“洞庭东山碧螺峰石壁，产野茶数株，每岁土人持竹筐采归，以供日用，历数十年如是，未见其异也。康熙某年，按候采者如故，而其叶较多，筐不胜贮，因置怀间，茶得热气，异香忽发，采茶者争呼‘吓杀人香’。‘吓杀人’者，吴中方言也，因遂以名是茶云。自是以后，每值采茶，土人男女长幼，务必沐浴更衣，尽室而往，贮不用筐，悉置怀间，而土人朱正元独精制法，出自其家，尤称妙品。康熙己卯，车驾南巡，幸太湖，巡抚宋荦购此茶以进。上以其名不雅驯，题之曰‘碧螺春’。自是地方大吏，岁必采办，而售者往往以伪乱真。正元没，制法不传，即真者亦不及曩时矣。”

【译文】

谷雨节前，县令让人采买洞庭东山碧螺春茶上贡朝廷，称为“茶贡”。

---

1 洞庭东山，又称东洞庭山，位于苏州吴中，是延伸于太湖中的一个半岛，三面环水，与洞庭西山统称洞庭山。

谷雨三朝看牡丹

牡丹花，俗呼“谷雨花”，以其在谷雨节开也。谚云：“谷雨三朝看牡丹。”无论豪家名族，法院琳宫，神祠别观，会馆义局，植之无间。即小小书斋，亦必栽种一二墩，以为玩赏。俗多尚“玉楼春”，价廉而又易于培植也。然五色佳本，亦不下十余种。艺花者，率皆洞庭山及光福乡人。花时，载至山塘花肆求售。郡城有花之处，士女游观，远近踵至，或有入夜穹幕悬灯，壶觞劝酬，迭为宾主者，号为“花会”。蔡云《吴歈》云：“神祠别馆筑商人，谷雨看花局一新。不信相逢无国色，锦棚只护玉楼春。”

案：欧阳修《牡丹记》：“洛阳以谷雨为牡丹开候。”《司马光集》注：“洛阳人谓谷雨为牡丹厄。”僧仲休《越中牡丹花品叙》云：“越之所好尚惟牡丹，其绝丽者三十二种。始乎郡斋，豪家名族，梵宇道宫，池台水榭，植之无间。赏花者不问亲疏，谓之‘看花局’。”范石湖《吴郡志》：“牡丹出洛阳，顷时，朱勔家圃在阊门内，植牡丹数万本，以缯采为幕，每花身饰金为牌，记其名。勔败，皆拔为薪。中兴以来，洛阳花种至吴中者，肉红则观音、崇宁、寿安、王希、叠罗等；淡红则风娇、一捻红；深红则朝霞、红鞓、红云叶；及茜金球、紫中贵、牛家黄等不过十数种。”旧志云：“今诸种皆不传，近时有玫瑰紫、紫云红、玉楼春、傅家白、新红娇艳、西瓜瓤、

绿牡丹等名。今复有锦帐、小桃红、紫袍金带、墨紫、御黄、碧月诸名。”《长洲县志》云：“开封蓝思稷所居万华堂，在资寿寺后，植牡丹至三千株，多于洛中名品。”沈石田《赏玉楼春牡丹》诗：“春粉腻霞微着晕，露红淅玉淡生痕。”

【译文】

牡丹花，俗称“谷雨花”，因其在谷雨节开放而得名。谚语说：“谷雨三朝看牡丹。”无论豪门望族、佛门道观、神庙祠堂，会馆义局，到处都栽植牡丹。即便是小小的书斋，也会在室外辟地栽种一两墩，用来赏玩。民间多喜欢“玉楼春”，因为它价钱便宜又容易栽培。五色俱全的品种，苏州城也有不下十余种。培植牡丹的，基本是洞庭山和光福乡的人。花开时节，将牡丹运到山塘花店出售。府城中，凡是有牡丹花盛开的地方，男男女女都会前往观看，不论远近，络绎不绝。有的还在夜空中悬挂灯笼，一边赏花一边饮酒，轮流做东，称为“花会”。蔡云《吴歈》说：“神祠别馆筑商人，谷雨看花局一新。不信相逢无国色，锦棚只护玉楼春。”

斋玄坛

十五日为玄坛神诞辰。谓神司财，能致人富，故居人多塑像供奉。又谓神回族，不食猪，每祀以烧酒、牛肉，俗称“斋玄坛”。

案：北周庾信《黑帝云门舞歌》："北辰为政玄坛。"北方色黑，玄坛即郑康成《周礼注》所云北郊之坛也。称曰玄坛，盖以所祭之地名之。《姑苏志》云："神姓赵名朗，字公明，赵子龙之从兄弟。"不知何本。

【译文】

三月十五是玄坛神的诞辰。说是玄坛神掌管钱财，能让人富有，因此本地居民多塑像供奉。又有说，玄坛神是回族，不吃猪肉，每次祭祀，只能供奉烧酒、牛肉，俗称"祭玄坛"。

白龙生日

十八日为白龙生日。前后旬日，阴晴不常。乡民以是日雨卜白龙之归，谓龙归省母则农有秋。

案：《岁时琐事》："三月十八日，龙湫山与吴之阳山，多云雾雷雨，俗传为白龙生日。相传东晋隆安中，有缪氏女产白龙，事甚神异。土人建龙母庙于山之巅。熙宁九年始迁于澄照寺。"宋胡伟《白龙庙碑》云："每岁三月十八日，龙归省母。前期旬日，天气肃寒，四山烟雨，乍晴复合。正诞之辰，龙必见形，或长身寻丈，隐显于众山之上，或小如蜥蜴，依于庙貌。暴风雷雨，澍沟号木，则其验也。"《常昭合志》以五月十三日为白龙生日，谓"白龙膘娘，必主雷雨"。危致明《岳阳风土记》亦以五月十三日为白龙生日，谓“是日雨，则岁丰”。

【译文】

三月十八是白龙的生日。前后十天，天气常会阴晴不定。乡人以十八日是否下雨来占卜白龙是否回来，如果下雨，就说是白龙回来看望母亲了，预示着这一年秋天会有好收成。

东岳生日 草鞋香

二十八日为东岳天齐仁圣帝诞辰。城中玄妙观有东岳帝殿。俗谓神权天下人民死生，故酬答尤虔。或子为父母病危而焚疏假年，谓之“借寿”；或病中语言颠倒，令人殿前关魂，谓之“请喜”。祈恩还愿，终岁络绎，至诞日为尤盛。虽村隅僻壤，多有其祠宇。在娄门外者，龙墩各村人，赛会于庙，张灯演剧，百戏竞陈，游观若狂。郡西巏山，亦有行宫，关内外吏胥奉香火。好事者安排社会，设醮酬神。俗以诞日前后进香者，乡人居多，呼为“草鞋香”。

案：陆启浤《北京岁华记》云：“三月二十八日，赛东岳庙。”又沈榜《宛署杂记》云：“三月二十八日，燕京祭岳庙。民间集众为香会，有为首者掌之，盛设鼓乐、旗幡，戴甲马，群迎神以往。男妇有跪拜而行者，名曰‘拜香’。”徐崧、张大纯《百城烟水》云：“巏山道院，有东岳行宫。三月二十八日诞辰，进香者多乡人，呼为‘草鞋香’。”《昆新合志》云：“二十八日，东岳圣帝诞，各乡赛会。石牌、赵灵、车塘、更楼桥各乡民，舁神进香，男妇游观若狂。”又《吴江县志》《常昭合志》皆云：“三月二十八日，东岳天齐圣帝辰。”《震泽县志》又云：“在震泽镇者最盛，前后十余日，士女拈香，阗塞塘路，楼船野舫，充满溪河。又有买卖赶趁，茶、饼、果、梨，装塑傀儡、走兽、飞禽，饧笙、鼗鼓、琐碎戏具，以诱悦儿曹，所在成市。”汝秋士有《东岳诞辰》诗云：“三月二十有八日，相传东岳之生辰。谁与上溯洪蒙始，山川奠位卑高陈。实之以人自稗史，街谈巷议何足论。广张罪福有巫祝，云神统摄亡者魂。两庑冥王分十殿，刀山剑树罗纷纭。遂令览揆祝圣寿，轰然耸动乡村民。黄檀之香绛蜡烛，�手挈群趋奔。接踵摩肩衢路塞，何况殿场与山门。其中蒲团趺坐者，来自隔宿心尤虔。更或肉身灯一盏，以身供养酬亲恩。任他恶少恣嘲谑，来绕百匝呼其群。孝哉某氏子与女，自有善人交称叹。吁嗟陋俗相沿久，渺论户说挽回难。男女混杂不可训，三谕曾传汤抚军。草上之风厥势便，令行禁止宁非贤。簿书丛集猬毛似，此事难期今长官。囊贫况值三春暮，税未开征粮已完。”

【译文】

三月二十八日是东岳天齐仁圣帝的诞辰。苏州城中玄妙观有东岳帝殿。民间认为他掌管着天下人的生死，因此对他的祭祀尤其虔诚。有儿子为病危的父母焚烧祝告文请求神灵延续寿命的，称为“借寿”。

有的人病中胡言乱语，像失了魂魄一样，就让人到殿前请求锁住其魂魄，称为“请喜”。祈祷恩佑前来还愿的，终年络绎不绝，而诞辰这一天人尤为热闹。即使山村僻壤，也多建有东岳帝的庙宇。在娄门外的龙墩各村人，在庙中举行赛会，张灯结彩演出戏剧，百戏竞相演出，游览观看的人如醉如狂。苏州府西面的罐山，也有东岳帝的行宫，官府内外的小吏侍奉香火。有乐于做事的人，会在这一天张罗安排酬神的庆祝活动，设置高坛，向神灵祈祷并酬谢神灵的保佑。诞辰日前后进香的，大多是本地的乡民，称为“草鞋香”。

四月

立夏见三新

立夏日，家设樱桃、青梅、穞麦，供神享先，名曰“立夏见三新”。宴饮则有烧酒、酒酿、海蛳、馒头、面筋、芥菜、白笋、咸鸭蛋等品为佐。蚕豆亦于是日尝新。酒肆馈遗于主顾，以酒酿、烧酒，谓之馈节。蔡云《吴歈》云：“消梅松脆莺桃熟，穞麦甘香蚕豆鲜。鸭子调盐剖红玉，海蛳入馔数青钱。”

案：《昆新合志》：“立夏日，家设樱桃、青梅、麦蚕窨糕等物，饮烧酒，名曰‘立夏见三新’。”与郡俗略异。

【译文】

立夏这一天，家家会摆出樱桃、青梅、穞麦，供奉诸神和先人，名为“立夏见三新”。宴席上有烧酒、酒酿、海蛳、馒头、面筋、芥菜、白笋、咸鸭蛋等佐餐。这一天还能尝到新出的蚕豆。酒馆里还有酒酿、烧酒馈赠客人，称为“馈节”。蔡云《吴歈》说：“消梅松脆莺桃熟，穞麦甘香蚕豆鲜。鸭子调盐剖红玉，海蛳入馔数青钱。”

秤人

家户以大秤权人轻重，至立秋日又秤之，以验夏中之肥瘠。蔡云《吴歈》云：“风开绣阁扬罗衣，认是秋千戏却非。为挂量才上官秤，评量燕瘦与环肥。”

案：钱思元《吴门补乘》云：“立夏日，家家以大秤权人轻重。”吴曼云《江乡节物词》小序云：“杭俗，立夏日悬大秤，男妇皆秤之，以试一年之肥瘠。”诗云：“县衡一一判低昂，轻重休夸蜡貌强。莫是菜人须论价，就中愁绝是猪王。”

【译文】

立夏这一天，家家户户用大秤称量人的体重，到立秋那一天再称量一次，来看看过了一个夏天是胖了还是瘦了。蔡云《吴歈》说：“风开绣阁扬罗衣，认是秋千戏却非。为挂量才上官秤，评量燕瘦与环肥。”

注夏

俗以入夏眠食不服，曰“注夏”。凡以魇注夏之疾者，则于立夏日取隔岁撑门炭[1]烹茶以饮，茶叶则索诸左右邻舍，谓之“七家茶”。或小儿嗜猫狗食余，俗名“猫狗饭”。是日虽寒，必着纱衣一袭，并戒坐户槛，俱令人夏中壮健。

案：田汝成《西湖游览志》：“立夏之日，人家各烹新茶，配以诸色细果，馈送亲戚、比邻，谓之‘七家茶’。”与郡俗不同。

1　撑门炭，见后文“十二月 · 撑门炭”条。

钱思元《吴门补乘》："立夏，饮七家茶，免疰夏。"卢《志》："夏至食李，以解注夏之疾。"王鏊《姑苏志》作端午日。王志："夏至，以束粽之草，系手足而祝之，名曰'健粽'，以解注夏之疾。"张寅《太仓州志》："立夏日，煮麦豆和糖食之，曰不注夏。"《南郭州志》则云："夏至，用蚕豆、小麦煮饭，名夏至饭。戒坐户槛，云犯得注夏之疾。"江、震旧《志》："立夏，男女各试葛衣，云解蛀夏之疾。"《常昭合志》："立夏日，煮麦、豆和糖食之，曰不疰夏。"盖疰夏之说，已见《元池说林》："立夏日，俗尚啖李，则不蛀夏。"家治斋云："疰与注，当作蛀。入夏不健，如树木之为虫蛀也。"《西溪丛话》："南人不善乘船，曰'苦船'。北人曰'苦车'。苦音库。"吴下人语音如"注"。又谓所厌恶之人，亦曰注，皆苦之讹，患苦之也。今谓入夏眠食不服，曰"注夏"，犹是意尔。

【译文】

民间把入夏后睡眠不佳，食欲不振，叫作"注夏"。凡是有"注夏"之症的人，立夏这一天，就用隔年的撑门炭煮茶喝，茶叶要到左邻右舍去要，称之为"七家茶"。也有小孩子爱吃猫狗吃剩的食物，叫作"猫狗饭"。这天即使很冷，也一定要穿一身纱衣，并且不允许坐在门槛上。这样做，是为了让人夏天身体健壮。

立夏三朝开蚕党

环太湖诸山，乡人比户蚕桑为务。三、四月为蚕月，红纸粘门，不相往来，多所禁忌。治其事者，自陌上桑柔，提笼采叶，至村中茧煮，分箔缫丝，历一月而后弛诸禁。俗目育蚕者曰“蚕党”。或有畏护种出火辛苦，往往于立夏后买现成三眠蚕于湖以南之诸乡村。谚云：“立夏三朝开蚕党。开买蚕船也。”

案：《具区志》：“湖中诸山，以蚕桑为务，女未及笄，即习育蚕。三、四月谓之蚕月，家家闭户不相往来。”郭led伽《檮园消夏录》：“三吴蚕月，风景殊佳，红帖粘门，家多禁忌。少妇治其事者，往往独宿。”许志进《蚕词》云：“五夜留灯照独眠，蚕房斋禁太常偏。轩渠借问秦淮海，个出《蚕书》第几篇。”

【译文】

环太湖一带的山区，乡民们家家以种桑养蚕为业。三月、四月叫蚕月，将红纸贴在大门上，告知人们不要往来，蚕月禁忌很多。养蚕的人，从提上竹篮到桑树上采摘新叶，到煮茧抽丝，历时一月之后诸种禁忌才放宽。当地把养蚕的人叫“蚕党”。也有人觉得养护蚕宝宝需要生火保持室温太辛苦，往往在立夏后到太湖南边的村子里去买已经长到三眠的蚕。谚语说：“立夏三朝开蚕党。”

小满动三车

小满乍来，蚕妇煮茧，治车缫丝，昼夜操作。郊外菜花，至是亦皆结实，取其子，至车坊磨油，以俟估客贩卖。插秧之人，又各带土分科。设遇梅雨泛溢，则集桔槔[1]以救之。旱则用连车[2]递引溪河之水，传戽[3]入田，谓之“踏水车”。号曰“小满动三车”，谓丝车、油车、田车也。蒋士煐《南园戽水谣》云：“日脚杲杲晒平地，东家插秧西家莳。养苗蓄水水易干，农夫踏车声如沸。车轴欲折心摇摇，脚跟皲裂皮肤焦。堤水如汗汗如雨，中田依旧成槁土。农夫尔弗忧，天心或怜汝。尔不见南门已阖铁冶闭，即看好雨西畴至。”

案：徐炬《事物原始》云：“西陵氏制缫车，以缫丝。”《震泽志》：“黄茧绪粗，不中织染，另缫以为丝缚。惟细长而莹白者，留种茧外，乃缫细丝。”又云：“岁既获，即播菜麦。至夏初，则摘菜苔以为蔬，舂菜子以为油，斩菜萁以为薪，磨麦穗以为面，杂以蚕豆，名曰‘春熟’。郡人又谓之‘小满见三新’。”长、元《志》皆云：“油坊，以菜子压油，在娄、

1 桔槔，汲水的工具。以绳悬横木上，一端系水桶，一端系重物，使其交替上下，以节省汲引之力。

2 连车，多部水车相连合作，分段把水引入高田。

3 戽，戽斗，旧时取水灌田的农具，用竹篾、藤条编成。

葑两门。"《吴县志》云:"在新郭、横塘、仙人塘。"并云:"吴农治田,男女皆效力。春耕馌饷,夏耘踏车,老幼俱前。人力少者,雇单丁以襄其事。或长雇、或短雇,总名曰长工,又曰忙工。厚其酒肉以饲之。即《诗》所云'侯强侯以'之意也。"

【译文】

小满刚到,蚕妇就开始煮茧,摇着缫车缫丝,昼夜不停地操作。郊外的油菜结的籽,这个时候也成熟了,收了菜籽,就送到车坊里去榨油,等着商贩上门采买。种田的人,要将带土的秧苗分插。如果遇到梅雨天,就用桔槔来排除农田里的积水以救苗。遇到干旱,就用连车引着溪河的水,用戽斗将水灌入稻田,叫作"踏水车"。所谓"小满动三车",说的就是丝车、油车、踏水的田车。蒋士熑作《南园戽水谣》说:"日脚杲杲晒平地,东家插秧西家莳。养苗蓄水水易干,农夫踏车声如沸。车轴欲折心摇摇,脚跟皲裂皮肤焦。堤水如汗汗如雨,中田依旧成槁土。农夫尔弗忧,天心或怜汝。尔不见南门已阖铁冶闭,即看好雨西畴至。"

卖新丝

茧丝既出,各负至城,卖与郡城隍庙前之收丝客。每岁四月始聚市,至晚蚕成而散,谓之"卖新丝"。蔡云《吴歈》云:"蚕家多半太湖滨,浮店收丝只趁新。城里那知蚕妇苦,载钱眼热卖丝人。”

案：新丝，绵丝也。《吴县志》：“近湖诸山家，蓄蚕取之，每岁四月始登市。”

【译文】

茧丝抽成后，各家各户背到城里，卖给本府城隍庙前的收丝客商。每年四月开市，到夏蚕成熟才散，称之为“卖新丝”。蔡云《吴歈》说：“蚕家多半太湖滨，浮店收丝只趁新。城里那知蚕妇苦，载钱眼热卖丝人。”

麦秀寒

夏初，天气清和，人衣单袷。忽阴雨经旬，重御棉衣。人以其时之寒，在麦秀之际，谓之“麦秀寒”。王鸣凤《初夏村居杂咏》云：“鹎鹎催晨晓月残，数声布谷报春阑。棉衣欲换情偏懒，见说江南麦秀寒。”

案：范石湖诗：“五月吴江麦秀寒。”杨诚斋诗云：“麦黄秧碧百家衣，已热犹寒四月时。”陆泳《吴下田家志》亦云：“四月麦秀寒，五月温和暖。”乡人以麦宜寒，蚕宜温，惟同在四月之际，两者必有一偏，尝有歌云：“做天难做四月天，蚕要温和麦要寒。种菜哥儿要落雨，采桑娘子要晴干。”

【译文】

夏初，天气清爽温和，人们换上了单衣或夹衣。又忽然十来天阴雨连绵，人们只好重新穿上棉衣御寒。这个时候天气寒冷，又恰在麦子抽穗开花之时，所以叫作“麦秀寒”。王鸣凤《初夏村居杂咏》：“鹎鹎催晨晓月残，数声布谷报春阑。棉衣欲换情偏懒，见说江南麦秀寒。”

卖时新

蔬果、鲜鱼诸品，应候迭出。市人担卖，四时不绝于市。而夏初尤盛，号为“卖时新”。赵筠《吴门竹枝词》云：“山中鲜果海中鳞，落索瓜茄次第陈。佳品尽为吴地有，一年四季卖时新。”

案：王鏊《姑苏志》：“三、四月卖时新，率五日而更一品，如王瓜、茄、诸色豆、诸海鲜、枇杷、杨梅迭出。后时者，价下二三倍。”沈朝初《忆江南》词有咏四时食物，摘录数阕于此。词云：“苏州好，香笋出阳山。纤手剥来浑似玉，银刀劈处气如兰。鲜嫩砌磁盘。兰花笋”“苏州好，光福紫杨梅。色比火珠还径寸，味同甘露降瑶台。小嚼沁桃腮。杨梅”“苏州好，沙上枇杷黄。笼罩青丝堆蜜蜡，皮含紫核结丁香。甘液胜琼浆。枇杷”“苏州好，葑水种鸡头。莹润每疑珠十斛，柔香偏爱乳盈瓯。细剥小庭幽。鸡头”“苏州好，朱橘洞庭香。满树红霜甘液冷，一团绛雪玉津凉。酒后倍思量。橘”“苏州好，玉叠结梅酸。

梦起细含消病渴，绣余低嗅沁心寒。青脆小如丸。梅实”“苏州好，新夏食樱桃。异种旧传崖蜜胜，浅红新样口脂娇。小核味偏饶。樱桃”“苏州好，豆荚唤新蚕。花底摘来和笋嫩，僧房煮后伴茶鲜。团坐牡丹前。蚕豆”“苏州好，湖面半菱窠。绿蒂戈窑长荡美，中秋沙角虎丘多。滋味赛苹婆。诸菱”“苏州好，鱼味爱三春。刀鲚去鳞光错落，河鲀剖乳腹膨脝。新韭带姜烹。江鲚、河鲀”“苏州好，夏月食冰鲜。石首带黄荷叶裹，鲥鱼似雪柳条穿。到处接鲜船。黄鱼、鲥鱼”“苏州好，莼鲙忆秋风。巨口细鲈和酒嫩，双螯紫蟹带糟红。菘菜点羹浓。银鲈、紫蟹”“苏州好，冬日五侯鲭。蜜蜡拖油鲟骨鲊，水晶云片鲫鱼羹。糟熟截毛鹰。鲟鳇、鲫鱼”

【译文】

时蔬鲜果、鲜鱼活虾等新鲜物品，随着节气陆续上市。集市上，人们挑着担子叫卖，吆喝声四季不断。夏初尤其热闹，叫作“卖时新”。赵筠《吴门竹枝词》说：“山中鲜果海中鳞，落索瓜茄次第陈。佳品尽为吴地有，一年四季卖时新。”

浴佛 放生会

八日为释迦文佛生日。僧尼香花灯烛，置铜佛于水盆，妇女争舍钱财，曰“浴佛”。居人持斋礼忏，结众为放生会。或小舟买龟、鱼、螺、蚌，口诵往生咒放之，竟日不绝。

案：李善注王屮《头陀寺碑》：“鲁庄七年夜明，佛生之日也。”《瑞应经》：“四月八日夜明星出时，佛从右胁坠地，即行七步。”盖《春秋》庄公七年：“夏四月辛卯夜，恒星不见。”孔氏《正义》云：“于时周之四月，则夏之仲春。杜氏以长历校之，辛卯是四月五日。”然则如来生辰，当为今之二月五日。宗懔《荆楚岁时记》：“二月八日，释氏下生之日，迦文成道之辰。”《辽史·礼志》“二月八日为悉达太子生辰，京府及诸州县雕木为像”云云。又《金史·海陵纪》有禁二月八日迎佛之文。则是时以二月八日为佛节，亦不知是初五日也。而《四时宝镜》：“四月八日为佛生日，京师各有浴佛斋会。”《高僧传》：“释元高，小名灵育。母寇氏，梦见胡僧持伞，香花满座，便即怀胎，四月八日生，有异香。”《灵宝经》、周密《武林旧事》、张远《隩志》、韩鄂《岁华记丽》皆云：“四月八日为佛诞日。诸寺各有浴佛会。”《宋书·刘敬宣传》：“四月八日为灌佛之辰。”《佛运统志》亦云：“四月八日为浴佛节。”惟孟元老《东京梦华录》以十二月八日浴佛，恐讹。东坡诗：“轻寒浴佛天。”若十二月八日，安得谓轻寒乎？九邑《志》皆谓：“四月八日为释迦诞，作传经浴佛会。”范《志》亦云：“四月八日，浮屠浴佛，遍走闾里。”褚人获《坚瓠集》：“四月八日，俗传为释迦生辰，各建龙华会，以小盆坐铜佛，浸以香水，而复以花亭、铙鼓迎往。富家以小勺浇佛，提唱诵偈，布舍钱财。有高峰和尚偈曰：‘呱声未绝便称尊，搅得三千海岳昏。恶水一年浇一度，知他雪屈是酬恩。’”

【译文】

四月初八是释迦牟尼佛的生日。僧尼们用香花灯烛来礼佛，将铜佛放在水盆中，妇女们争相施舍钱财，叫作“浴佛”。本地居民吃斋念佛，忏悔罪过，并聚在一起做放生会。有的乘小船买来龟、鱼、螺、蚌，念着往生咒，将它们放生。放生的事情，整天都不间断。

阿弥饭

市肆煮青精饭[1]为糕式，居人买以供佛，名曰“阿弥饭”，亦名“乌米糕”。周宗泰《姑苏竹枝词》云：“阿弥陀佛起何诗，经典相传或有之。予意但知啖饭好，底须拜佛诵阿弥。”

案：孙国敉《燕都游览志》：“四月八日，梵寺食乌饭。”谢去咎《事类合璧》云：“道家采杨桐叶、细冬青染饭，色青有光，名曰‘青精饭’。”《吴县志》谓：“僧家以乌叶染米，作黑饭赠人。”龙佩芳《脉药联珠》谓：“取天南烛叶，煮汁渍炊之，名‘黑饭’。”故俗又名“乌米饭”。又考《神隐》：“西域有神名曰佛。佛生日以黑黍饭不落角祀之。中国奉教者，

1 青精饭，又称乌米饭，用糯米染乌饭树叶之汁煮成的饭，色乌青。

率相效仿。”今之乌米饭，疑即黑黍饭。吴曼云《江乡节物词》小序云：“杭人呼为乌饭，有制以为糕者，于立夏食之。”此又一说也。

【译文】

市场里的酒肆饭馆煮青精饭做成糕点，本地人买去供佛，叫作“阿弥饭”，又叫“乌米糕”。周宗泰《姑苏竹枝词》说：“阿弥陀佛起何诗，经典相传或有之。予意但知啖饭好，底须拜佛诵阿弥。”

七日八夜

农人以初八夜雨，主伤小麦。谚云：“小麦不怕神共鬼，只怕七日八夜雨。”

案：长、元、吴《志》皆载：“四月八日夜雨，则伤小麦。”并载是谚。

【译文】

农民们认为四月初八的前夜雨，会影响小麦的收成。谚语说：“小麦不怕神和鬼，只怕七日八夜雨。”

蛇王生日

十二日为蛇王生日。进香者骈集于娄门内之庙，焚香乞符。归粘户牖，能远毒蛇。人又以是日雨，主坏麦，谓巳日属蛇，麦收忌雨，有此说也。蔡云《吴歈》云：“日交蛇位麦登场，日纪蛇生验雨旸。更怪妖氛干正气，从祠香火拜蛇王。”

案：钱希言《狯园》：“蛇王庙，在娄门外葑门，捕蛙者祭献其中。庙旋废，不知何年重建于娄门内，祭赛者不独捕蛙船矣。”钱思元《吴门补乘》：“蛇王庙，在娄门内，负城临水，杰阁巍然，与昆陵舣舟亭相似。前殿塑蛇将军，特假蛇耳。或相传蛇王为方正学，正堪喷饭。”

【译文】

四月十二是蛇王的生日。进香的人聚集在娄门内的庙里，焚香求神符，回来把神符贴在门窗上，能让毒蛇远离。人们又认为这一天下雨，对小麦收成不利，说是这一天属蛇，麦收忌讳下雨，民间有这样的说法。蔡云《吴歈》说：“日交蛇位麦登场，日纪蛇生验雨旸。更怪妖氛干正气，从祠香火拜蛇王。”

佛光普照遍長安
喫齋誦經進寺
庵〻里男女多布
施為求來生
結善緣
古代風俗竹枝百詠之
唐崇佛風俗

神仙生日

十四日为吕仙诞，俗称“神仙生日”。食米粉五色糕，名“神仙糕”。帽铺制垂须钹帽[1]以售，名“神仙帽”。医士或招乐部伶人集厅事，击牲以酬，或酌水献花，以庆仙诞。

案：《史纂》云：“神仙姓吕名岩，字洞宾。曾祖延之，浙东节度使。祖渭，礼部侍郎。父让，海州刺史。唐贞元十四年四月十四日巳时生。举进士不第，遇正阳真人钟离子，得道。”施肩吾有《钟吕传道记》。

【译文】

四月十四是仙人吕洞宾的诞辰，俗称“神仙生日”。这一天吃用米粉做成的五色糕，叫作“神仙糕”。帽子铺制作带着垂须的钹帽来卖，叫作“神仙帽”。行医的人有的会邀请伶人到大厅里演戏，并宰杀牲畜祭祀吕仙。有的用浇水献花的仪式，来庆祝吕仙的诞辰。

轧神仙

仙诞日，官为致祭于福济观。观中修崇醮会，香客骈集。相

---

1 钹帽，清代的钹形官帽。

传仙人化为褴褛乞丐，混迹观中而居，人之有奇疾者，至日烧香，往往获瘳，谓仙人怜其诚而救度也。谓之“轧神仙”。观中旧有迎仙阁。是日，众仙聚饮阁中。后建玉皇阁，吕仙恐朝参[1]，遂不复至。蔡云《吴歈》云：“洞庭飞尽到姑苏，笑逐游人倚酒垆。今日玉皇高阁下，犹闻醉后朗吟无？”

案：徐崧、张大纯《百城烟水》云：“福济观，俗称神仙庙，在皋桥东。宋为李王祠。朐山王省乾大猷来吴，淳熙某年四月十四日，从岩中道院陆道坚设云水斋，感纯阳吕仙授神方，以疗风疾，至今赖之。元至大辛亥，叶竹居重建，奏今额。”《吴县志》：“十四日，福济观谒吕纯阳。”《玉篇》：“𠠎轧也。”轧，音轧。吴人谓人众不得出而力附之，曰轧，亦作轧。

【译文】

吕仙诞日这天，官府会在福济观举行祭祀。观里组织设坛做法事，上香的人云集。相传吕仙曾化身衣衫褴褛的乞丐，混杂在道观中。患有疑难怪病的人到这一天烧香，病往往就会痊愈，人们认为这是因为吕仙感念他的虔诚而施救度化。民间把祭祀吕仙的活动叫作“轧神仙”。观中原来有一座迎仙阁。据说四月十四这一天，众仙人会汇聚到迎仙阁宴饮。后来这里又建了玉皇阁，吕洞宾怕参拜玉皇，就不再来了。

1　朝参，古代百官上朝参拜君王。

蔡云《吴歈》说："洞庭飞尽到姑苏，笑逐游人倚酒垆。今日玉皇高阁下，犹闻醉后朗吟无？"

剪千年蒀

仙诞前夕，居人芟剪千年蒀[1]旧叶，弃掷门首。祝曰："恶运去，好运来。"或又于庙中别买新叶植之，谓之"交好运"。

案：《园圃新书》："四月十四日，俗传神仙生日。芟剪千年蒀旧叶，掷之通衢，令人践踏，则新叶易生。吴人植之，以兴萎占盛衰。造房者，连根叶置梁上，以为吉谶。结姻聘币者，铰缯绢肖其形，与吉祥草及葱、松四色，并列盆中。"《昆新合志》亦云："神仙生日，家户剪蒀叶，散布街坊，盖俗运与蒀同音也。"

【译文】

吕仙诞辰前一天，人们会剪掉千年蒀的旧叶子，丢到大门口。祝祷说："厄运去，好运来。"或者又到庙里买来新苗种上，称为"交好运"。

1　千年蒀，多年生常绿草本植物，又名万年青。

神仙花

游人集福济观，争买龙爪葱，归种，则易滋长。卖者皆虎阜[1]花农。前后数日，又必竞担小盎草木本鲜花，入观求售，号为“神仙花”。

案：《蔬谱》有楼葱，俗以其形似龙爪，故名曰“龙爪葱”。又沈朝初《忆江南》词云：“苏州好，生日庆纯阳。玉洞神仙天上度，青楼脂粉庙中香。花市绕回廊。”注：“四月十四日为纯阳生日。满城妓女，俱至庙中两廊市花，谓之‘神仙花’。”

【译文】

吕仙诞辰日，游人聚集在福济观，争相购买龙爪葱回家栽种，龙爪葱很容易生长。卖龙爪葱的都是虎阜的花农。吕仙生日前后几天，花农们又竞相担着盛开的草本和木本鲜花到观里向游人兜售，这些花叫作“神仙花”。

四月十六

土俗于十六日望晴雨以候岁。晴则水，雨则旱，惟阴云为佳。谚云：“有谷无谷，但看四月十六。”

1　虎阜，即虎丘。

案：江、震《志》皆载此占。又谚云："四月十六，天上有云，地上有谷。"

【译文】

本地习俗，四月十六日这天，人们要观察这一天的天气情况，来预测这一年的旱涝。如果这天晴天，预示着这一年雨水充沛，可能会有涝灾；如果这天有雨，则预示着这一年要干旱——只有阴天最好。谚语说："年景好不好，就看四月十六的天气。"

药王生日

二十八日为药王生日。医士备分烧香，骈集于洙泗巷之三皇庙，即医学也。郡县医学官司香火。卢家巷亦有药王庙，诞日，药市中人击牲设醴以祝嘏[1]。或集众为会，有为首者掌之，醵金演剧，谓之"药王会"。

案：沈汾《续神仙传》："药王姓韦名古，道号归藏。西域天竺人。开元二十五年入京师，纱巾毳袍，杖履而行，腰系葫芦数十，广施药饵，疗人多效。帝召入宫，图其形，赐号'药王'。"又韩无咎《桐阴旧话》引《列仙传》："唐武后朝韦

1 祝嘏，祭祀。

善俊，京兆人。长斋奉道，常携黑犬名乌龙，世俗谓之‘药王’。”又高士奇《扈从西巡日录》云：“药王庙，专祀扁鹊。四月二十八日，贺药王生日。”又《一统志》：“药王庙在任丘县鄚州城东北，祀扁鹊。”吴梅村《过鄚州》诗，有“香火年年赛药王”之句。《府志》云：“洙泗巷清真观医学，有医王庙，旧称三皇庙，在流化坊，祀伏羲、神农、黄帝。康熙二十八年改建今所，并祀夏禹。三十年，知府卢腾龙请以岐伯、伯高、鬼臾区、少俞、少师、雷公配，改名医王庙。”是止称医王，不称药王。又考徐崧、张大纯《百城烟水》云：“药王庙在卢家巷。康熙庚申，药市中醵金建。”并载程瑞、邹溶诗，诗中皆专指神农而言。今庙中亦塑神农象，更不应有药王之称。则知俗传二十八日之辰，乃是扁鹊诞降之日。吴人不察，相沿为三皇生辰，不亦谬与！

【译文】

四月二十八为药王生日。这一天，行医的人必定会准备烧香，他们聚集在洙泗巷的三皇庙。三皇庙就是主管医事的场所，此庙的祭祀仪式由郡县主管医学的官员主持。卢家巷也有药王庙。药王诞辰日，卖药的店铺会宰杀牲畜，筹备美酒，前往药王庙祭祀。集会时，为首的人会让大家一起筹钱演戏。这一活动叫作“药王会”。

五月

修善月斋 毒月

释氏、羽流，先期印送文疏于檀越，填注姓字。至朔日，焚化殿庭，谓之“修善月斋”。是月，俗又称为“毒月”，百事多禁忌。

案：《荆楚岁时记》：“五月，俗称恶月，多禁忌曝床、荐席及盖屋。”潘荣陛《帝京岁时纪略》：“京俗，五月不迁居，不糊窗槅。名曰‘恶五月’。”吴俗称善月，盖讳恶为善也。蔡铁翁诗：“俗忌三旬呼毒月。”

【译文】

僧侣、道士将预先印好的文书送给施主，让他们填写姓名，到五月初一这天，在大殿前庭焚化，叫作“修善月斋”。这个月，民间又称为“毒月”，禁忌很多。

贴天师符

朔日，人家以道院所贻天师符，贴厅事以镇恶，肃拜烧香。至六月朔，始焚而送之。有贻自梵氏者，亦多以红、黄、白纸，用朱墨画韦陀镇凶，则非天师符矣。而小户又多粘五色桃印彩符，每描画姜太公、财神，及聚宝盆、摇钱树之类。受符者必至院观拈香，答以钱文，谓之“符金”。

案：丘悦《三国典略》："张道陵，一作张陵，汉顺帝时人。入蜀居鹤鸣山，造符书为人治病。陵子衡，衡子鲁，以其法相授。"施宿《东坡诗注》引《张真人传》云："真人名道陵，良八世孙。汉章帝、和帝累召不起。"胡应麟《笔丛》、王宗沐《续通考》皆本此说。然并未有天师之称。《世说》注："郗愔与弟昙，奉天师道。"《北史》：魏嵩山道士寇谦之，自言尝遇老子，命继张陵为天师。崔浩劝明帝起天师道场。郦道元《水经注》："白马戍有张天师堂，庾仲雍谓堂为张鲁治。"是天师之名，始于六朝也。李昉等《太平广记》亦云："梁武帝因陶贞白诣张天师道裕，乃为立玄坛三百所。"东坡《过安乐山闻张道陵所寓》诗："天师化去知何在，玉印相传世共珍。"马贵与《通考》云："唐天宝后，汉天师子孙嗣真教，册赠天师为太师。"然亦私相称谓，未尝以之赐号也。宋祥符二年，赐信州道士张正随号真静先生。自是，凡嗣世者，皆赐号，如崇宁二年，赐继先号虚静先生。迨至元十三年，乃赐张宗演灵应冲和真人之号。又赐张正常号天师。明太祖去其旧称，改授正一嗣教真人，曰："元人不知义理，天岂有师也哉？"盖封号虽曰真人，世俗尚沿旧称。吴曼云《江乡节物词》小序云："杭俗，道家于端五送符，必署天师二字，以见其神。受者皆答以钱米。"诗云："研将朱墨任鸦涂，春蚓秋蛇认得无？但乞人施五斗米，全家饱食仗灵符。"而江、震《志》亦云："五日，道士折红、黄色纸，画天师像，为辟恶灵符，分送檀越。"《续汉·礼志》云："五月五日，朱索五色桃符为门户饰，以止恶气。”韩鄂《岁华纪丽》：“角黍之秋，浴兰之月，朱索赤符。”长、元、吴《志》亦皆云：“五日，户贴朱符。”蔡铁翁诗：“仙符一道贴清晨。”又云：“拜送痴符盛暑交。”

【译文】

五月初一，人们把道观寺庙所赠的天师符，贴在厅堂里以压制邪恶之气，并恭敬地叩拜烧香，到六月初一，才将符焚化，将晦气、恶灵从家中送走。还有的家里贴着佛门赠送的在红、黄、白色纸上用朱砂画的韦陀像，也是镇恶灵鬼怪的，这已经不是天师符了。小户人家又大多贴五色桃印彩符，描画着姜太公、财神，以及聚宝盆、摇钱树之类。得到这些符的人，一定要到寺庙道观里烧香，以钱财答谢神灵，称之为“符金”。

挂钟馗图

堂中挂钟馗画图一月，以祛邪魅。李福《钟馗图》诗云：“面目狰狞胆气粗，榴红蒲碧座悬图。仗君扫荡幺么技，免使人间鬼画符。”又卢毓嵩有诗云：“榴花吐焰菖蒲碧，画圆一幅生虚白。绿袍乌帽吉莫靴，知是终南山里客。眼如点漆发如虬，唇如腥红髯如戟。看彻人间索索徒，不食烟霞食鬼伯。何年留影在人间，处处端阳驱疠疫。呜呼，世上罔两不胜计，灵光一睹难逃匿。仗

终南进士
声称众
端午时节
家家悬仗
君辟邪
歼群丑免
沉鬼魅扰
人间
古代风俗
竹枝百首
清端午供钟馗

君百千亿万身，却鬼直教褫鬼魄。”

案：《唐逸史》：“明皇因疾，昼卧梦蓝袍鬼从一小鬼，擘而啖之，自称终南山进士，誓除天下虚耗之业。乃诏吴道子如梦图之。批其后曰：灵衹应梦，厥疾全瘳，烈士除妖，实须称奖。因图异状，颁显有司，岁暮驱除，可宜遍识，以祛邪魅，兼靖妖氛。”又孙逖、张说文集有《谢赐钟馗画表》。又刘禹锡有《代杜相公及李中丞谢赐钟馗历日表》。又《五代史·吴越世家》：“岁除，画工献钟馗击鬼图。”沈存中《补笔谈》：“熙宁五年，上令画工模拓吴道子钟馗像镌版。除夜，遣内供奉官梁楷就东西府给赐。”但考刘宋征西将军宗悫，有妹名钟葵，见其母郑夫人墓志，《梦溪笔谈》载之。家雪亭云：“今俗有钟馗嫁妹图，以此而讹。”又后魏有李钟馗。《北史》：“尧暄本名钟葵，字辟邪。”又《恩幸传》有宫钟馗。又《杨慎外集》云：“钟馗即终葵，古人多以终葵为名，其后误为钟馗。俗画一神像帖于门，手执椎以击鬼。好怪者遂相传钟馗能啖鬼，又作钟馗图，言钟馗为开元进士，尤为无稽。”是钟馗之名，由来已久，特开元始有画耳。胡浩然《除夕》诗云：“灵馗挂户。”则知古人以除夕，今人以端五，其用亦自不同。俗又称水墨画者曰“水墨钟馗”。蔡铁翁诗：“掀髯墨像聊惊鬼。”又吴曼云《江乡节物词》小序云：“杭俗，钟进士画像，端午悬之以逐疫。”诗云：“进士头衔亦恼公，怒髯皤腹画难工。终南捷径谁先到，按剑输君作鬼雄。”江、震《志》云："五日，堂中悬钟馗画像。"谓旧俗所未有。

【译文】

自端五之日起，要在厅堂里挂钟馗画像一个月，以驱除妖魔鬼怪。李福作《钟馗图》诗："面目狰狞胆气粗，榴红蒲碧座悬图。仗君扫荡幺么技，免使人间鬼画符。"卢毓嵩有诗："榴花吐焰菖蒲碧，画圆一幅生虚白。绿袍乌帽吉莫靴，知是终南山里客。眼如点漆发如虬，唇如腥红髯如戟。看彻人间索索徒，不食烟霞食鬼伯。何年留影在人间，处处端阳驱疠疫。呜呼，世上罔两不胜计，灵光一睹难逃匿。仗君百千亿万身，却鬼直教褫鬼魄。"

端五

五日，俗称端五。瓶供蜀葵、石榴、蒲蓬等物，妇女簪艾叶、榴花，号为"端五景"。人家各有宴会，庆赏端阳。药市、酒肆，馈遗主顾，则各以其所有雄黄、芷术、酒糟等品。百工亦各辍所业，群入酒肆哄饮，名曰"白赏节"。

案：《荆楚岁时记》："京师以五月一日为端一，二日为端二，三日为端三，四日为端四，五日为端五。"张表臣《珊瑚钩诗话》谓："端五之号同于重九。世以五为午，误。"长、元、吴《志》皆载："端午，簪榴花、艾叶以辟邪。"《昆新合志》云："五月五日端阳节，瓶供蜀葵、石榴、蒲蓬等物，曰'端阳景'，簪艾叶、榴花于头，以辟邪。"而江、震《志》皆云："儿女辈之长者，则簪艾叶、榴花。"又云："医家亦以雄黄、衣香送于常所往来之家。家买葵榴、蒲艾，贮之堂中。"《常昭合志》亦载是俗。江、震《志》谓："端午日晴。主年丰，谚云：'端午晴干，农人喜欢。'"

【译文】

五月初五，俗称端五。这一天，要在瓶中插上蜀葵、石榴、蒲蓬等，妇女在头上插艾叶、石榴花，称为"端五景"。各家各户摆宴会庆祝端阳节。药铺、酒馆会向老顾客馈赠雄黄、芷朮、酒糟等物品。这一天，各行各业的人也都停工，一起到酒馆畅饮，叫作"白赏节"。

秤锤粽

市肆以菰叶裹黍米为粽，象秤锤之形，谓之"秤锤粽"。居人买以相馈贶，并以祀先。

案：杜台卿《玉烛宝典》云："五月五日，以菰叶裹黏米者，以象阴阳相包裹，未分散也。"宋祝穆《事文类聚》："端午粽子，名品甚多，形制不一，有角粽、锥粽、茭粽、筒粽、秤锤粽、九子粽等名。"刘敬叔《异苑》谓粽子，屈原姊始作。吾乡以之祀先，盖本吴均《续齐谐记》"五日，以竹筒贮米，投水祭屈原”之意。而吴曼云《江乡节物词》小序云：“杭俗，端午尚角黍，亦有依古作筒粽者。”诗云：“裹就连筒米宿舂，周遭彩缕系重重。青菰褪尽云肤白，笑说厨娘藕覆松。”长、元、吴《志》及江、震、常、昭《志》皆云：“五日，食角黍。”《昆新合志》：“五日，相饷以角黍，俗名粽子。”范《志》亦云：“以角黍、水团、彩索、艾花、画扇相饷。”

【译文】

市场上卖的粽子多是用菰叶裹上黍米，包成秤砣的形状，叫作“秤锤粽”。百姓买来相互馈赠，并用来祭祀祖先。

雄黄酒

研雄黄末，屑蒲根，和酒以饮，谓之“雄黄酒”。又以余酒染小儿额及手足心，随洒墙壁间，以祛毒虫。蔡云《吴歈》云：“秤锤粽子满盘堆，好侑雄黄入酒杯。余沥尚堪祛五毒，乱涂儿额噀墙隈。”

案：孙思邈《千金月令》：“端五，以菖蒲或缕或屑以泛酒。”而冯慕冈《月令广义》则云：“五日，用朱砂酒辟邪、解毒，余酒染额、胸、手足心，无虺蛇之患。又以洒墙壁、门窗，以避毒虫。实丹砂也。”吴曼云《江乡节物词》小序云：“杭俗，五日剉蒲根入火酒，和雄黄饮之。或以涂小儿额上。”

何妨縱飲入醉鄉
古代風俗竹枝百首
明端午飲菖蒲酒

诗云："细切蒲菹劝举觞，不须九节认灵菖。娇儿怯试烧春味，一抹妆成半额黄。"九县《志》皆载："五日，饮雄黄菖蒲酒。"而《昆新合志》并云："随洒墙壁间。"

【译文】

将雄黄研磨成粉末，把菖蒲的根切成碎屑，泡在酒里，叫作"雄黄酒"。把喝剩的酒涂抹小孩子的额头、手心和脚心，再在墙角落里洒一些，用来驱除毒虫。蔡云《吴歈》说："秤锤粽子满盘堆，好侑雄黄入酒杯。余沥尚堪祛五毒，乱涂儿额噀墙隈。"

蒲剑蓬鞭

截蒲为剑，割蓬作鞭，副以桃梗、蒜头，悬于床户，皆以却鬼。

案：《本草纲目》："菖蒲，一名水剑。"王曾帖子："旋刻菖蒲要辟邪。"吴曼云《江乡节物词》小序云："蒲剑，截蒲为之，利以杀鬼，醉舞婆娑，老魅亦当退避。"诗云："破他鬼胆试新硎，三尺光莹石上青。醉里偶然歌斫地，只怜蒲柳易先零。"《昆新合志》云："五日，户悬蒲、蓬、桃、蒜等物以辟邪。"

【译文】

截取菖蒲的叶子作剑，割飞蓬的梗作鞭，再加上桃枝、蒜头，悬挂在床头、门上，都能驱鬼。

采百草 蟾酥

土人采百草之可疗疾者，留以供药饵，俗称“草头方”。药市收癞虾蟆，刺取其沫，谓之“蟾酥”，为修合丹丸之用，率以万计。人家小儿女之未痘者，以水畜养癞虾蟆五个或七个，俟其吐沫。过午，取水煎汤浴之，令痘疮稀。

案：吴自牧《梦粱录》：“五日，采百草，修制药品，为辟瘟疾等用，藏之良验。”江、震《志》：“五日，采百草，留以供药品。觅虾蟆，收蜈蚣，斩蛇头，皆以制药。”《昆新合志》：“五日，采百草之可疗疾者，合诸丸药。”

【译文】

本地人采集百草中可以用来治病的，留着当作药饵，俗称“草方头”。药市收购癞蛤蟆，用针刺癞蛤蟆的皮肤来提取它的浆液（腺体分泌物），称之为“蟾酥”，作合成药丸之用，大约需要上万只。家里的小孩没有出过痘的，在水池里养五、七只癞蛤蟆，等它们吐了沫。午后，将癞蛤蟆吐过沫的水煮沸给小孩子洗浴，可以减少出痘的几率。

健人

市人以金银丝制为繁缨、钟铃诸状，骑人于虎，极精细。缀小钗，贯为串，或有用铜丝、金箔为之者，供妇女插鬓。又互相献赉，名曰“健人”。

案：《唐宋遗纪》：“江淮南北，五日钗头彩胜之制，备极奇巧。凡以缯绡剪制艾叶，或攒绣仙佛、禽鸟、虫鱼、百兽之形，八宝群花之类，绉纱蜘蛛，绮縠凤麟，茧虎，绒蛇，排草蜥蜴，又螳螂、蝉、蝎，又葫芦、瓜、果，色色逼真。加以幡、幢、宝盖、绣球、繁缨、钟铃百状，或贯为串，名曰‘豆娘’，不可胜纪。”盖即吾乡之“健人”也。吴曼云《江乡节物词》小序亦云：“杭俗，健人即艾人，而易之以帛，作骑虎状，妇女皆戴之。”诗云：“画将眉目施襟裾，剪帛先知艾气除。何物幺幺呼健者，势成骑虎复何如。”而长、元《志》皆载：“五日剪绸为人，以坐虎背。或并用金丝，加以蒜粽之类，名曰‘健人’。”《吴县志》又谓：“以金银丝为蒜形、虎形，骑人于虎，名曰‘健人’。极细小，悬髻上。贫家则以铜丝、金箔为之。”蔡铁翁《吴歈》注谓：“即古步摇。”诗云：“插鬓金摇亦健人。”江、震《志》亦载：“五日，以彩绒杂金，缠结符袋，戴之钗头，互相馈遗。”

【译文】

做买卖的人用金银丝线制作成繁缨、钟铃等形状，如人骑在老虎背上，非常精巧。连缀上小钗，串成一串，有的是用铜丝、金箔制作的，供妇女插在鬓角做装饰。妇女们也相互赠送这种饰品，叫它“健人”。

雄黄荷包裹绒铜钱

制绣囊绝小，类荷包之形，中盛雄黄，谓之“雄黄荷包”。彩绒裹铜钱为五色符，谓之“裹绒铜钱”。皆系襟带间以辟邪。

案：吴曼云《江乡节物词》小序云：“杭俗，妇女制绣袋，绝小，贮雄黄。系之衣上，可辟邪秽。”诗云：“石榴花底绣工忙，夹袋功收药石良。赠我定知囊可括，从来口不设雌黄。”

【译文】

妇女们缝制非常小的绣囊，类似荷包的形状，里面装上雄黄，叫作“雄黄荷包”；把铜钱系上彩色的丝绒做成五色符，叫作“裹绒铜钱”。这两种饰物都是系在襟带间用来辟邪的。

老虎头老虎肚兜

编钱为虎头形，系小儿胸前，以示服猛，谓之“老虎头”。又小儿系赤色裙襕[1]，亦彩绣为虎形，谓之“老虎肚兜”。

案：吴曼云《江乡节物词》小序云：“杭人午日制老虎头，系小儿襟带间，示服猛也。”诗云：“乙威曾不露全身，一例牙须巧制新。唤作虎头痴亦好，管中窥豹又何人。”

【译文】

把铜钱编成老虎头的形状，系在小孩子胸前，表示降服威猛之敌，叫作“老虎头”。给小孩子系上红色的裙襕，也彩绣上老虎的形状，叫作“老虎肚兜”。

独囊网蒜

择蒜本之不分瓣者，结线网系之以为饰，谓之“独囊网蒜”。

案：吴曼云《江乡节物词》亦有《咏网蒜》诗：“不随葱薤付兰锜，网结千丝压线迟。绝似帘波垂影处，误他银蒜入罘罳[2]。”

【译文】

选择不分瓣的大蒜，编结线网将蒜装在里面，系在身上做装饰，

1 襕，古代一种上下衣相连的服装。

2 罘罳，设在檐下或窗上防鸟雀来筑巢的网。

叫作“独囊网蒜”。

长寿线

结五色丝为索，系小儿之臂，男左、女右，谓之“长寿线”。谭大中《长寿线》诗云：“从来造物最多情，修短还凭玉指衡。五彩同心延百寿，一丝缠臂订三生。黄金不买前身慧，青史难逃再世名。儿女自痴依作达，升沈无用访君平。”

案：吴曼云《江乡节物词》小序云：“杭俗，结五彩索系小儿臂上，即古之长命缕也。”诗曰：“编成杂组费功深，络索轻于缠臂金。笑语玉郎还忆否？年时五彩结同心。”《昆新合志》亦云：“五日，以红丝线纫小儿臂，男左、女右，以验日后肥瘠。”

【译文】

把五色线编成细绳，系在小孩子的手腕上，男系左，女系右，叫作“长寿线”。谭大中《长寿线》诗：“从来造物最多情，修短还凭玉指衡。五彩同心延百寿，一丝缠臂订三生。黄金不买前身慧，青史难逃再世名。儿女自痴依作达，升沈无用访君平。”

五毒符

尼庵剪五色彩笺，状蟾蜍、蜥蜴、蜘蛛、蛇、蚿之形，分贻檀越，贴门楣、寝次，能魇毒虫，谓之“五毒符”。郭麐《五毒符》诗云：“跂跂脉脉善缘壁，蜿蜿蛇蛇斗风疾。周身百足强扶持，密网千丝巧罗织。庞然独踞中央坐，四虫幺么一虫大。可怜乙骨走群妖，留向午时作奇货。五行志传何人作，荆楚岁时多寄托。千秋那得孟尝君，六代谁如王镇恶。角黍须盛五彩筒，蛟龙波底泣孤忠。六丁六甲符安用，且避人间虿与蜂。”

案：《青齐风俗记》：“谷雨日画五毒符，图蝎子、蜈蚣、虺、蛇、马陆之状，各画一针刺之，刊布家户，以禳虫毒。”吴俗则在端五。蔡铁翁《吴歈》注云：“五毒：蟾蜍、蜥蜴、蜘蛛、蛇、蚿也。”吴曼云《江乡词》小序亦云：“杭俗，午日扇上画蛇、虎之属，数必以五，小儿用之。”

【译文】

尼姑庵里的尼姑将五色彩纸，剪成蟾蜍、蜥蜴、蜘蛛、蛇、蚿（又名马陆）的形状，赠送给施主，贴在门楣上、寝室里，可驱除毒虫，叫作“五毒符”。郭麐作《五毒符》诗：“跂跂脉脉善缘壁，蜿蜿蛇蛇斗风疾。周身百足强扶持，密网千丝巧罗织。庞然独踞中央坐，四虫幺么一虫大。可怜乙骨走群妖，留向午时作奇货。五行志传何人作，荆楚岁时多寄托。千秋那得孟尝君，六代谁如王镇恶。角黍须盛五彩筒，蛟龙波底泣孤忠。六丁六甲符安用，且避人间虿与蜂。”

辟瘟丹 蚊烟

男女佩带辟瘟丹，或焚于室中，益以苍术、白芷、大黄、芸香之属，皆以辟疫祛毒。又谓五日午时，烧蚊烟，能令夏夜无蚊蚋之扰。蔡云《吴歈》云：“蒲蓬卵蒜挂床前，芷术香芸地下燃。还怕夜来眠不稳，碧纱帐外点蚊烟。”

案：《月令事宜》载：“五月五日，收藏浮萍干为末，和雄黄作纸缠香。焚之，能避蚊。”然江、震《志》则云：“五日，采百草焚之，以避蚊蚋。”又《昆新合志》云：“五日，烧苍术、白芷、辟瘟丹并蚊烟，以祛毒虫。”

【译文】

男女佩戴辟瘟丹，或者在房间里焚烧，再加上苍术、白芷、大黄、芸香等，都有辟邪驱毒的作用。据说在五月初五的正午，点燃蚊香，能在夏夜不被蚊虫叮咬。蔡云《吴歈》说：“蒲蓬卵蒜挂床前，芷术香芸地下燃。还怕夜来眠不稳，碧纱帐外点蚊烟。”

划龙船 烟囱洞

龙船，阊、胥两门，南、北两濠及枫桥西路水滨皆有之。各占一色，四角枋柱，扬旌拽旗，中舱伏鼓吹手。两旁划桨十六，俗呼其人为“划手”。篙师执长钩立船头者，曰“挡头篙”。头亭之上，选端好小儿，装扮台阁[1]故事，俗呼“龙头太子”。尾高丈许，牵彩绳，令小儿水嬉，有独占鳌头、童子拜观音、指日高升、杨妃春睡诸戏，谓之“鸰《玉篇》：鸰，丁了切，悬物貌。梢”。舵为刀式，执之者谓之“挡舵”。画舫游客争买土罐掷诸河，视龙舟中人执戈竞斗，入水相夺以为娱乐，谓之“磬罐头”。多者受上赏，号为“做胜会”。胜会之时，先有葛袍、缨帽之人，鞠躬、声喏于前舱，手执五色小旗插画舫之楣，而后诸龙各认旗色，回朝盘旋，谓之“打招”。一招水如溅珠，金鼓之声与水声相激。出龙之前数日，祀神演试，曰“下水”。上岸送神，谓之“拔龙头”。当头之人，率皆里巷游手，隔岁先以带叶竹竿竖桥上为来年出龙认色，其名曰“钻五”。月朔互相往来，名曰“拜客”。余则日驻塘河。交午曼衍，粲如织锦，男女耆稚，倾城出游。高楼邃阁，罗绮如云，山塘七里，几无驻足之地。河中画楫，櫼比如鱼鳞，亦无行舟之路。欢呼笑语之声，遐迩振动。

---

1 台阁，又名抬阁，是我国一种传统的装扮表演形式，是集历史故事、神话传奇于一体，融戏曲、绘画、杂技等艺术于一身的一种传统民俗艺术。

士人供买要货、食品，所在成市，凡十日而罢。俗呼“划龙船市”。入夜，燃灯万盏，烛星吐丹，波月摇白，尤为奇观，俗称“灯划龙船”。郡中踏布坊[1]人操小舟，亦鸣金伐鼓，划桨如飞，俗呼“烟囱洞”。有无名氏《划龙船》乐府云：“汨罗已死三千年，招魂野祭端阳前。苏州龙船夸绝胜，百万金钱水中迸。冶坊浜口斟酌桥，楼头水面争妖娆。小龙船划疾如驶，大龙船划乱红紫。胜会争夸十日游，青帘画舫结灯球。四更堤外笙歌散，博得人称假虎丘。”又蔡云《吴歈》云：“胜会山塘看水嬉，大船几处插红旗。挈瓶人向波心跳，苦忆汨罗怀石时。”

案：丁度《集韵》：“划，胡瓜切，音华。舟进竿谓之划。”欧阳修《五代史》：萧结令祈阳。方暮春时，有州符下，取竞渡船。结怒批其符，曰：秧开五叶，蚕长三眠，人皆忙迫，划甚闲船？守惭而止。又《旧唐书·杜亚传》：“江南风俗，有竞渡之戏，方舟并进，以急趋疾进者为胜。亚乃令以漆涂船底，贵其速进；又为绮罗之服，涂之以油，令舟子衣之，人水而不濡。”然皆在春中，不在端阳。或曰“五日竞渡，相传吊三闾大夫而作”，本《荆楚岁时记》之说；但于吴地无涉。赵晔《吴越春秋》以为起于勾践，盖悯子胥之忠而作。周栎园《因树屋书影》以为习水报吴，托于嬉戏。宗懔引邯郸淳《曹娥碑》云：

1　踏布坊，旧时经营棉布整理加工的手工业作坊。

“五月五日迎伍君，逆涛而上，为水所淹。”谓是东吴之俗。事在子胥，不关屈氏。然则荆楚自为灵均，吴越自为子胥耳。高濂《遵生八笺》云:“南方竞渡者，治其舟使轻利，谓之‘飞凫’，又曰‘水车’，又曰‘水马’。盖越人以舟为车，以楫为马也。”今俗“烟囱洞”，殆其遗制。《吴县志》：“端午为龙舟竞渡，游船聚集，男女喧哗，管弦杂沓。投鸭于河，龙舟之人争入水相夺，以为娱乐。”旧在胥门塘河。故邵长蘅《冶游》诗有“五月胥江怒，水嬉欢竞渡，团扇薄不遮，故教冶容露”之句。又族高伯祖侠君先生有《竞渡词》十首，今录其三。词云：“锣挟鸣涛鼓骇雷，红旗斜插剪波来。锦标夺到轩腾处，风卷龙髯雪作堆。”“香拨琵琶内府调，紫檀截管玉装箫。绝怜天上《霓裳曲》，吹遍红阑四百桥。”“鼓翻旗飐跃凫鹥，黄篾推开粉颈齐。贪看河心龙影乱，忘人偷眼柁楼西。”《昆新合志》亦云:“五日，有龙舟竞渡之戏。”康熙间，城内外有舟五、六，后已绝响，近复如旧。

【译文】

端午划龙船，在阊门、胥门，南濠、北濠，以及枫桥西路的水边都有。划船比赛时，每队龙船各选一种颜色，船的四角固定着四根柱子，上有旌旗飘扬，中舱设鼓吹手。每条龙舟两边划船的各有十六人，民间把这些人叫“划手”。撑船的熟手拿着长钩站在船头，叫作“挡头篙”。船头上，挑选容貌姣好的小孩装扮台阁故事里的人物——“龙头太子”。船尾高一丈，挂着彩绳，让小孩子戏水，有独占鳌头、童子拜观音、指日高升、杨妃春睡等戏曲里的扮相，叫作“鸲梢”。船舵像刀，掌舵的人叫作“挡舵”。坐在画舫上的游客，争相买土罐投到河水里，观看龙舟中的人执戈打斗并跳入水中争夺这些土罐。这些土罐叫作“砮罐头”。抢到砮罐头最多的，会受到重奖，叫“胜会”。做胜会的时候，先有穿葛袍、戴缨帽的人，在前舱鞠躬、唱喏，手里拿着五色小旗插在画舫的门楣上。然后，各条龙船认领自己船的旗色，回到船上。船在水面上来回盘旋，叫作“打招”。船身一旋，水花四溅，金鼓声和击打水的声音相互应和。龙船下水之前几天，要祭神试演，叫作“下水”。龙船上岸后，要举行祭祀仪式送神，叫作“拔龙头”。每条龙船领头的人，都是各里巷弄水的好手。前一年先把带着叶子的竹竿立在桥头，作为来年划龙舟要认的船色，这叫作“钻五”。五月初一，龙船之间相互走访，叫作“拜客”。赛龙舟期间其他时候，龙船都停靠在塘河。中午比赛的时段，龙舟在水上络绎不绝，灿烂如锦绣，男女老少倾城而出前往观看。高高的亭台楼阁里，穿绫罗绸缎的，人山人海；七里山塘，几乎没有立足的地方。河面上画舫像鱼鳞一样密布，几乎没有多余的航道供其他船只航行。人们的欢笑声震动远近。当地做生意的，给游人准备了各种玩具和饮食，只要有人的地方，都成了集市。赛龙舟的活动一直持续十天才会结束。民间叫“划龙船市”。到了夜晚，万盏灯火照亮夜空，烛光中摇曳着丹红的光亮，波光里浮动着月色，蔚为奇观，民间叫“灯划龙船”。城中踏布坊的人，在夜色里，驾着小船，敲着锣，打着鼓，在河面上划行如飞，称之为“烟囱洞”。有无名氏作《划龙船》乐府诗："汨罗已死三千年，招魂野祭端阳前。苏州龙船夸绝胜，百万金钱水中迸。冶坊浜口斟酌桥，楼头水面争妖娆。小龙船划疾如驶，大龙船划乱红紫。胜会争夸十日游，青帘画舫结灯球。四更堤外笙歌散，博得人称假虎丘。"蔡云《吴歈》说："胜会山塘看水嬉，大船几处插红旗。挈瓶人向波心跳，苦忆汨罗怀石时。"

关帝生日 磨刀雨

十三日为关帝生日，官为致祭于周太保桥之庙。吴城五方[1]杂处，人烟稠密，贸易之盛，甲于天下。他省商贾，各建关帝祠于城西，为主客公议规条之所，栋宇壮丽，号为会馆。十三日前，已割牲演剧，华灯万盏，拜祷唯谨。行市则又家为祭献，鼓声爆响，街巷相闻。又相传九月十三日为成神之辰，其仪一如五月十三日制。俗以此二日雨，为"关王磨刀雨"，主人口平安。蔡云《吴歈》云："神诞犹传汉寿亭，神台弦管散诸伶。竹君自醉龙生日，一阵磨刀雨恰腥。"

案：元至正间，将仕郎普颜花撰《关王庙碑》云："荆楚之人，相传王于六月二十三日生。子平，于五月十三日生。是日朝拜祭赛，远近辐辏。"钱塘冯少渠《关公祖系记》云："侯

1 五方，东、南、西、北及中央。

以桓帝延熹三年庚子六月二十四日生。”则今之以五月十三日生者，非也。惟考永乐北征时，每见神前驱；凯旋，乃制崇祀，以五月十三日祭。《祀典》：岁以春秋二仲月吉日及五月十三日致祭。《昆新合志》云：“是日，俗传为关神武诞。士夫家宰白雄鸡以祭之。”近亦渐少。

【译文】

五月十三日是关帝的生日，官府会到周太保桥的庙中举行祭祀仪式。吴城各地人等混杂居住，人烟稠密，贸易繁盛，天下第一。各省商人在城西自建关帝祠，作为召集主客共同商议各种规则条文的地方。这些建筑雄伟壮丽，称为会馆。五月十三日前，人们就已经宰杀牲畜，上演戏剧。晚上万盏华灯齐放，人们十分虔诚地祭拜关帝。市肆聚集的地方，各家自行拜祭，鼓声爆响，各条街巷里都能听到。相传九月十三是关帝成神的日子，仪式和五月十三一样。民间把这两天所下的雨叫作“关王磨刀雨”，预示关公会保佑家口平安。蔡云《吴歈》说：“神诞犹传汉寿亭，神台弦管散诸伶。竹君自醉龙生日，一阵磨刀雨恰腥。”

黄梅天

芒种后遇壬为入黴，俗有“芒种逢壬便入黴”之语。而人即以入黴日数，度黴头之高下。如芒种一日遇壬，则黴高一尺。至第十日遇壬，则黴高一丈。皮物过夜，便生黴点。谓之“黄梅天”。

又以其时忽晴忽雨，谚有云："黄梅天，十八变。"又谓天寒主旱，谚云："黄梅寒，井底干。"夏至后遇庚为出黴。小暑日为断黴。过此，则无蒸湿之患。俗又忌小暑日雷鸣，主潦。俗呼"倒黄梅"。谚云："小暑一声雷，依旧倒黄梅。"农人又以入霉日雨，主旱。谚云："高田只怕迎霉雨。"又以入霉日雨，主阴；出霉日雨，主旱。谚云："雨打黄霉头，四十五日无日头。雨打黄霉脚，四十五日赤咶咶。"又以入霉日雨，主水。谚云："迎梅一寸，送梅一尺。"

案：施真卿《丛话》谓："淮、浙以芒种节气后为梅雨。"周处《风土记》云："夏至前，名黄梅雨。"《庚溪诗话》："江南五月梅熟时，霖雨连旬，谓之黄梅雨。"陆佃《埤雅》云："湘、浙四五月间，梅黄欲落，蒸郁成雨，谓之黄梅雨。沾衣多腐烂。"崔寔《农家谚》："黄梅雨未过，冬青花未破。冬青花已开，黄梅雨不来。"项瓯东谓："江南以三月为迎梅雨，五月为送梅雨，遇雷电为断霉。"或言古语"黄梅时节家家雨"，张蒙溪谓："梅当作霉，雨中暑气也。霉雨善污衣服，故又云霉涴，言其为梅所坏也。"《字典》："霉，义与黴通。"许慎《说文》："黴，物中久雨青黑也。"《玉篇》谓："面垢也。"《淮南子·修务训》："舜黴黑。"又刘向《九叹》："颜黴黧以沮败兮。"桂未谷《札朴》谓："物伤湿曰溦，音黴，义同。"《府志》："一说梅作㷻，尘㷻也。"《楚词·九怀》："霾土忽兮㷻㷻。"尘也，义异。长、元、吴《志》皆载"处暑一声雷，依旧倒黄梅”之谚。但考芒种距处暑，凡七十五日，既云夏至后遇庚出梅，岂历三月之久，再复黄梅之理。旧占“处暑日忌雷鸣”，当是“小暑日忌雷鸣”耳。蔡铁翁诗：“怕闻小暑一声雷。”《吴县志》亦载度霉之法。

【译文】

芒种后遇到壬日，叫入霉。民间有“芒种逢壬便入霉”的说法。老百姓就按照入霉早晚来预测霉头的大小。如果芒种后一天遇到壬日，则有霉高一尺的说法；如果芒种第十天遇到壬日，则有霉高一丈的说法。放置物品一过夜，就生出霉点。这样的天气，就叫“黄梅天”。又因为黄梅天，一时晴，一时雨，阴晴不定，有谚语说：“黄梅天，十八变。”这时，如果天气寒冷，则预示着干旱。有谚语说：“黄梅寒，井底干。”夏至后遇到庚日叫出霉。小暑那一天叫断霉。过了小暑，就不用再担心潮湿了。民俗又忌讳小暑这一天打雷，说是预示着会发水灾，俗称“倒黄梅”。谚语说：“小暑一声雷，依旧倒黄梅。”如果入霉的那一天下雨，预示干旱。谚语说：“高处的田就怕遇到入霉的雨。”又有说入霉遇上雨，预示有阴雨。出霉的那天遇雨，预示干旱。谚语说：“雨打黄梅头，四十五天无日头；雨打黄梅脚，四十五天赤咕咕。”又有说入霉这一天下雨，则有水灾。谚语说：“迎梅一寸，送梅一尺。”

梅水

居人于梅雨时，备缸瓮，收蓄雨水，以供烹茶之需，名曰“梅水”。徐士铉《吴中竹枝词》云：“阴晴不定是黄梅，暑气熏蒸润绿苔。瓷瓮竞装天雨水，烹茶时候客初来。”

案：长、元、吴《志》皆载：“梅天多雨，雨水极佳。蓄之瓮中，水味经年不变。”又《昆新合志》云：“人于初交霉时，备缸瓮贮雨，以其甘滑胜山泉，嗜茶者所珍也。”

【译文】

人们在梅雨天里，用事先准备下的水缸瓦瓮储存雨水，以供烹茶时用。这样的雨水叫“梅水”。徐士铉《吴中竹枝词》诗：阴晴不定是黄梅，暑气熏蒸润绿苔。瓷瓮竞装天雨水，烹茶时候客初来。

三时

夏至日为交时，曰头时、二时、末时，谓之“三时”。居人慎起居，禁诅咒，戒剃头，多所忌讳。农人又以每时之末忌雨。谚云：“三时三送，低田白弄。”中时而雷，谓之“腰鼓报”，主大水，谚云：“中时腰报没低田。”又以时中多雨，及时尽而雷，皆主涝。谚云：“时里寒，没竹竿。”又云：“低田只怕送时雷。”

案：施真卿《丛话》谓：“淮、浙以夏至中气后为时。”而《农圃六书》谓：“夏至后半月为三时，上时七日，中时五日，末时三日。”卢《志》又以芒种后十五日为入时。而长、元、吴《志》又皆以夏至日为起时，分三节，共十五日：头时三日，中时五日，末时七日。江、震《志》并云：“时中忌雷，主雨，谚云：‘时里一声雷，低田拆舍归。’中时尤甚。”《昆新合志》云：“时之为言，农时也。时有三，曰头时、中时。末时。交时后，人胥慎起居，禁诅咒，戒剃头，多所忌畏。”长、元《志》又皆云：“时雨，田所必资也，故曰时。”周处《风土记》云：“初雨为迎时雨，末雨为送时雨。”蔡铁翁诗：“惊听入时三送雨。”郡人时又呼作黰。丁度《集韵》：“黰，深黑色。”殆因呼梅蒸为霉黰，有湿气着衣物生斑沫之义，连类及之，遂以时为黰欤？

【译文】

夏至这一天为交时，夏至之日起的十五天分为头时、二时、末时，称为“三时”。夏至后，居民需谨慎起居，不能诅咒，不能剃头，禁忌很多。农民们则忌讳每一时的最后时刻下雨。谚语说：“三时三送，低田白弄。”中时遇到打雷，叫作“腰鼓报”，预示着会有大水。谚语说：“中时腰报没低田。”农民认为交时多雨和时尽打雷，都预示着水灾。谚语说：“时里天气变凉，雨水会下到没过竹竿。”谚语又说：“低处的田最怕时末打雷。”

分龙雨

二十日为分龙，俗以分龙之次日雨，谓之“分龙雨”。主雨旸调顺，岁必有秋，有“二十分龙廿一雨，水车搁拉弄堂里”之谚。又云：“二十分龙廿一雨，石头缝里都是米。”自是以后，分方行雨，俗谓之“夏雨隔爿（读如辨，平声。）田”。蔡云《吴歈》云：“南阡朗日带长虹，北陌顽云斗疾风。偶凑分龙得新雨，山村水荡说年丰。”

案：陆放翁《避暑录》：“吴俗，以五月二十日为分龙日。前此夏雨时行，所及必遍。自分龙以后，或及或不及，若有命而分之者。故五、六月间，每雷起云簇，而不移时，谓之过云雨。虽二、三里，亦有不同。”长、元、吴《志》皆作“夏雨隔田晴”。又云：“四月二十日为小分龙，五月二十日为大分龙。分龙次日雨，主丰稔。”

【译文】

五月二十日是分龙日，民间把分龙的第二天下的雨，叫作“分龙雨”，预示着风调雨顺，秋天必定丰收。民间有“二十分龙廿一雨，水车搁拉弄堂里”的说法。又说：“二十分龙廿一雨，石头缝里都是米。”从这天以后，雨一般局部下（一块地方一块地方地下），民间称作“夏雨隔爿田”。蔡云《吴歈》说：“南阡朗日带长虹，北陌顽云斗疾风。偶凑分龙得新雨，山村水荡说年丰。”

拔草风

梅雨既过，飒然清风，弥旬不歇，谓之“拔草风”。俗又以小暑日东南风，主旱，谚云：“小暑吹了东南风，四十五日拔草风。”

案：高德基《平江纪事》：“梅雨之际，必有大风连昼夜，谓之‘舶趠风’。”卢《志》云：“此风从海外来，舶上祷于海神而得之。”东坡诗序云：“是风起，天不雨，约十日余止。”诗云：“三旬已过黄梅雨，万里初来舶趠风。几处萦回度山曲，一时清驶满江东。惊飘簌簌先秋叶，唤醒昏昏嗜睡翁。欲作兰台快哉赋，却嫌分别问雌雄。”又长、元、吴《志》皆载：“小暑日，若东南风及成片白云起，则有舶趠风。主退水，兼主旱。”崔寔《农家谚》云：“舶趠风云起，旱魃深欢喜。”《吴县志》：“舶趠又作白掉，今更讹为拔草。”蔡铁翁诗：“拔草风从何处来。”

【译文】

梅雨天过后，凉风簌簌，十多天都不会停歇，叫作“拔草风”。民间又认为小暑这一天刮东南风，预示干旱。谚语说：“小暑吹了东南风，四十五日拔草风。”

六月

黄昏阵

俗以初三日晴，主旱。若是夜黄昏有雨，则日日有之，谓之“黄昏阵”。谚云：“六月初三打个黄昏阵，上昼耘稻下昼困。”又云：“初一落雨井泉枯，初二落雨井泉波读为普胡切，作溢字解也。，初三落雨夜夜阵，初四落雨通太湖。”盖此时农民望泽孔殷，如久晴，则立竿制纸旗以祷雨。街坊小儿出松花会，呼曰“小儿求雨天欢喜”。蔡云《吴歈》云：“六月不逢夜夜阵，满城扯遍七星旗。草鞋人散松花会，正是湖乡雨透时。”

案：崔寔《四民月令》：“六月初三起个黄昏阵，七十二个隔夜阵。”长、元、吴《志》皆载：“六月初一日不宜雨，谚云‘初一井泉枯，初二井泉浮，初三连太湖’。”江、震《志》谓：“初三日晴，主旱，谚云：‘六月初三晴，山筱尽枯零。’”钱思元《吴门补乘》亦载松花会之俗，会中之人皆曳草鞋，并云：“久雨则剪纸为女形持苕帚，悬檐际，名‘扫晴娘’。”

【译文】

民俗认为，六月初三天晴，预示着干旱。如果这天黄昏下雨，就会天天下雨，叫作“黄昏阵”。谚语说：“六月初三打个黄昏阵，上昼耘稻下昼困。”还有谚语说：“初一落雨井泉枯，初二落雨井泉波，初三落雨夜夜阵，初四落雨通太湖。”大概此时正是农民渴望雨水的季节，如果总是晴天，人们就立起竹竿制作纸旗求雨。街坊巷弄的小孩子会聚在一起做松花会，高喊："小儿求雨天欢喜。"蔡云《吴歈》云："六月不逢夜夜阵，满城扯遍七星旗。草鞋人散松花会，正是湖乡雨透时。"

六月不热五谷弗结

俗又以三伏日宜热，谚云："六月不热，五谷弗结。"

案：崔寔《农家谚》云："六月不热，五谷不结。"又长、元、吴《志》皆载是占。而《昆新合志》并云："六月宜大，谚云：'六月大，瓜茄落苏箩来坐。大，俗读作度字音。'"

【译文】

民俗认为，三伏天应该天气炎热。谚语说："六月不热，五谷弗结。"

山糊海幔

俗又以夏中日出时，云雾迟开，主热，谓之"山糊海幔"。谚云："山糊海幔，晒杀老鹳。"

案：丁度《集韵》："鹳，水鸟，好水，将雨则鸣。"《禽经》："鹳仰鸣则晴，俯鸣则雨。"褚人获《坚瓠集》载吴谚云：“日出晏，晒杀雁。”

【译文】

民间认为，夏天太阳初升时，云雾迟迟不散，预示天气会炎热，称为“山糊海幔”。谚语说：“山糊海幔，晒死老鹳。”

龙挂

浓云中见若修尾下垂、蜿蜒屈伸者，谓之“龙挂”。

案：《府志》载龙挂之说，谓：“雨止乎一方。”仁和钱谢盦有《太湖看龙挂》诗云：“羲和抛丸走流汗，银刀划空云脚断。水声惊起洞庭君，六双老龙飞出云。苍鳞细如蛇蚓结，白波四面作人立。吸干具区三万顷，雨气斜翻半天湿。蜻蜓阵散风色凉，吴娘缆船炊饭香。珠宫卷绡伺龙睡，西峰日轮红未坠。”

【译文】

厚厚的云层中看到有云像细长的尾巴一样下垂，蜿蜒屈伸的，称为“龙挂”。

谢灶 素菜

初四、十四、念四日，比户祀司灶，谓之“谢灶”。谚云：“三番谢灶，胜做一坛清醮。”祀时，以米粉作团，素羞四簋，俗称“谢灶素菜”。

案：汉应劭《风俗通》引《周礼》说：“颛顼氏有子曰黎，为祝融，祀以为灶神。”《后汉书·阴就传》：灶神姓张，名祥，字子郭。一作郭禅。又《五经异义》云：“灶神，苏吉利。夫人，王抟头。”段成式《酉阳杂俎》云：“灶神名隗，状如美女。夫人字卿忌，有六女，皆名察洽，尝以月晦日，上天白人罪状。一曰灶神名壤子。”今不详何指。《月令》：“夏祀灶。”孔氏《正义》云：“灶神常祀在夏。”俗祀于夏，固合于礼。然阅班固《白虎通》：“祭灶以鸡。”及干宝《搜神记》：“汉阴子方以黄羊祭灶神。”东坡《纵笔》云：“明日东家应祭灶，只鸡斗酒定燔吾。”《荆楚岁时记》：“以豚酒祭灶。”范石湖《祭灶诗》：“猪头烂肉双鱼鲜。”又陈藻《平江腊月二十五日》诗云：“昨夜宰猪家祭灶。”又明嘉定王槐《祀灶词》云：“陉边烂煮黄毛鲜。”又《五行书》：“五月辰日，猪头祭灶，治生万倍。”又《图经》：“十二月二十四日，民间用白鸡、黑菽、糖果祀灶神。”又《僧道行书》：“正月己丑日，白鸡祭灶，宜蚕。”又江、震旧《志》：“腊月二十四日祀灶，用荤品。”是古者皆以鱼牲祀灶。今俗相沿用素，直以佛待神矣。《昆新合志》："六月初四、十四、念四日，皆祀灶。"与郡俗同。

【译文】

六月初四、十四、二十四，各家各户都祭祀灶神，叫作"谢灶"。谚语说："三番谢灶，胜过一坛清醮。"祭祀时，摆上米粉团子、四簋素菜，民间叫"谢灶素菜"。

狗醨浴

谚云："六月六，狗醨浴。"谓六月六日牵猫犬浴于河，可避虱蛀。郭麐《浴猫犬词》云："六月六，家家猫犬水中浴。不知此语从何来，展转流传竟成俗。流传不实为丹青，孰知物始睹厥形。孰居庄严成坏住，劫前八万四千横竖飞走一一知其名。而况白老乌龙不同族，何以降日为同生？一笑姑置之，听我为媒词。司马高才号犬子，拓跋英雄称佛狸。乌员锦带纷绮丽，韩卢宋鹊尤魁奇。世上纷纷每生者，李义府与景升儿。金钱犀果洗若属，但有痴骨无妍皮。猫乎犬乎好自爱，洞里云中久相待。伐毛洗髓三千年，会见爬沙登上界。"

案：沈德符《野获编》："六月六日，本非令节，猫犬之属，俾浴于河。"田汝成《西湖游览志》："郡人于六月六日舁猫狗浴于河，致有汩没淤泥，踉跄就毙者，其义不可晓。”蒋一葵《尧山堂外纪》载：“明毛栗庵埕往谒杨南峰，适浴，阍人以告，不获见。后南峰答拜，栗庵亦以浴辞。南峰即题所投刺曰：‘君来拜我我沐浴，我来拜君君沐浴。君拜我时四月八，我拜君时六月六。’谓俗有六月六浴猫犬之谣也。”钱思元《吴门补乘》云：“六月六日浴猫狗，吴郡他邑咸有是说。”丁度《集韵》：醨，音悔，洗也。同颒，义同。《玉藻》：“沐稷而醨粱。”吴人悔作入声，为忽音之转耳。

【译文】

谚语说：“六月六，狗醨浴。”说的是在六月六这一天牵着猫狗到河里洗澡，可以防止猫狗身上生虱子。郭麐作《浴猫犬词》词：“六月六，家家猫犬水中浴。不知此语从何来，展转流传竟成俗。流传不实为丹青，孰知物始睹厥形。孰居庄严成坏住，劫前八万四千横竖飞走一一知其名。而况白老乌龙不同族，何以降日为同生？一笑姑置之，听我为媒词。司马高才号犬子，拓跋英雄称佛狸。乌员锦带纷绮丽，韩卢宋鹊尤魁奇。世上纷纷每生者，李义府与景升儿。金钱犀果洗若属，但有痴骨无妍皮。猫乎犬乎好自爱，洞里云中久相待。伐毛洗髓三千年，会见爬沙登上界。”

三伏初爽
曬書篇
庵院翻经
结善缘
近事信女
樂於助
願修来
世福壽全
古代風俗竹枝百首
金代晒经

晒书

六日，故事：人家曝书籍图画于庭，云蠹鱼不生。潘奕隽《六月六日晒书》诗云："三伏乘朝爽，闲庭散旧编。如游千载上，与结半生缘。读喜年非耋，题惊岁又迁。呼儿勤检点，家世只青毡。"

案：沈德符《野获编》："六月六日，内府皇史宬曝列圣实录、御制文集诸大函，为每岁故事。"钱思元《吴门补乘》亦云："六月六日曝书画。"崔寔《四民月令》则以七月七日，曝经书及衣裳不蠹。

【译文】

六月初六，按照旧俗：这一天在庭院中晾晒书籍图画，据说书就不会长蠹虫。潘奕隽《六月六日晒书》诗："三伏乘朝爽，闲庭散旧编。如游千载上，与结半生缘。读喜年非耋，题惊岁又迁。呼儿勤检点，家世只青毡。"

翻经

是日，诸丛林各以藏经曝烈日中，僧人集村妪为翻经会。谓翻经十次，他生可转男身。

案：陈文恭公宏谋抚吴时，《风俗条约》有禁六月六日翻经之文。

【译文】

六月六这一天，各大寺庙把所藏经书拿到太阳底下晒。僧侣还会召集各村的老年妇女举行翻经会。据说翻晒十次经书，下辈子可以转生为男儿身。

三伏天

旧俗有夏九九，今已不传。但从夏至日起，第三庚为初伏，第四庚为中伏，立秋后初庚为末伏，谓之“三伏天”。好施者，于门首普送药饵，广结茶缘。街坊叫卖凉粉、鲜果、瓜、藕、芥辣索粉，皆爽口之物。什物则有蕉扇、苎巾、麻布、蒲鞋、草席、竹席、竹夫人、藤枕之类，沿门担供不绝。土人剪纸为方圆六八角灯，及画舫、宝塔、舟车、伞扇诸式，或以鸭卵空其中，粘五色楮彩画成鱼，穴孔纳萤，谓之“萤火虫灯”，供小儿嬉玩。浴堂亦暂停爨火。茶坊以金银花、菊花点汤，谓之“双花”。面肆添卖半汤大面，日未午，已散市。早晚卖者，则有臊子面，以猪肉切成小方块为浇头，又谓之卤子肉面。配以黄鳝丝，俗呼“鳝鸳鸯”。沈钦道《吴门杂咏》诗云：“流苏斗帐不通光，绣枕牙筒放息香。红日半窗刚睡起，阿娘浇得鳝鸳鸯。”

案：周遵道《豹隐纪谈》："石湖居士戏用乡语，云土俗以夏至后九日为炎燠之候，相传有'夏至未来莫道热'之谚。"又陆泳《吴下田家志》夏至后一说云："一九至二九，扇子弗离手。三九二十七，冰水甜如蜜。四九三十六，拭汗如出浴。五九四十五，树头秋叶舞。六九五十四，乘凉弗入寺。七九六十三，床头寻被单。八九七十二，思量盖夹被。九九八十一，家家打炭墼。"《汉·郊祀志》："六月伏日，周时无，至此乃有之。"（此非《郊祀志》正文，而系师古注引孟康语）师古曰："伏者，谓阴气将起，迫于残阳而未得升，故为藏伏，因名伏日。"《阴阳书》云："夏至后，第三庚为初伏，第四庚为中伏，立秋后初庚为末伏。"何逊诗："愿以三伏天，催促九秋换。"

【译文】

以前有夏九九的说法，没有传下来，现在已不时兴了。但从夏至那一天起，夏至后第三个庚日为初伏，第四个庚日为中伏，立秋后第一个庚日叫末伏，这就是所说的"三伏天"。好施舍的人家，会在门前赠送各种养生疗疾的药物，广结茶友。街巷中叫卖的凉粉、鲜果、瓜、藕、芥辣索粉，都是爽口的食物。日常用品有蒲扇、苎巾、麻布、蒲鞋、草席、竹席、竹夫人、藤枕等，沿街挑担售卖这些货物的人络绎不绝。本地人还会用纸剪成方形、圆形、六角或八角的灯笼，以及画舫、宝塔、舟车、伞、扇等样式，或者把鸭蛋掏空，壳上贴上用五彩画了鱼儿的彩画，从蛋壳的小孔里放入萤火虫，叫"萤火虫灯"，供小孩子玩耍。

澡堂也暂停烧火。茶坊用金银花和菊花做成饮品，叫作“双花”。面馆里增添了半汤大面，时间还没到正午时分，集市就已经散了。早市和晚市卖的，有臊子面，把猪肉切成小方块作为浇头，又叫卤子肉面。再配上黄鳝丝，叫作“鳝鸳鸯”。沈钦道《吴门杂咏》诗：“流苏斗帐不通光，绣枕牙筒放息香。红日半窗刚睡起，阿娘浇得鳝鸳鸯。”

凉冰

土人置窨冰，街坊担卖，谓之“凉冰”。或杂以杨梅、桃子、花红之属，俗呼“冰杨梅”“冰桃子”。鲜鱼肆以之护鱼，谓之“冰鲜”。蔡云《吴歈》云：“初庚梅断忽三庚，九九难消暑气蒸。何事伏天钱好赚，担夫挥汗卖凉冰。”

案：王鏊《姑苏志》：“三伏，市上卖凉冰。”《元和县志》：“冰窨在葑门外，设窨二十四座，以按二十四气。每遇严寒，戽水蓄于荡田，冰既坚，贮之于窨。盛夏需以护鱼鲜，并以涤暑。”尤倬《冰窨歌》云：“我闻古之凌阴备祭祀，今何为者惟谋利。君不见葑溪门外二十四，年年特为海鲜置。潭深如井屋高山，潴水四面环冰田。孟冬寒至水生骨，一片玻璃照澄月。窨户重裘气扬扬，指挥打冰众如狂。穷人爱钱不惜命，赤脚踏冰寒割胫。槌舂撞击声殷空，势欲敲碎冯夷宫。砯砰倏惊倒崖谷，淙琤旋疑响琼玉。千筐万筥纷周遭，须臾堆作冰山高。堆成冰山心始快，来岁鲜多十倍卖。海鲜不发可奈何，街头六月凉冰多。”

【译文】

本地人把冰块储藏在地窖里，挑着担沿街叫卖，称为“卖凉冰”。有的将杨梅、桃子、花红等放在冰块里，民间叫“冰杨梅”“冰桃子”。鲜鱼店用冰块保鲜，叫作“冰鲜”。蔡云《吴歈》说：“初庚梅断忽三庚，九九难消暑气蒸。何事伏天钱好赚，担夫挥汗卖凉冰。”

珠兰茉莉花市 诸色花附

珠兰、茉莉花，来自他省。熏风欲拂，已毕集于山塘花肆。茶叶铺买以为配茶之用者，珠兰辄取其子，号为“撇梗”；茉莉花则去蒂衡值，号为“打爪花”。花蕊之连蒂者，专供妇女簪戴。虎丘花农，盛以马头篮，沿门叫鬻，谓之“戴花”。零红碎绿，五色鲜浓，四时照映于市，不独此二花也。至于春之玫瑰、膏子花，夏之白荷花，秋之木犀米，为居人和糖、春膏、酿酒、钓露诸般之需。百花之和本卖者，辄举其器，号为“盆景”。折枝为瓶洗赏玩者，俗呼“供花”。蔡云《吴歈》云：“提筐唱彻晚凉天，暗麝生香鱼子圆。帘下有人新出浴，玉尖亲数一花钱。”又蒋宝龄《吴门竹枝词》云：“蘋末风微六月凉，画船衔尾泊山塘。广南花到江南卖，帘内珠兰茉莉香。”

案：王穉登《咏茉莉》篇云："章江茉莉贡江兰，夹竹桃花不耐寒。三种尽非吴地有，一年一度买来看。"王鏊《姑苏志》云："虎丘人善于盆中植奇花异卉、盘松古梅，置之几案，清雅可爱，谓之'盆景'。春日卖百花，更晨代变，五色鲜浓，照映市中。其和本卖者，举其器。折枝者，女子于帘下投钱折之。"沈朝初《忆江南》词云："苏州好，小树种山塘。半寸青松虬干古，一拳文石藓苔苍。盆里画潇湘。"李翊《俗呼小录》云："俗数钱，以五文为一花。"

【译文】

珠兰、茉莉，是从别的省引种来的。花开时节，熏风吹拂，空气里散布着浓郁的香气。山塘一带的花店，这两种花家家有卖。茶叶店买这些花，用来配茶叶供饮用。珠兰取其子，叫"撇梗"；茉莉花去掉花蒂过秤，叫作"打爪花"。花朵连着花蒂的，专门供妇女插在头上做装饰。虎丘一带的花农，将花儿放在马头篮里，沿门叫卖，供佩戴的花，叫"戴花"。花儿鲜红，叶子翠绿，各种颜色鲜艳夺目，一年四季绽放在花市里的，不只珠兰、茉莉两种，春天有玫瑰花、膏子花，夏天有白荷花，秋天有木犀米，以供城里人做糖、春膏、酿酒、钓露的需要。花木连根一起卖的，附送盆子，叫作"盆景"。折枝放在水瓶中赏玩的，俗称"供花"。蔡云《吴歈》说："提筐唱彻晚凉天，暗麝生香鱼子圆。帘下有人新出浴，玉尖亲数一花钱。"蒋宝龄作《吴门竹枝词》说："蘋末风微六月凉，画船衔尾泊山塘。广南花到江南卖，帘内珠兰茉莉香。”

乘风凉

纳凉，谓之“乘风凉”。或泊舟胥门万年桥洞，或舣棹虎阜十字洋边，或分集琳宫、梵宇、水窗、冰榭，随意留连。作牙牌、叶格、马吊诸戏，以为酒食东道，谓之“斗牌”。习清唱为避暑计者，白堤青舫，争相斗曲，夜以继日，谓之“曲局”。或招盲女、瞽男弹唱新声绮调，明目男子演说古今小说，谓之“说书”。置酒属客，递为消暑之宴。盖此时烁石流金，无可消遣，借乘凉为行乐也。

案：《正字通》云：“牙牌，今戏具也。俗传宣和二年所设，高宗时诏颁行天下，名曰‘骨牌’，如博塞、格五之类。今俗，竹者亦曰骨。”《谈书录》：“天九之戏，见明潘之恒《续叶子谱》。”晁氏《读书志》云：“世传叶子，晚唐时妇人也，撰此戏。”宋袁文笔记谓：“叶子二字，拆其上半字，乃廿世二字，下木字合子字，作李字，为唐有二十帝之谶。”陈确庵《顽潭诗话》：“马吊，谓即戳戏，始明万历年间，崇祯间尤甚。创于常熟冯犹龙，百老用献，千生用闯，无何有闯、献二贼之祸。王石隐有《戳谶谣》。”李斗《扬州画舫录》云：“清唱，近时以叶广明唱口为最，著《纳书楹曲谱》为世所宗。”阮吾山《茶余客话》：“盲女琵琶，元时已有，至今江淮尤甚。

瞿存斋《过汴梁》诗云‘陌头盲女无愁恨，能拨琵琶说赵家’是也。又有瞽男者，见陆放翁诗：‘斜阳古柳赵家庄，负鼓盲翁正作场。’”《杨诚斋集》有《听盲妇携琵琶唱鼓子词》。支小白撰《小青传》：“或呼琵琶唱盲词。”沈朝初《忆江南》词云：“苏州好，盲女拨琵琶。纵少秋波横翠黛，也多春色照红霞。一样鬓堆鸦。”明姜南《洗砚新录》云：“演小说，谓演说古今小说，以觅衣食也。”

【译文】

纳凉，也叫“乘风凉”。苏州城纳凉避暑的去处很多，或者把船停泊在胥门万年桥洞，或者把船停靠在虎阜十字洋河边，或者去寺庙、道观、水窗、冰榭，随处可以纳凉。玩玩牙牌、叶格、马吊的游戏，来决定由谁请客做东，叫作“斗牌”。喜欢唱的，避暑可到白堤或青舫参与斗曲，从晚上唱到天亮，叫作“曲局”。或者雇请失明的男女艺人弹唱清丽华美的音乐；或者叫眼睛明亮的男艺人演说古今小说，叫作“说书”。要好的朋友聚在一起喝喝酒，轮流做东准备消暑的酒宴。这个时节，天气热得能融化金石，实在没有其他可以消遣的事情，就借纳凉来行乐吧。

虎丘灯船

豪民富贾，竞买灯舫，至虎丘山浜，各占柳阴深处，浮瓜沉李，

閑聽瓦内講評書
粉怪傳奇誇翻讀
打諢烟巷皆悦衆
全凭利口譽京都
宋代風俗竹枝百首
宋代瓦子説書
五代史

赌酒征歌。赋客逍遥，名姝谈笑，雾縠冰纨，争妍斗艳。四窗八拓，放乎中流，往而复回，篙橹相应，谓之“水辔头”。日晡，络绎于冶芳浜中，行则鱼贯，泊则雁排。迫暮施烛，焜煌照彻，月辉与波光相激射。舟中酒炙纷陈，管弦竞奏，往往通夕而罢。蔡云《吴歈》云：“避暑天天闹虎丘，连前端午后中秋。船涡那得凉风到，急放一回水辔头。”又云：“灯船入夜尽张灯，五色玻璃列上层。赢得火光人面映，夜凉犹着薄吴绫。”

案：龚明之《中吴纪闻》云：“虎丘，旧名海涌山，阖闾既葬之后，金精之气化为虎，踞其坟，故号虎丘。后避唐讳改为武丘。”黄省曾《吴风录》：“虎丘自胡太守缵宗创造台阁数重，益增眺胜，四时游客无寥落之日。寺如喧市，妓女如云，谚有‘假虎丘’之称，言非真山也。”卢湛《竹枝词》云：“侬今住近真娘墓，郎莫传言假虎丘。”香雪道人《南窗杂志》：“虎丘山塘，七里莺花，一湖风月，士女游观，画船箫鼓。舟无大小，装饰精工，窗有夹层，间以玻璃，悬设彩灯，争奇竞巧，纷纶五色，新样不同。傍暮施烛，与月辉波光相激射。今灯舫窗棂，竞尚大理府石镶嵌。灯则习用琉璃俗呼明角，设遇风狂，毋虞击碎也。”王冈龄《山塘灯船行》云：“夕阳明灭遥山遮，湖波淡沱收残霞。曜灵退避赤乌匿，歘忽焰吐金虾蟆。长空一碧浩无际，晶光烂烂铺晴沙。良辰美景岂易得，一时胜举千秋夸。江南夙号佳丽地，金阊习尚尤豪奢。山塘七里箫管沸，绮罗镇日争喧哗。莺声呖呖花外转，《竹枝》低唱多娇娃。重三双七恣游衍，隔帘鬟影看娅姹。兹来炎暑更消遣，红栏绿水环人家。鱼鳞一带屋高下，雁齿两岸桥横斜。今夕何夕月正望，清辉万里穷幽遐。忽闻人语竞鼓噪，延堤橹窸声咿哑。黄头之郎蜗角妓，鱼衣划破兰桡划。清歌嘹喨出云表，嘈嘈切切鸣筝琶。明灯一道衔尾过，中流拉沓纷如麻。蝉联鱼贯互分合，蜂屯蚁聚争盘拿。前船后船相断续，蜿蜒直似长山蛇。是时灯光如白昼，平湖旷望无津涯。南油西漆纷照灼，九枝火树堆银花。琉璃千重势闪烁，璎珞一片形鬖髿。灿如银河披瑞霭，丽似琼岛开朝椵。珠宫贝阙水晶域，千影万影相交加。世间那有此奇景，得毋海上来仙槎？又岂巧工类丁缓，创制妥贴精无瑕。吴侬斗胜真好事，掠钱买醉穷繁华。舫斋促坐列珍味，八窗四拓轻褣纱。谁家姹女三五队，亭亭小髻梳双丫。长眉弯环晕柳叶，纤手莹白抽姜芽。连翩侠少正麕集，宝马杂遝随香车。吾闻君子戒逸乐，屏除丽色兼淫哇。何为终日事游冶，外强中干空頠頣。桁无完衣儿女泣，盎乏粒米妻孥嗟。徒夸逐队作豪举，百缗酒券还须赊。何如居家习素业，男耕妇织良非差。白堤花柳纵烂熳，会须处处栽桑麻。”

【译文】

豪绅和富商，纷纷租赁用彩灯装饰的游船，划到虎丘的河岸旁，各自占据一处树荫浓密的地方，将瓜果泡在河水里，赌酒游戏，招来歌女唱歌。文人墨客逍遥自在，美人淑女谈笑风生，披着薄雾般的轻纱，手执细绢制的团扇，美姿媚态争妍斗艳。把船上四面的窗户一齐打开，让灯船划到中流后停下来，任其自行浮荡，船只来来往往，撑船的篙橹击打出来的声音在水面上相互呼应，叫作“水辔头”。天将暮时，冶芳浜中，便灯舫络绎，鱼贯不绝，灯船停泊下来，就像大雁一字排开。临近黄昏，灯船上亮起烛光，河滨一片通明，如同白昼，月辉、波光，交相辉映。船中纷纷摆上酒肉，管弦一齐演奏起来，常常天明才停止。蔡云《吴歈》说：“避暑天天闹虎丘，连前端午后中秋。船涡那得凉风到，急放一回水辔头。”又作诗说：“灯船入夜尽张灯，五色玻璃列上层。赢得火光人面映，夜凉犹着薄吴绫。”

合酱

谓造酱馅曰“罨酱黄”。馅成之后，择上下火日合酱。俗忌雷鸣，谚云：“雷鸣不合酱。”郭麐《合酱》诗云：“笾豆《周官》重，卵鱼《内则》谙。食齐酱用八，执馈老尊三。数典和羹得，齐民近制参。重罗面如雪，轹釜豆留泔。溲作牢丸大，蒸成馎饦甘。黄添云子色，藉用白茅函。曝处分窭薮，先时涤石甔。吴霜飞暑路，新水汲澄潭。泛溢波初沸，浸淫味已含。三投比曲蘖[1]，几宿自沉酣。盎盎疑无滓，霎霎虑有滭。斗杓投木杼，圆盖像筠篮。醲郁缘沉浸，

---

1 曲蘖，酒曲。

清深或澹涵。食单元异剂，列器各分坩。利用群生遍，称名异物覃。椒辛来自北，蒟美遂通南。乌鲗登盘暂，黄梅消渴堪。胡麻研琐琐，勺药和醃醃。间及嘉蔬渍，能令下箸贪。姜芽红敛指，玉版绿抽篸。蔓实余瓜果，溪毛撷藻蕈。均分盐法志，足使醢人惭。迩者桓宽议，争先榷酤探。高官司操刺，大贾饱酣婪。编户常忘味，海氓窃负担。井疆区晋楚，迫逐互戈铩。地本盐官接，人皆淡食媅。趁虚聊裹箬，覆瓿孰盈坛。隶事非征博，陈风当剧谭。酸咸君辨否，有味亦醰醰。”

案：崔寔《农家谚》云：“上火不落，下火滴沰。”俗以历日中有两火相连者，曰上下火日，本此。《风俗通》云：“雷鸣不得作酱。”今亦有此忌。蔡铁翁诗：“选火避雷忙作酱。”《广韵》：“罨，乌合切，音遏。”吴语谓覆物使不漏风曰罨。

【译文】

吴地把做酱馅叫“罨酱黄”。馅做成之后，选择上下火日合酱。合酱这一天，民间习俗最忌讳打雷。谚语说：“听到打雷声，就不合酱。”郭麐作《合酱》诗：“笾豆《周官》重，卵鱼《内则》谙。食齐酱用八，执馈老尊三。数典和羹得，齐民近制参。重罗面如雪，轹釜豆留泔。溲作牢丸大，蒸成馎饦甘。黄添云子色，藉用白茅函。曝处分窭薮，先时涤石甔。吴霜飞暑路，新水汲澄潭。泛溢波初沸，浸淫味已含。三投比麴糵，几宿自沉酣。盎盎疑无滓，霎霎虑有滮。斗杓投木杼，圆盖像筠篮。醲郁缘沉浸，清深或澹涵。食单元异剂，列器各分坩。

利用群生遍，称名异物覃。椒辛来自北，蒟美遂通南。乌鲗登盘暂，黄梅消渴堪。胡麻研琐琐，勺药和醃醃。间及嘉蔬渍，能令下箸贪。姜芽红敛指，玉版绿抽篸。蔓实余瓜果，溪毛撷藻蕈。均分盐法志，足使醢人惭。迩者桓宽议，争先榷酤探。高官司操刺，大贾饱酣婪。编户常忘味，海氓窃负担。井疆区晋楚，追逐互戈铩。地本盐官接，人皆淡食媕。趁虚聊裹箬，覆瓿孰盈坛。隶事非征博，陈风当剧谭。酸咸君辨否，有味亦醰醰。”

火神素

二十三日为火神诞。以神司火，祷谢者众。至是或有不御荤酒者，谓之“火神素”。

案：干宝《搜神记》：“炳灵公，东岳三郎也。”宋祥符间改封，世传为火神。而《道书》又以五月十二日为炳灵公诞。或曰此火神为祝融。考重黎为高辛氏火正，帝喾命曰祝融。共工氏作乱，使重黎诛之，不尽，乃以庚寅日诛重黎，而以其弟吴回为祝融。吴回生禄终，故今人称遭火为回禄。《左传》：“郑禳火于回禄。”注：“火神也。”俗奉为火神，未知孰是。

【译文】

六月二十三是火神的诞辰。火神掌管天下之火，因此向它祈祷的人特别多。火神诞辰这一天，有不饮酒不吃肉的，叫作“火神素”。

雷斋 接雷素

二十四日为雷尊诞。城中玄妙观，阊门外四图观，各有神像。蜡炬山堆，香烟雾喷，殿前宇下，袂云而汗雨者，不可胜计。庙祝[1]点烛之赀，何止万钱。有为首者，集众为醮会，伶人舁老郎神像入观，监斋[2]、卤簿、仪从，皆梨园子弟所充。羽流吟咏洞章，拜表焚疏，严肃整齐，不敢触犯天神，谓报应速也。自朔至诞日茹素者，谓之“雷斋”，郡人几十之八九，屠门为之罢市。或有闻雷茹素者，虽当食之顷，一闻虺虺之声，重御素肴，谓之“接雷素”。蔡云《吴歈》云：“香进雷尊匝月斋，老郎监醮仗新排。美人曾现氍毹相，看杀梨园子弟佳。”

案：《景霄琅书》所载五雷大法，有高上碧霄九天应玄雷声普化天尊。即今俗称雷尊是也。《道经》：“六月初六日，为清暑日，宜修清暑斋。”今人六月中多不御荤，或亦清暑之意。俗以延羽流禳祓曰“打醮”，见《吴志·吕蒙传》“蒙病笃，权命道士于星辰下为之请命”是也。然醮字已见《竹书纪

1 庙祝，寺庙内管香火的人。

2 监斋，道观中之执事者。

年》："黄帝杀五牲以醮之。"

【译文】

六月二十四日是雷神的诞辰。苏州城里的玄妙观，阊门外的四图观，都供奉有雷神像。雷尊生日这天，百姓们进献的香火蜡烛堆积成山，观中烟雾弥漫，宫殿前的屋檐下面，前来祭祀的人举袂成云，挥汗如雨，数都数不过来。香客们送给庙祝的香火费不下万钱。首领人物聚集众人做蘸会，唱戏的抬着老郎神像进入庙观，监斋、卤簿、仪仗都由伶人扮演。道士吟咏道家的经书，上表章烧奏疏，气氛庄严，仪式整齐，不敢有一点触犯神灵的地方。人们都认为，触犯神灵很快会遭到报应。从六月初一到六月二十四一直吃素，叫作"雷斋"，全苏州府的人，十之八九吃"雷斋"，屠户基本都停业了。也有些人只有听到雷声才吃素。正在吃饭的一听到打雷，立即撤下荤菜，摆上素菜，这叫"接雷素"。蔡云《吴歈》说："香进雷尊匝月斋，老郎监醮仗新排。美人曾现氍毹相，看杀梨园子弟佳。"

封斋开荤

嗜斋之先，戚若友必馈肴馔，以相暖热，谓之"封斋"。既开斋又如之，谓之"开荤"。

案：家元庆《檐曝偶谈》云："里俗，久斋，其戚若友，必先日具肴馔，以相暖热，当谓之‘封荤’。既嗜荤，当谓之‘开斋’。”俗以断鱼肉之属曰“斋”，本梁武帝奉佛戒不食鱼肉之说。然考罗愿《尔雅翼》云：“西方以大蒜、小蒜、兴渠、慈葱、茖葱为五荤。道家以韭、蒜、芸薹、胡荽、薤为五荤。”今人以朱子注“斋必变食”，有“不饮酒，不茹荤”之文，遂以鱼肉为荤而戒之，谬也。

【译文】

吃斋之前，亲戚朋友必馈赠丰盛的饭菜，嘘寒问暖，叫作“封斋”。到开斋这一天也同样，叫作“开荤”。

二郎神生日

是日，又为二郎神生日。患疡者拜祷于葑门内之庙。祀之必以白雄鸡。先夕，土人于庙中卖萤灯、荷花、泥婴者如市。蔡云《吴歈》云：“巧制萤灯赛练囊，摩睺罗市见昏黄。儿童消得炎天毒，葑水湾头谢二郎。”

案：宋高翥《菊涧小集》有《辇下酒行多祭二郎神及祠山神》诗云：“箫鼓喧天闹酒行，二郎赛罢赛张王。”考皇甫汸《长洲志》及钱湘灵陆灿《常熟县志》云：“赵真君名昱，灌洲人，仕隋，大业为嘉州太守，有蛟患，入水斩之。卒后，嘉州人见雾中乘白马越流而过者，乃昱也。因立庙灌江，号灌口二郎神。宋真宗时进今封。邑中患疡者，祷之辄应。相传六月廿四日为神生辰，男女奔赴，以祈灵贶。”褚人获《坚瓠集》云：“六月二十四日，为清源妙道真君诞辰。吴人祀之，必用白雄鸡，相传已久，不解其故。及阅陈藏器《本草拾遗》云：‘白雄鸡生三年者，能为鬼神所役使。’吴人用祀真君，或亦山川不舍骍角之意。”

【译文】

六月二十四，又是二郎神生日，长溃疡生毒疮的人都到葑门内的寺庙里祭拜。祭祀必须用白公鸡。前一天晚上，本地人在庙里卖萤灯、荷花、泥婴等物品，人多得像集市。蔡云《吴歈》说：“巧制萤灯赛练囊，摩睺罗市见昏黄。儿童消得炎天毒，葑水湾头谢二郎。”

荷花荡

是日又为荷花生日。旧俗，画船箫鼓，竞于葑门外荷花荡，观荷纳凉。今游客皆舣舟至虎阜山浜，以应观荷节气。或有观龙舟于荷花荡者，小艇野航[1]，依然毕集。每多晚雨，游人赤脚而归，故俗有“赤脚荷花荡”之谣。蔡云《吴歈》云：“荷花荡里龙船来，船多不见荷花开。杀风景是大雷雨，博得游人赤脚回。”

---

1 野航，农家小船。

案：徐崧、张大纯《百城烟水》云：“荷花荡在葑门外二里许，其东南接黄天荡。”又云：“六月二十四日，画船、箫鼓竞于荷花荡，观荷纳凉。”旧《府志》：“二十四日游荷花荡。”又《城南草堂集》：“六月廿四，谓之荷诞，实无所出。惟《内观日疏》：是日为观莲节，鼋采与其夫各以莲子相馈遗。昔有扶乩者，是日降坛，诗云：‘酒坛花气满吟笺，瓜果纷罗翰墨筵。闻说芙蕖初度日，不知降种自何年。’盖嘲之也”云云。然相沿既久，类成风俗，读张远《南歌子》曲，犹想见当时之盛。词云：“六月今将尽，荷花分外清。说将故事与郎听，道是荷花生日，要行行。　粉腻乌云浸，珠匀细葛轻。手遮西日听弹筝，买得残花归去，笑盈盈。”邵长蘅《冶游》诗云：“六月荷花荡，轻桡泛兰塘。花娇映红玉，语笑熏风香。”今数十年来，翠盖红衣，零落殆尽，烟波浩渺，剩有小艇渔父，相为莫逆而已。又沈朝初《忆江南》词云：“苏州好，廿四赏荷花。黄石彩桥停画鹢，水晶冰窨劈西瓜。痛饮对流霞。”注：“六月廿四日为荷花生日。游人都至葑溪，溪傍置冰窨，盛暑不热。”然今俗亦都非矣。

【译文】

六月二十四日是荷花生日。旧习俗，这一天，画舫演奏着箫瑟鼓乐，载着游人竞相撑往葑门外的荷花荡，既观赏荷花，又纳凉消暑。现在的游客都乘小船到虎阜山边的河岸去看荷花，也有到荷花荡里观看赛龙舟的，小船都聚集在一起。这个时节，晚上经常下雨，人们光着脚回家，故民俗流传有“赤脚荷花荡”的歌谣。蔡云《吴歈》说：“荷花荡里龙船来，船多不见荷花开。杀风景是大雷雨，博得游人赤脚回。”

消夏湾看荷花

洞庭西山之址，消夏湾为荷花最深处。夏末舒华，灿若锦绣，游人放棹纳凉。花香云影，皓月澄波，往往留梦湾中，越宿而归。

案：《府志》：“消夏湾在洞庭西山之址，深入八九里，三面峰环，一门水汇，仅三里耳。旧传为吴王避暑处。”范成大有《销夏湾》诗云：“蓼矶枫渚故离宫，一曲清涟九里风。纵有暑光无着处，青山环水水浮空。”又高启诗云：“凉生白苎水浮空，湖上曾开避暑宫。清簟疏帘人去后，渔舟占尽柳阴风。”《府志》又云：“荷花有红、白、黄数种。洞庭东、西山人善植荷，夏末秋初，一望数十里不绝，为水乡胜景。”沈朝初《忆江南》词云：“苏州好，消夏五湖湾。荷静水光临晓镜，雨余山翠湿烟鬟。七十二峰闲。”

【译文】

洞庭西山的消夏湾，是荷花开得最盛的地方。夏末开花，如锦绣一般灿烂，游人划船弄桨，到盛开的荷花丛中乘凉。花香伴着云影，皎洁的月光随波起伏，人们常常在消夏湾里过夜，第二天才回去。

辛斋

二十五日为辛天君诞辰。谓天君为雷部中主簿神。凡奉雷斋者，至日皆茹素，以祈神佑。又月之辛日及初六日，俗呼“三辛一板六”，不御荤，谓之“辛斋”。

案：《庄子》：“颜回曰：回之家贫，不茹荤，不饮酒数日矣。可以为斋乎？孔子曰：是祭祀之斋，非心斋也”云云。据此，则俗之辛斋，当是心斋之讹尔。

【译文】

六月二十五是辛天君的诞辰。辛天君被认为是雷部的主簿神。凡是信奉雷尊雷斋的人，这一天都要吃素，来祈祷辛天君的保佑。又六月的辛日和初六，民间叫“三辛一板六”，不吃荤，叫作“辛斋”。

七月

预先十日作秋天 作，俗读粗，去声。

立秋前数日，罗云复叠，细雨廉纤，金风欲来，炎景将褪，似乎有新凉之意思，谚云："预先十日作秋天。"李福《偶得吴谚成诗》云："梧桐满院绿阴连，引得新凉到枕边。细雨斜风几番过，预先十日作秋天。"

案：韩昌黎诗："非阁复非船，可居兼可过。君去问方桥，方桥如此作。"今方音"作"读"佐"，俗用"做"。《正字通》云："做，俗作字。"《字汇》："租去声，又音佐。"不知作本有去、入二音，分作、做为二，非。

【译文】

立秋之前的几天，网状的云层层堆叠起来，蒙蒙细雨纷纷飘落，秋风将来，酷暑闷热慢慢消退，隐约有天气变凉的感觉。谚语说："预先十日作秋天。"也就是说，秋意提前十天就能感觉到。李福在《偶得吴谚成诗》中写道："梧桐满院绿阴连，引得新凉到枕边。细雨斜风几番过，预先十日作秋天。"

秋縠碌，收秕谷 天收

立秋日雷鸣，主稻秀不实。谚云："秋縠碌，收秕谷。"又以稻秀时，浓雾大作，中有白虹横贯者，俗呼“白鲎”，亦主获粃谷，谓之“天收”。蔡云《吴歈》云：“雨洒风飘日又晴，先秋十日借秋声。雪瓜火酒迎新爽，怕听天边玉虎鸣。”

案：卢《志》：“立秋日忌雷声，谚云‘秋孛鹿，损万斛’。”范石湖《秋雷叹》云：“立秋之雷损万斛，吴侬记此占年谷。汰哉丰隆无藉在，政用此时鸣孛辘。向来夏旱连三月，吁嗟上诉声满屋。讼风未憖复占雷，助魃为妖天更酷。我虽闲寂忝祠史，家请官供尚仓粟。尘甑贫交满目前，卒岁将何救枵腹。但愿吴侬言不验，共割黄云炊白玉。天人远近叵戏论，禆灶安能尸祸福。”范《志》又云：“立秋后虹见为‘天收’，虽大稔，亦减分数。”《农桑要览》：“虹，俗呼鲎，以形如鲎鱼背，故名也。”蔡铁翁诗：“一秋无鲎慰村农。”江、震《志》云：“立秋后丁卯日忌雨，谚云：‘雨打秋丁卯，田中获烂稻。’”

【译文】

立秋这一天打雷，将预示着稻谷颗粒长不饱满。也就是谚语说的：“秋瞉禄，收秕谷。”还有一种说法，如果稻子抽穗时，大雾弥漫，雾气中还有白虹贯穿，民间把这种景象叫作“白鲎”。这种情况也预示稻谷长不饱满。民间把这种情况叫“天收”。蔡云在《吴歈》中写道：“雨洒风飘日又晴，先秋十日借秋声。雪瓜火酒迎新爽，怕听天边玉虎鸣。”

朝立秋凊飕飕夜立秋热咔咔 秋老虎

土俗又以立秋时之朝夜占凉燠，谚云：“朝立秋，凊飕飕。夜立秋，热咔咔。”自是以后，或有时仍酷热不可耐者，谓之“秋老虎”。

案：崔寔《四民月令》作“朝立秋，冷飕飕。夜立秋，热到头”。《世说》：“刘真长见丞相王导，时方盛夏，导以腹熨弹棋局，曰：何乃凊！刘出曰：‘未见他异，惟闻吴语。’”凊，丁度《集韵》：“音轰。”吴俗谓冷曰凊，转为于禁切，音窨。岑参《登嘉州凌云寺作》：“僧房云蒙蒙，夏月寒飕飕。”飕飕，寒意也。《前汉·东方朔传》：“狋咔牙者，两犬争也。”注：“咔，五侯反。”吴人谓气不足而喘者，辄笑以为狋（音希）咔（音吼，平声）。咔咔，热盛气促意也。

【译文】

当地人一般根据立秋在早晨还是晚上来预测立秋后的天气凉热。谚语说：“朝立秋，凊飕飕。夜立秋，热咔咔。”意思是说，如果是早晨立秋，立秋后，天气便会凉飕飕的；而如果是晚上立秋，立秋后，天气仍会很热，人热得像狗咔咔喘息。立秋之后，有时候还会热得难以忍受，这种情况叫作“秋老虎”。

立秋西瓜

立秋前一月，街坊已担卖西瓜，至是居人始荐于祖祢，并以之相馈贶，俗称“立秋西瓜”。或食瓜饮烧酒，以迎新爽。有等乡人，小艇载瓜，往来于河港叫卖者，俗呼“叫浜瓜”。

案：陆容《菽园杂记》：“金时，王予可《咏西瓜》云：‘一片冷裁潭底月，六湾斜卷陇头云。’”是西瓜金已有之。《五代史·四夷附录》：胡峤，居契丹七年，“自上京东去四十里，到真珠寨，始食菜。明年，东行，始食西瓜。土人云：契丹破回纥得此种。以牛粪覆棚而种，大如中国冬瓜而甘。”杨升庵引胡峤《陷虏记》云：“于回纥得瓜种，结实大如斗，味甘，名曰西瓜。”则自峤始入中国也。贺方回《秋热》诗：“西瓜足解渴，割裂青瑶肤。”文信国亦有《西瓜吟》。旧《志》：“西瓜，出双凤镇者佳，名‘寺前瓜’，以其在法轮寺左右也。”卢《志》：“白瓜，生长洲大姚村。算筒瓜，出昆山杨庄。金子瓜，不甚大，子小，色如金，生吴县。”《姑苏志》：“出跨塘荐福山者，曰‘荐福瓜’，味甘里松。”《元和县志》：“出虎丘者，名‘徐家青’，其种最佳。甫里次之。”近时以常熟梅前结实者为佳，俗呼“梅瓜”，较别邑土产，甘松可爱。崔寔《四民月令》：“初伏，则荐麦瓜于祖祢。”吴俗，则以立秋日荐瓜。而昆、新、常、昭《志》皆云：“立秋日，按时食西瓜。”盖本《豳风》“七月食瓜”之意也。

供果焚香
新秋庭中比
巧月如钩年年
闺阁乞织女
男儿何曾
牵牛
古代风俗竹枝百咏之
宋代七夕比巧

【译文】

立秋之前一个月，街上就有了挑着担子卖西瓜的。这个时候，居民们开始用西瓜敬献祖先，还作为相互馈赠的礼物。立秋日，吃西瓜，民间叫“立秋西瓜”。有的人一边吃着西瓜，一边喝着烧酒，来迎接凉爽秋天的到来。也不少乡下人，用小船装载西瓜，在河港间穿梭叫卖，俗称“叫浜瓜”。

巧果

七夕前，市上已卖巧果，有以面白和糖，绾作苎结之形，油余令脆者，俗呼为“苎结”。至是，或偕花果、陈香蜡于庭或露台之上，礼拜双星以乞巧。蔡云《吴歈》云：“几多女伴拜前庭，艳说银河驾鹊翎。巧果堆盘卿负腹，年年乞巧靳双星。”

案：王鏊《姑苏志》云：“七夕，市上卖巧果。”又九县《志》皆云：“七夕，以面和糖，油煎令脆食之，名曰‘巧果’。盖以吃巧果叶乞巧也。”沈朝初《忆江南》词云：“苏州好，乞巧望双星。果切云盘堆玉缕，针抛金井汲银瓶。新月挂疏棂。”然孟元老《东京梦华录》亦云：“七夕，以油、面、糖蜜造为笑靥儿，谓之‘果食’，花样奇巧。”又陆启浤《北京岁华记》云：“七夕，市上卖巧果。”又吴曼云《江乡节物词》小序云：“杭俗，七夕设时果祀双星，谓之‘巧果’。或以花俪之，为闺房韵事。”诗云：“乞巧谁从贷聘钱，瓜花谷板献初筵。阿侬采得同心果，不为双星证夙缘。”吴中旧俗，七夕陈瓜果，焚香中庭，僧尼各聚男女烧香者为会。见《吴县志》。又范《志》：“七夕，亦有乞巧会，令儿女辈悉与，谓之‘女儿节’。”又王《志》：“七夕，以青竹戴绿荷系于庭，作承露盘，男女罗拜月下，饤果皆曰‘巧’。又以线刺针孔辨目力。明日视盘中蜘蛛含丝者，谓之‘得巧’。余皆举露饮之。”今俗皆废。《字汇》：“氽，土恳切，音吞，上声。水推物也。”《字林撮要》：“氽，在水上为氽。”吴语谓以水推物曰氽。

【译文】

七夕节之前，市面上就有了卖巧果的。有种食物是用糖水和面，盘绕成类似苎麻绳的形状，放在油锅里炸得酥脆，民间管这种食物叫“苎结”。到了七夕这一天，人们会在庭院或者露台上摆出花果，燃上香烛，拜祭牛郎星和织女星，以此求得自己和家人心灵手巧。蔡云在《吴歈》中写道：“几多女伴拜前庭，艳说银河驾鹊翎。巧果堆盘卿负腹，年年乞巧靳双星。”

聓巧

七日前夕，以杯盛鸳鸯水[1]，掬和露中庭，天明日出晒之，徐

1　鸳鸯水，沸水和冷水混合起来的水。

佳節女兒約諸鄰
迭將水碗丟巧針
日光照洞龍梭影
繡出鴛鴦如意春
古代風俗竹枝百首之
清代婦女七月七日丟巧針

俟水膜生面，各拈小针投之使浮，因视水底针影之所似以验智鲁，谓之“砮巧”。

案：沈榜《宛署杂记》：“燕都女子，七日以碗水曝日中，各投小针，浮之水面，徐视水底日影，或散如花，动如云，细如线，桷如椎，因以卜女之巧。”刘侗《帝京景物略》谓之“丢巧针”。吴曼云《江乡节物词》小序谓：“即古穿针遗俗，杭人谓之针影。”诗云：“穿线年年约比邻，更将余巧试针神。谁家独见龙梭影，绣出鸳鸯不度人。”砮，《广韵》“冬毒切”，《集韵》“都毒切”，并音笃，落石也。吴语谓弃掷曰砮。其义可通。

【译文】

七夕节的前一天晚上，用杯子盛一杯沸水和冷水混合起来的水，放置在中庭，等天明日出之后，在太阳底下晾晒，直到水面慢慢生成一层薄膜，捏一枚小针放在水面上。这个时候观察水底小针的投影，来检验一个人是聪明还是愚笨。这个仪式叫作“砮巧”。

染红指甲

捣凤仙花汁，染无名指尖及小指尖，谓之“红指甲”。相传留护至明春元旦，老年人阅之，令目不昏。

案：周密《癸辛杂志》："凤仙花红者，捣碎，入明矾少许，染指甲，用片帛缠定过夜，如此三四次，则其色深红，洗涤不去，日久渐退回，人多喜之。"《花史》："李玉英秋日捣凤仙花染指甲。"又明瞿佑《红甲》诗云："金盆和露捣仙葩，解使纤纤玉有瑕。一点愁凝鹦鹉喙，十分春上牡丹芽。娇弹粉泪抛红豆，戏掐花枝镂绛霞。女伴相逢频借问，几回错认守宫砂。"但不定在七夕耳。惟《昆新合志》则云："七夕，少女捣凤仙花汁染指尖。"

【译文】

捣碎凤仙花，用花汁染无名指和小拇指的指甲，叫作"红指甲"。相传，如果染的红指甲能够保持到春节还不褪色，让老年人看，可以使他们的眼睛不花。

看天河

七夕后，看天河显晦，卜米价之低昂。谓晦则米贵，显则米贱。予有《七夕看天河》诗云："未弦月色映前溪，静夜银弯一望低。欲卜秋来新米价，天孙远嫁在河西。"

案：《昆新合志》云："七夕天河去，以河来日久速，卜米价贵贱，大约十日则一两。"郭频伽《樗园消夏录》载戴石屏《舟中夜坐》诗云："独坐观星斗，一襟秋思长。天河司米价，太乙照时康。”谓此语流传已久。

【译文】

七夕之后，观看银河明亮还是昏暗，可以预测米价的高低。昏暗代表米价会昂贵，明亮则说明米价会便宜。我写过一首诗叫《七夕看天河》：“未弦月色映前溪，静夜银弯一望低。欲卜秋来新米价，天孙远嫁在河西。”

烧青苗

是时，田夫耕耘甫毕，各醵钱以赛猛将之神。舁神于场，击牲设醴，鼓乐以酬，四野遍插五色纸旗，谓如是则飞蝗不为灾，谓之“烧青苗”。

案：吴县旧《志》亦载烧青苗之俗。谓横塘、木渎等处尤盛。

【译文】

这个时节，农民耕耘刚刚结束，会各自凑钱祭祀猛将之神。将猛将神像抬到场地上，宰杀牲畜，摆上美酒，击鼓奏乐，以感谢猛将神灵的保佑，并在四方田野上遍插五色纸旗，说是这样就不会闹蝗灾。这种习俗叫作“烧青苗”。

青龙戏

老郎庙，梨园总局也。凡隶乐籍者，必先署名于老郎庙。庙属织造府所辖，以南府[1]供奉[2]需人，必由织造府选取故也。每岁竹醉日后，炎暑逼人，宴会渐稀，园馆暂停烹炙，不复歌演，谓之“散班”。散而复聚，曰“团班”。团班之人，俗称“戏蚂蚁”。中元前后，择日祀神演剧，谓之“青龙戏”。迤逦秋深，增演灯戏。灯戏出场，先有坐灯，彩画台阁人物故事，驾山倒海而出，锣鼓敲动，鱼龙曼衍，辉煌灯烛，一片琉璃。盖金阊戏园不下十余处，居人有宴会，皆入戏园，为待客之便。击牲烹鲜，宾朋满座。栏外观者，亦累足骈肩，俗目之为“看闲戏”。有无名氏《新乐府》云：“金阊市里戏馆开，门前车马杂遝来。烹羊击鲤互主客，更命梨园演新剧。四围都设木栏杆，栏外容人仔细看。看杀人间无限戏，知否归场在何地。繁华只作如是观，收拾闲身闹中寄。”

案：钱思元《吴门补乘》：“老郎庙，在镇抚司前，梨园弟子祀之。其神白面少年，相传为明皇，因明皇兴梨园故也。”又引《山海经》云“騩山，耆童居之，其音常如钟磬音”，云：“耆童，老童也，颛顼之子。老郎疑即老童，为音声之祖，郎

1　南府，清代掌管宫廷戏曲演出活动的机构。

2　供奉，此指专门侍奉宫廷的艺人。

与童俱年少称。”介休刘澄斋观察有《老郎庙》诗亦作唐明皇，有句云：“梨园十部调笙簧，路人走看赛老郎。老郎之神是何许，乃云李氏六叶天子唐明皇。”王梦楼太守又谓是唐庄宗。尝题《老郎画赞》有句云：“人言天宝，我为同光。”沈朝初《忆江南》词云：“苏州好，戏曲协宫商。院本爱看新乐谱，舞衣不数旧霓裳。昆调出吴阊。”

【译文】

老郎庙是梨园戏班的总坛。凡是隶属乐籍的人，首先要到老郎庙签名登记。老郎庙属苏州织造府管辖，因为南府所需要的供奉艺人都是由织造府挑选的。每年五月十三竹醉日之后，暑热逼人，宴会渐渐少了，园馆也渐渐地停止供应饮食，戏班不再演出，叫作“散班”。散班后再聚集起来，叫作“团班”。团班之后的人，叫作“戏蚂蚁”。七月十五中元节前后，选择日子祭神演戏，叫作“青龙戏”。青龙戏一直唱到深秋，中间还会加演灯戏。演出灯戏的时候，先点亮一盏坐灯，灯上映现彩色图画，亭台楼阁人物故事；紧接着，人物声势浩大地出场，锣鼓敲动，各种角色陆续演绎出来，灯火辉煌，光彩夺目。金阊的戏园不下十余处，居民的宴会，都选在戏园里办，是为了方便待客的原因。期间宰杀牲畜，烹饪海鲜，宾朋满座。而站在护栏外看戏的人，也是摩肩接踵，民间管这样看戏叫“看闲戏”。无名氏在《新乐府》中说：“金阊市里戏馆开，门前车马杂遝来。烹羊击鲤互主客，更命梨园演新剧。四围都设木栏杆，栏外容人仔细看。看杀人间无限戏，知否归场在何地。繁华只作如是观，收拾闲身闹中寄。”

七月半

中元，俗称“七月半”，官府亦祭郡厉坛。游人集山塘，看无祀会，一如清明。人无贫富，皆祭其先。新亡者之家，或倩释氏、羽流诵经超度，至亲亦往拜灵座，谓之“新七月半”。

案：宋本《颜之推家训·终制篇》云：“有时斋供，及七月半盂兰盆，望于汝。”是称中元为七月半，由来已久。吴自牧《梦粱录》：“中元节祀先，用麻谷窠儿，寓预报秋成之意。”又云：“有力者，于家设醮荐悼。”江、震《志》皆载：“中元日，多以五更素食享先，新亡者之家尤早。”

【译文】

中元节，民间叫作“七月半”，官府会到郡府的厉坛祭祀。这一天，游人聚集在山塘，和清明节一样去看无祀会。人们无论贫富贵贱，都要祭祀自己的祖先。刚有人去世的人家，会请僧人、道士诵经超度亡魂，最亲近的人也前往祭拜灵位，叫作“新七月半”。

斋田头

中元，农家祀田神，各具粉团、鸡黍、瓜蔬之属，于田间十字路口再拜而祝，谓之“斋田头”。

案：韩昌黎诗：“共向田头乐社神。”又云：“愿为同社人，鸡豚宴春秋。”《周礼疏》云：“社者，五土之总神。又为田神之所依。”则是今之七月十五日之祀，犹古之秋社耳。

【译文】

中元节的时候，农民们要祭祀田神。各家准备粉团、鸡黍、瓜蔬等，在田间的十字路口拜两次，然后向田神祷告。这叫仪式做“斋田头”。

盂兰盆会 水旱灯

好事之徒，敛钱纠会，集僧众，设坛礼忏诵经，摄孤判斛，施放焰口[1]。纸糊方相长丈余，纸镪累数百万，香亭幡盖，击鼓鸣锣，杂以盂兰盆冥器之属，于街头城隅焚化。名曰“盂兰盆会”。或剪红纸灯，状莲花，焚于郊原水次者，名曰“水旱灯”，谓照幽冥之苦。徐倬《盂兰盆会歌》云：“城头鼓角吹遥空，沉沉月

1　放焰口，佛教为地狱里的饿鬼超度的法事。

色来阴风。阴风淅沥纸钱飞，金山银山光闪红。道场洁净大欢喜，撞钟伐鼓声隆隆。声隆隆，灯烂烂，千盏万盏莲花散。莲花散成般若台，欲泛慈航登彼岸。啾啾众鬼泣荒丘，栖苔附草招同伴。魂来风月明竹枝，满地幡影横魂去。风月落森森，夜色转萧索。须弥一粟不可量，杯中净水甘露凉。安得甘露化为酒，孤魂一吸消愁肠。雉矫矫，狗喔喔，蟾蜍影灭高树颠，萤火飞光不成绿。"

案：陆放翁《老学庵笔记》："故都残暑，不过七月中旬。俗以望日具素馔享先，织竹作盆盎状，贮纸钱，承以一竹，焚之，视盆倒所向，以占气候，向北则冬寒，向南则冬温，东西则寒温得中，谓之'盂兰盆'。盖俚俗老妪辈之言也。又有'盂兰盆倒则寒来'之谚。晏元献诗：'红白薇英落，朱黄槿艳残。家人愁溽暑，计日望盂兰。'"则盂兰盆乃以占气候者。然《青泥泊》载："目莲救母，具五味百果着盆中，供养十方大德佛，得脱饿鬼之苦。"《释氏要览》："盂兰者，天竺语。犹云倒悬救急器也。"遂相沿作佛氏之说。《颜之推家训·终制篇》云有"盂兰盆望于汝"之语，是六朝时已行之。唐代且行之禁中。如《六典》载："中尚署七月十五日进盂兰盆。"《旧唐书》：代宗七月望日于内道场造盂兰盆，饰以金翠，所费百万。孙思邈《千金月令》："七月十五，营盆供寺，为盂兰会。"又孟元老《东京梦华录》："中元买冥器，以竹斫三脚如灯窝状，谓之'盂兰盆'。挂冥钱、衣服在上焚之。后人且广为华饰，刻木、削竹、饴蜡、剪彩、模花叶之形为盂兰盆。"又吴自牧

道場超度安
亡魂原有
盂蘭古意存
慶贊中元
縣门首酒山
肉海饗
活人 古代風俗
竹枝百首之
中元節
慶贊
中元

《梦粱录》云："有力者，中元夜于家设醮，荐拔孤魂，僧寺建盂兰盆会。"又周密《武林旧事》："中元节，僧寺作盂兰盆斋。"又陆启浤《北京岁华记》："中元节，各寺设盂兰盆，以长椿寺为盛。"则知此风非吴独有。卢《志》："七月十五日，僧舍悉预营斋供佛，人荐亡，谓之'盂兰盆会'。嘉熙间，郡守王公怪盂兰盆会之不经，作文禁止，是岁竟不敢作。"江、震《志》皆云："中元夜，沿河放灯，谓之'照冥'。"吴曼云《江乡节物词》小序云："杭俗，剪纸作灯如荷，遍地焚之，谓照幽冥之苦。"但在七月晦日，不在中元。又陆启浤《北京岁华记》云："都城七月晦日，积水河、泡子河各有水灯。"

【译文】

七月十五前，热心的人到各家各户收敛钱财，组织集会，召集僧人开坛场，诵经忏悔罪恶，并为孤魂饿鬼超度，布施食物。纸糊的方箱有一丈多长，纸钱有好几百万，焚香的亭子淹没在飘扬的旗幡中，鸣锣击鼓，同时把祭祀死人的盂兰盆，在街边或者城角焚化。这样的活动叫作盂兰盆会。有人还会用红纸剪做莲花状的灯笼，在郊外的水边焚烧，叫作"水旱灯"，据说能照见鬼魂的痛苦。徐倬在《盂兰盆会歌》一诗中写道："城头鼓角吹遥空，沉沉月色来阴风。阴风淅沥纸钱飞，金山银山光闪红。道场洁净大欢喜，撞钟伐鼓声隆隆。声隆隆，灯烂烂，千盏万盏莲花散。莲花散成般若台，欲泛慈航登彼岸。啾啾众鬼泣荒丘，栖苔附草招同伴。魂来风月明竹枝，满地幡影横魂去。

风月落森森，夜色转萧索。须弥一粟不可量，杯中净水甘露凉。安得甘露化为酒，孤魂一吸消愁肠。雉矫矫，狗喔喔，蟾蜍影灭高树颠，萤火飞光不成绿。”

棉花生日

二十日，俗传棉花生日，忌雨。谚云：“雨打七月念，棉花弗上店。”

案：《岁时琐事》：“七月二十日，谚谓‘陈棉花生日’，喜晴。”

【译文】

七月二十日，民间传说是棉花的生日，忌讳下雨。谚语说：“雨打七月念，棉花弗上店。”这一天如果下雨，棉花的收成就会受到影响。

地藏王生日

晦日为地藏王生日。骈集于开元寺之殿，酬愿烧香。妇女有脱裙之俗，裙以红纸为之，谓曾生产一次者，脱裙一次，则他生可免产厄。点肉身灯，为报娘恩。以纸锭管纳寺库，为他生资，谓之“寄库”。昏时，比户点烛庭阶，谓之“地藏灯”。儿童聚砖瓦成塔，烧赝琥珀屑为戏，俗称“狗屎香”。蒋元熙《地藏灯》诗云：“金仙转劫降东瀛，教主偏从晦日生。一点禅灯分宝焰，顿教黑地尽光明。”又蔡云《吴歈》云：“脱裙解裕一重重，村妇纷投地藏宫。砖塔夜夹燃珀屑，水灯放后地灯红。”又郭麐《七月晦日》诗云：“万百千灯并一炬，幽幽鬼火青如雨。人间那识那落迦，但闻中有幽冥主。盂兰盆会佛所传，始自弟子目犍连。七月卅日夜灯火，考于彼法无有焉。天龙人鬼趣殊别，未卜他生安所适。纷纷剪纸管库来，阴天纯作金银色。四输持世地何藏，地藏乃亦称为王。可怜焰摩擅威福，时复铁汁镕其肠。我生坐破米汁戒，堕地生天不蒂芥。但愿探支张说所铸之横财，先为今生偿酒债。”

案：《本愿经》云：“地藏王，初为长者子，见师子佛相好，因问作何行愿而得此相？佛言：‘欲证此身，当须久远脱度受苦众生。’因发愿言：‘我今尽未来际，为是罪苦六道众生广设方便，尽令解脱，而我自身方成佛道。以是于彼佛前，立斯大愿，于今百千万亿那由他劫尚为菩萨。’”又云：“诸分身地藏菩萨，各复一形，白佛云：‘我所分身，遍满百千万亿恒河沙世界，每一世界化百千万亿身，每一身度百千万亿人。’”云云。太白有《地藏菩萨赞》。陆启浤《北京岁华记》：“七月晦日，为地藏佛诞。供香烛于地，此风辇下亦行之。”《昆新合志》云：“七月杪，相传为地藏王诞。夜点烛庭阶，曰‘幽明灯’。携楮锭至地藏殿焚之，以遗亡者。”《常昭合志》：“三十日为地藏王生日，证度庵士女进香者极盛。”

【译文】

七月三十日是地藏王生日。人们聚集在开元寺的大殿里，烧香还愿。妇女有脱裙的习俗，裙子是用红纸裁剪的，据说是生育过一次孩子的，脱一次红裙，在下次生育的时候，就可以避免难产。点肉身灯，是为了报答母亲的养育之恩。把纸锭放到寺庙的仓库里，供来生使用，叫作“寄库”。黄昏时，各家各户在庭院台阶上点燃烛火，叫作点“地藏灯”。儿童将砖瓦堆积成塔，在塔中焚烧赝琥珀碎屑玩，民间称为“狗屎香”。蒋元熙在《地藏灯》一诗中写道：“金仙转劫降东瀛，教主偏从晦日生。一点禅灯分宝焰，顿教黑地尽光明。”蔡云作《吴歈》诗说：“脱裙解秽一重重，村妇纷投地藏宫。砖塔夜夹燃珀屑，水灯放后地灯红。”郭麐作《七月晦日》诗说：“万百千灯并一炬，幽幽鬼火青如雨。人间那识那落迦，但闻中有幽冥主。盂兰盆会佛所传，始自弟子目犍连。七月卅日夜灯火，考于彼法无有焉。天龙人鬼趣殊别，未卜他生安所适。纷纷剪纸管库来，阴天纯作金银色。四输持世地何藏，地藏乃亦称为王。可怜焰摩擅威福，时复铁汁镕其肠。我生坐破米汁戒，堕地生天不蒂芥。但愿探支张说所铸之横财，先为今生偿酒债。”

八月

天灸

朔日，蚤起取草头露磨墨，点小儿额腹，以祛百病，谓之“天灸”。

案：卢《志》及长、元、吴《志》皆载“天灸”之俗。又《风俗通》云：“是日为六神日，以露调朱砂，蘸小指点额，去百病。”

【译文】

八月初一，早晨起来取草尖上的露水来研墨，将墨汁点在孩子的额头、腹部，可以除百病，这种做法叫“天灸”。

灶君生日

初三日为灶君生日。家户具香蜡素羞以祀，天王堂及福济观之灶君殿，进香者络绎终日，有集男妇嗜斋为会者，谓之“灶君素”。

案：《道经》：“八月三日，为东厨司命真君诞辰。”故俗称灶神为灶君。《礼记》：“夫爨者，老妇之祭，盛于盆，尊于瓶。”故妇女多预之。

【译文】

八月初三是灶君的生日。各家各户都准备香烛素食以用来祭祀。

天王堂和福济观的灶君殿，进香的人整天络绎不绝。有专门组织男女吃素食的聚会，叫作“灶君素”。

八字娘娘生日

八日为八字娘娘生日。北寺中有其像，诞日香火甚盛。进香者多年老妇人，预日编麦草为锭式，实竹箩中。箩以金纸糊之，两箩对合封固，上书某门某氏姓氏，是日焚化殿庭，名曰“金饭箩”，谓如是能致他生丰足。

案：八字娘娘像在城中北寺内，一半老妇人，插花满头，祖传与人生前造命。妇女爇香、献履，再生可转男身。

【译文】

八月初八是八字娘娘的生日，北寺中有她的塑像。八字娘娘诞辰日这天香火很旺，前来进香的多是老年妇女。她们提前一天用麦草编成元宝的样子，装满竹箩。竹箩用金纸糊住，两个竹箩相对合上密封结实，上面写某门某氏的姓名，八月初八这一天进香的时候在殿庭焚化，名为“金饭箩”。据说，这样做来生能够衣食丰足。

妝樓鸞鏡
拜月明再
之嫦娥駐
美容蛾眉
新月令細
鬭如水流
年歎無情
古代風俗竹枝
百首、唐代中
秋拜新月

八月半

中秋，俗呼“八月半”。是夕，人家各有宴会以酬佳节，人又以此夜之晴雨，占次年元宵阴晴，谚云：“八月十五云遮月，来岁元宵雨打灯。”又云：“雨打上元灯，云罩中秋月。”蔡云《吴歈》云：“闷闷中秋云罩月，哓哓元夜雨淋灯。谁知篱豆花开日，养稻正需水满塍。”

案：《常昭合志》：“邑人以中秋夜晴雨，占次年元宵晴雨，良验。”然此语已见《周恭肃公集》：“但愿中秋不见月，博得元宵雨打灯。”

【译文】

中秋节，民间又叫“八月半”。这天晚上，各家各户摆上酒宴庆祝佳节。人们又根据这一天晚上的阴晴，来预测第二年元宵节的阴晴。谚语说：“八月十五云遮月，来岁元宵雨打灯。”又有谚语说：“雨打上元灯，云罩中秋月。”蔡云在《吴歈》中写道：“闷闷中秋云罩月，哓哓元夜雨淋灯。谁知篱豆花开日，养稻正需水满塍。”

小摆设

好事者供小财神，大不逾尺，而台阁、几案、盘匜、衣冠、卤簿，乐器、博弈、戏具、什物亦缩至径寸，无不称之，俗呼“小摆设”。士女纵观，门阑如市。蔡云《吴歈》云：“耗财供奉小财神，摆设争看缩本新。底事清宵作儿戏，门阑好驻冶容人。”

案：《正韵》：“摆，排而振之也。”马融《广成颂》：“摆牲班禽。”吴俗谓陈设为摆设，其义本此。

【译文】

有虔诚的人供奉小财神塑像，高不超过一尺，而亭台楼阁、茶几香案、盘子杯盏、衣冠、仪仗，还有乐器、博弈器具、演戏道具以及日常用品，都缩至一寸大小，没有不称赞其精巧的。这些器具叫作“小摆设”。男男女女都来观看，门厅若市。蔡云在《吴歈》中写道：“耗财供奉小财神，摆设争看缩本新。底事清宵作儿戏，门阑好驻冶容人。”

斋月宫

比户瓶花、香蜡，望空顶礼，小儿女膜拜月下，嬉戏灯前，谓之“斋月宫”。

案：陆启浤《北京岁华记》：“中秋之夕，人家各置月宫符像，符上兔如人立。陈瓜果于庭，饼面绘月中蟾兔。男女肃拜烧香，旦而焚之。”吴俗，不设月宫符像，向空展拜而已。

【译文】

中秋节的夜晚，各家各户在庭院里安放供案、摆上瓶花、焚香燃蜡，大人们对着明月恭敬地行礼，孩子们都跪着叩拜，然后就着灯光嬉戏玩耍。这天晚上的活动叫作“斋月宫”。

烧斗香

香肆以线香作斗，纳香屑于中，僧俗咸买之，焚于月下，谓之“烧斗香”。尤崧镇《斗香》诗云：“拈将香线匀兼细，长短编成斗样同。祗合灵檀和木屑，岂宜旨酒荐琼宫。佳人撤帐腰频折，处士占星柄自空。吴俗中秋传韵事，满庭馥桂正临风。”又云：“愧无丽藻拾山香，才思难将此物量。烛焰冲来槎贯月，檀心陷处胆如囊。烟萦尚结科文细，灰烬犹留印样方。深夜群真倘下界，不嫌斗室咏霓裳。”

案：吴曼云《江乡节物词》小序云：“杭俗，糊纸为斗，炷香其中，高者可二尺许，中秋夜祀月则设之。”诗云：“心字烧残寸寸灰，灵香上请月轮开。斗量毕竟人间少，桂粟新收万斛来。”

【译文】

香铺里把线香做成斗状，将碎香装里面，和尚和民众都来买，八月十五日晚上在月下焚烧，叫作“烧斗香”。尤崧镇在《斗香》一诗中写道：“拈将香线匀兼细，长短编成斗样同。祇合灵檀和木屑，岂宜旨酒荐琼宫。佳人撤帐腰频折，处士占星柄自空。吴俗中秋传韵事，满庭馥桂正临风。”又作诗道：“愧无丽藻拾山香，才思难将此物量。烛焰冲来槎贯月，檀心陷处胆如囊。烟萦尚结科文细，灰烬犹留印样方。深夜群真倘下界，不嫌斗室咏霓裳。”

走月亮

妇女盛妆出游，互相往还，或随喜尼庵，鸡声喔喔，犹婆娑月下，谓之“走月亮”。蔡云《吴歈》云：“木犀球压鬓丝香，两两三三姊妹行。行冷不嫌罗袖薄，路遥翻恨绣裙长。”

案：《昆新合志》：“中秋夕，游人踏月马鞍山前。”《吴江志》：“是夕，群集白漾欢饮，竹肉并奏，往往彻晓而罢。”震泽旧《志》：“中秋夜，携榼胜地，联袂踏歌。”《昭文志》：“八月望，游人操舟集湖桥望月。”又卢《志》及长、元《志》皆云：“中秋，倾城士女出游虎丘，笙歌彻夜。”《吴县志》又云：“作腹会，各据胜地，延名优清客，打十番，争胜负，十二、三日始，十五止。”邵长蘅《冶游》诗有“中秋千人石，听歌细如发”之句。又沈朝初《忆江南》词云：“苏州好，海涌玩中秋。歌板千群来石上，酒旗一片出楼头。夜半最清幽。”

中秋來擇插鬢香姊妹結伴走月亮
夜涼未燻羅衫薄路遠只恨繡鞋長
古代風俗竹枝百首清代蘇杭婦女中秋走月亮

今虎丘踏月听歌之俗，固不逮昔年，而画舫妖姬，征歌赌酒，前后半月，殆无虚夕。并录蔡云《吴歈》于此，词云："七里山塘七里船，船船笙笛夜喧天。十千那瞉一船费，月未上弦直到圆。"

【译文】

中秋之夜，妇女们盛装出游，邻里女性来回走动。有的顺便到尼姑庵走走拜拜。天快亮了，鸡打鸣了，她们还在月下漫步。这种活动叫作"走月亮"。蔡云在《吴歈》中写道："木犀球压鬓丝香，两两三三姊妹行。行冷不嫌罗袖薄，路遥翻恨绣裙长。"

塔灯

村民于旷野以瓦叠成七级浮屠，中供地藏王像，四围燃灯，谓之"塔灯"。

案：昆新风俗，是夕亦点塔灯或用芦粟及琉璃。郡俗，并七月晦日。或曰此以之照幽冥，非徒事游观也。梅霜崖《中秋瓦塔》诗云："不须缩版筑峻嶒，一柱擎空七级灯。铜雀台灰余片片，灵光殿砾积层层。烛龙鳞甲冲霄动，蛤蚌珠玑拔地升。士女倾城齐伫望，芳辰皓月景弥增。"

【译文】

村民在旷野中用砖瓦垒起七层佛塔，塔内供奉地藏王塑像，四周点灯，叫作“塔灯”。

月饼

人家馈贻月饼为中秋节物。十五夜，则偕瓜果以供祭月筵前。祁启萼《月饼》诗云：“中秋节物未为低，火熯罗罗出釜齐。一样饼师新制得，佳名先向月中题。”

案：《吴县志》：“中秋卖饼，谓之月饼。”又《常昭合志》：“中秋以月饼相馈贻。”然冯慕冈《月令广义》亦云：“燕都士庶，中秋馈遗月饼、西瓜之属，名‘看月会’。”田汝成《西湖游览志》：“中秋民间以月饼相遗，取团圆之义。”又吴曼云《江乡节物词》小序：“杭俗，中秋食月饼，夜设祭月，取人月双圆意。”诗云：“粉膏圆影月分光，不是红绫亦饱尝。只恐团圞空说饼，征人多少未还乡。”

【译文】

中秋节的时候，家家户户会相互馈赠月饼。八月十五的夜晚，将月饼和瓜果一同摆在席前，拜祭月亮。祁启萼在《月饼》一诗中写道：“中秋节物未为低，火熯罗罗出釜齐。一样饼师新制得，佳名先向月中题中题。”

石湖串月[1]

十八日游石湖，昏时，看行春桥下串月。旧俗多泊舟望湖亭，今亭废，而画舫皆不轻往。或借观串月之名，偶有一二往游者，金乌未坠，便已辞棹石湖，争泊白堤，征歌赌酒矣。蔡云《吴歈》云：“行春桥畔画桡停，十里秋光红蓼汀。夜半潮生看串月，几人醉倚望湖亭。”又云：“怒涛影叠饶溪港，皓魄光连宝带桥。共说楞伽秋坐好，那知春月漾春潮。”又徐士铉《吴中竹枝词》云：“秋风十里绿蒲生，串月看来虚有名。十八桥环半遮没，渔村一点水边明。”

案：周密《齐东野语》：“石湖在楞伽山下，太湖之一派也。”王鏊《姑苏志》云：“界吴县、吴江之间，有茶磨诸峰映带，颇为绝胜，相传范蠡从入五湖处。”徐崧、张大纯《百城烟水》：“八月十八日，群往楞伽山望湖亭看串月，为奇观。”卢《志》：“十八日昏时，登楞伽山，遥望湖亭，士女为看串月之游。”长、元、吴《志》皆载：“十八日昏时，游石湖，

1 串月，指石湖桥下月影成串的奇观。清朱象贤《闻见偶录》记载，苏州上方山东的石湖有宝带桥纵贯南北，桥有五十三个洞，月光映水，正对环洞，一环一月，连络成串。

观宝带桥下串月。”褚人获《坚瓠集》云：“从宝带桥外出，数有七十二。此横说也。或云：从葑门外饶溪港，光影相接，望如塔灯。此竖说也。然亦如阿閦佛国，才一现耳。”族高伯祖侠君先生有《八月十八夜看串月歌》云：“治平山寺何岧峣，湖光吐纳山连遥。烟中明灭宝带桥，金波万叠风骚骚。年年八月十八夜，飞廉驱云落村舍。金盆出水耀光芒，琉璃迸破银瓶泻。散作明珠千万颗，老兔寒蟾景相吓。鱼婢蟹奴争献奇，手搴桂旗吹参差。水花云叶桥心布，移来海市秋风时。吴侬好事邀新客，舳舻衔尾排南陌。红豆新词出绛唇，粉胸绣臆回歌席。绿蛾淋漓柁楼倒，醒来月在松杉杪。”又邵长蘅《冶游》诗，有“十八楞伽山，湖亭待串月”之句。尤西堂诗云：“常是携儿看串月，行春桥畔听吹箫。”盖是时游客，皆泛舟石湖也。土人云：二月十八夜，亦见串月。又云：郡城眼目司堂前桥中，亦可看串月之影。沈朝初《忆江南》词云：“苏州好，串月看长桥。桥畔重重湖面阔，月光片片桂轮高。此夜爱吹箫。”注云：“行春桥，跨石湖之上，八月十八日，月光初起，入桥洞中，其影如串。”或云：“十八夜串月，从上方塔铁练中看出。”是夜月之分度，适当铁练之中，倒影于地，联络一串，故云。

【译文】

八月十八日游石湖，黄昏的时候，到行春桥下赏串月。旧时常把船停泊在望湖亭，现在亭子已经废弃了，所以画舫也就不再轻易去那里了。偶尔有一两人以赏串月的名义前往，太阳还未下山，便已离开石湖，争相把船泊在白堤，去征招歌伎赌酒玩乐了。蔡云在《吴歈》中说：“行春桥畔画桡停，十里秋光红蓼汀。夜半潮生看串月，几人醉倚望湖亭。”又作诗道：“怒涛影叠饶溪港，皓魄光连宝带桥。共说楞伽秋坐好，那知春月漾春潮。”徐士鋐在《吴中竹枝词》中写道：“秋风十里绿蒲生，串月看来虚有名。十八桥环半遮没，渔村一点水边明。”

餈团

二十四日，煮糯米和赤豆作团祀灶，谓之“餈团”。人家小女子皆择是日裹足，谓食糍粞缠脚，能令胫软。蔡云《吴歈》云：“白露迷迷稻秀匀，糯团户户已尝新。可怜绣阁双丫女，初试弓鞋不染尘。”

案：许慎《说文》：“餈，稻饼。”谓炊半烂捣之，不为粉也。长、元、吴《志》及《常昭合志》皆云：“二十四日，以新秫米为糍团祀灶。”餈又作糍，见吴自牧《梦粱录》：“怀信坊，俗呼糍团巷。”是糍团之名旧已。

【译文】

八月二十四，家家煮糯米和赤豆，做成饭团，叫作“餈团”。家有小女孩的会选这一天给孩子裹足，据说吃祭祀灶神的饭团，缠足时可以使胫骨变软。蔡云在《吴歈》中说："白露迷迷稻秀匀，糯团户户已尝新。可怜绣阁双丫女，初试弓鞋不染尘。"

稻生日

农人以是日为稻生日。雨则藁多腐。谚云："烧干柴，吃白米。"

案：九邑《志》皆载："八月二十四日，为稻藁生日，忌雨。"又《岁时琐事》："稻藁日雨，则虽得藁亦腐。"

【译文】

农民以八月二十四为稻子的生日。如果这天下雨，那么稻子的茎秆就容易腐烂。谚语说："烧干柴，吃白米。"

木犀蒸

俗呼岩桂为木犀，有早、晚二种，在秋分节开者，曰"早桂"；寒露节开者，曰"晚桂"。将花之时，必有数日鏖热如溽暑，谓之"木犀蒸"，言蒸郁而始花也。自是金风催蕊，玉露零香，男女耆稚，极意纵游，兼旬始歇，号为"木犀市"。

案：张邦基《墨庄漫录》："浙人呼岩桂曰木犀，以木之纹理如犀也。”曾几诗：“圆团岩下桂，表表木中犀。”《罗湖野录》：“晦堂和尚谓黄山谷曰：‘闻木犀香乎？’”又张先《桂花》诗：“此木玉之犀，更贮万斛香。”是古时皆作木犀。今人犀字加木傍，作木樨，非是。范成大《吴郡志》：“桂，本岭南木，吴地不常有之。唐时始有植者。白乐天守郡日，谓苏之东城，古吴都城也，今为樵牧之场，有桂一枝，生乎城下，惜不得其地，赋《东城桂》诗唁之，有‘子堕本从天竺寺，托根今在阖闾城’之句。今随在有之。”莫旦《苏州赋》注云：“周虎家有古桂数千本，号凌霜。”

【译文】

民间把岩桂叫木犀，木犀有早开花和晚开花两种。在秋分时节开花的，叫“早桂”；在寒露时节开花的，叫“晚桂”。木犀要开花的时候，肯定有几天潮湿闷热天气，叫作“木犀蒸”。有说木犀要在闷热的环境里才会开花。“木犀蒸”现象之后，秋风吹来，花蕾绽放，花瓣上露水滴落，散发出醉人的香气，男女老幼在花间畅游，这样的活动要二十天才会结束，叫作“木犀市”。

风潮

七八月间，大风陡至，先有海沙云起者，谓之“风潮”。蔡云《吴歈》云：“裂残火伞作罗纹，萧飒声来退暑氛。又恐风潮坏棉稻，东南莫起海沙云。”

案：海粟道人《庄谐杂志》：“吴中七、八月间，大风陡起，一二昼夜不息者，名为‘风潮’。万窍怒号，扬沙走石。元人诗有云：‘排空疑有鬼神战，对面不闻人语音。’”

【译文】

七八月的时候，有时候突然刮起大风，把海沙刮入云端，叫作风潮。蔡云在《吴歈》中说：“裂残火伞作罗纹，萧飒声来退暑氛。又恐风潮坏棉稻，东南莫起海沙云。”

秋兴

白露前后，驯养蟋蟀以为赌斗之乐，谓之“秋兴”，俗名“斗赚绩”，提笼相望，结队成群。呼其虫为将军，以头大足长为贵，青、黄、红、黑、白，正色为优，大小相若，铢两适均，然后开栅。斗时，有执草引敌者，曰“𦸗草”。两造认色，或红或绿，曰“标头”。台下观者，即以台上之胜负为输赢。谓之“贴标”。斗分筹码，谓之“花”。花，假名也，以制钱一百二十文为一花。一花至百花、千花不等，凭两家议定，胜者得彩，不胜者输金，无词费也。

案：陆玑《诗草木虫鱼疏》：“蟋蟀，似蝗而小，正黑，

趣轩
底事清闲尝小虫
重价得来藏玉城
交恶皆因争异性
又借搏斗逞英雄
古代风俗竹枝百首
清代斗蟋蟀

目有光泽如漆，有角翅，善斗。”幽州人谓之“趣织”，督促之言也。吾乡谓之“赚绩”，其义本通。陆佃《埤雅》：“蟋蟀善跳，其鸣在股。吴人取其雄而矫健者，驯养以斗。”贾秋壑《促织经》：“虫之色：白不如黑，黑不如赤，赤不如青。”又陆丹扆《小知录》云：“有红铃、月额诸名，吴人养之，以仰头、卷须、练牙、踢腿为四病。”《吴县志》：“出横塘、楞伽山诸村者健斗。明宣德中，有朱镇抚者，进此得宠，遂加秩。”《厉樊榭集》注：“远客泊舟来斗蟋蟀，俗称‘客虫’。”先希冯公《玉篇》云：“蓻，同莔。”牵去声。《尔雅·释草》：“蔚，牡莔。”注：“蔚即蒿之雄无子者。”家景星作《斗蟋蟀记》有云：“蓻，一茎六穗或三穗，对节生。取茎长五寸余，披其首如牦，蒸熟用之，以便驱拨。”又云：“江北呼为‘窸窸’，江南呼为‘赚绩’。白露后开斗，重阳后止斗。”

【译文】

白露前后，苏州驯养蟋蟀的，玩斗蟋蟀的赌博游戏，叫作“秋兴”，民间又叫“斗赚绩”。玩这种游戏的，都提着笼子，成群结队聚拢一起。他们把笼子里的蟋蟀叫将军，蟋蟀的头越大，足越长，就越珍贵，颜色有青、黄、红、黑、白，颜色纯的为优。挑选大小和重量相差不多的两只，打开栅门放在一起让它们搏斗。斗蟋蟀时，有人拿一根草专门用来引逗蟋蟀，这根草叫“蓻草”。双方主人要辨清各自蟋蟀的颜色，或红色或绿色，叫作“标头”。台下的观众，以两只蟋蟀的胜负定赌博的输赢。叫作“贴标”。斗蟋蟀时压的筹码叫作“花”。花，只是个假借的名称，一百二十文制钱为一花。赌博时，压的筹码从一花到百花、千花不等，由参与赌博的人自行商定，胜利的人赢得赌注，输掉的人失去赌金，不需要再费口舌。

处暑十八盆　白露身弗露　处暑若还天不雨，纵然结实也难收　白露白迷迷，秋分稻秀齐　稻秀只怕风来摆，麦秀只怕雨来霖　分后社白米遍天下，社后分白米像锦墩　寒露没青稻，霜降一齐倒　霜降见霜，米烂陈仓 未霜见霜粜米人像霸王

土俗，以处暑后天气犹暄，约再历十八日而始凉，谚有云“处暑十八盆”，谓沐浴十八日也。又谚云“白露身弗露”，言至是天气乃肃，可以授衣耳。又以处暑日宜雨，谚云：“处暑若还天不雨，纵然结实也难收。”又以白露前后雾，主稻穗易实，谚云：“白露白迷迷，秋分稻秀齐。”又以稻秀时忌风，谚云：“稻秀只怕风来摆，麦秀只怕雨来霖。”又以秋分在社前，主年丰；秋分在社后，主岁歉，谚云：“分后社，白米遍天下；社后分，白米像锦墩。”稻田收割，又皆以霜降为候。盖寒露乍来，稻穗已黄，至霜降乃刈之，谚云：“寒露没读如蓦音，平声。青稻，霜降一齐倒。”又以霜降日宜霜，主来岁丰稔，谚云：“霜降见霜，米烂陈仓。”若未霜而霜，主来岁饥，谚云：“未霜见霜，粜米人像霸王。”

案：长、元、吴《志》皆载：“秋分在社前，则田有收而谷贱；分在社后，则无收而谷贵。”又《岁时广记》载谚云：“秋分在社前，斗米换斗钱；秋分在社后，斗米换斗豆。”江、震《志》云：“冬至日无霜，主来岁荒歉。谚云：‘冬至无霜，碓杵无糠。’”

【译文】

处暑后天气依旧燥热，当地人的经验是，大约还要再过十八天，天气才能开始凉爽。谚语说“处暑十八盆”，意思是还可以洗十八天澡。谚语说：“白露身弗露。”意思就是此时天气变凉，身上要多穿衣服。又认为处暑这一天应该下雨，谚语说：“处暑若还天不雨，纵然结实也难收。”如果白露前后有雾，预示稻穗容易丰实。谚语说：“白露白迷迷，秋分稻秀齐。”稻子抽穗时，忌刮风，谚语说：“稻秀只怕风来摆，麦秀只怕雨来霖。”如果秋分在社日之前，预示这一年会丰收；如果秋分在社日之后，这一年就要歉收。谚语说：“分后社，白米遍天下；社后分，白米像锦墩。”收割稻子，都在霜降的时候。寒露一到，稻穗变黄，到霜降正好可以收割。谚语说：“寒露没青稻，霜降一齐倒。”又认为，霜降日宜下霜，预示来年丰收。谚语说：“霜降见霜，米烂陈仓。”如果没有到霜降就开始下霜，来年就会闹饥荒。谚语说：“未霜见霜，粜米人像霸王。”

九月

重阳信 九月九蚊虫叮石臼

重阳将至，盲雨满城，凉风四起，亭皋[1]落叶，陇首[2]飞云。人以是为立秋后第一寒信，谓之“重阳信”。俗又有“九月九，蚊虫叮石臼”之语。又谓“重阳日晴，则一冬无雨雪”，谚云“夏至有风三伏热，重阳无雨一冬晴”。李福《重阳日风雨》诗云：“重阳七字足千古，断句不劳后人补。天公也似可其诗，到此年年例风雨。昨朝皎日悬清光，秋花弄影留余芳。彻夜狂飙作势急，半庭冷绿芭蕉湿。纵然佳节不宜晴，那见登高笠屐行。落帽清狂兴既阻，题糕雅韵诗谁赓。破寂聊凭一杯酒，唤起东篱吾老友。篱边但听雨声喧，不见黄花开笑口。时序炎凉感递迁，重阳一过将残年。屋角群鸦飞作阵，漫天都是催寒信。催来寒信莫便嗔，多少寒衣未制人。”

案：《荆楚岁时记》：“重阳日，常有疏风冷雨。”吾乡呼为秋风盲雨。长、元、吴《志》皆云：“九月九日晴，冬无雨雪。”马大壮《天都载》谓：“钦天监柱联作：‘夏至酉逢三伏热，重阳戊遇一冬晴。’”吴人谓“有风”“无雨”，当是“酉逢”“戊遇”之误。

---

1 亭皋，水边的平地。

2 陇首，高山之巅。

【译文】

重阳节到来前，苏州满城急雨，凉风四起；此时节，地上落叶缤纷，山上白云缥缈。人们将其视为立秋后天冷的第一个信号，叫它“重阳信”。民间又有“九月九，蚊虫叮石臼”的说法。还有一种说法是，九月初九如果是晴天，整个冬天就没有雨雪。谚语说：“夏至有风三伏热，重阳无雨一冬晴。”李福在《重阳日风雨》一诗中说：“重阳七字足千古，断句不劳后人补。天公也似可其诗，到此年年例风雨。昨朝皎日悬清光，秋花弄影留余芳。彻夜狂飙作势急，半庭冷绿芭蕉湿。纵然佳节不宜晴，那见登高笠屐行。落帽清狂兴既阻，题糕雅韵诗谁赓。破寂聊凭一杯酒，唤起东篱吾老友。篱边但听雨声喧，不见黄花开笑口。时序炎凉感递迁，重阳一过将残年。屋角群鸦飞作阵，漫天都是催寒信。催来寒信莫便嗔，多少寒衣未制人。”

登高

登高，旧俗在吴山治平寺中牵羊赌彩，为摊钱[1]之戏。今吴山顶机王殿，犹有鼓乐酬神，喧阗日夕者。或借登高之名，遨游虎阜，箫鼓画船，更深乃返。蔡云《吴歈》云：“文穆祠荒少客过，治平古寺暮云多。肉山酒海伤心后，近日销金别有窝。”

1　摊钱，赌博的一种。近世有摇摊，以骰子摇出点数，以四除之，视其有无余数，或余数为一、二或三，以博胜负。此亦自摊钱变化而来。

案：吴均《续齐谐记》：“费长房语桓景：九日当登高，饮菊叶酒。因齐家登山。”孟嘉从桓温游龙山，亦九日登高之举，后遂相承为故事。《南齐书·礼志》：宋武帝在彭城时，“九日，上项羽戏马台”登高。《齐武帝本纪》：“九日，孙陵冈商飙馆登高宴群臣。”《全唐诗话》：“唐中宗临渭山登高。”皆是。然古人登高，不止九日。石虎《邺中记》及《隋文帝本纪》有正月十五日登高之会。桓温参军张望有《七日登高》诗，晋李充有《七日登剡山寺》诗，韩退之有《人日城南登高》诗，元魏东平王翕有《人日登安仁山铭》。盖即老子所云“众人熙熙，如登春台”之意，与九日登高祓除之义不同。沈朝初《忆江南》词云：“苏州好，冒雨赏重阳。别墅登高寻说虎，吴山脱帽戏牵羊。新酿酒城香。”注：“吴山九日登高，牵羊戏博，俗呼‘扑羊’。”又邵长蘅《冶游》诗：“何许更登高，吴山黄花节。”今俗皆非。并录申时行《吴山行》，尤见当时奢靡之习。诗云：“九月九日风色嘉，吴山胜事俗相夸。阖闾城中十万户，争门出郭纷如麻。拍手齐歌太平曲，满头争插茱萸花。横塘迤逦通茶磨，石湖荡漾绕楞伽。兰桡桂楫千艘集，绮席瑶尊百味赊。玉勒联翩过羽骑，青帘络绎度香车。彯缨挟弹谁家子，跕屣鸣筝何处娃。不惜钩衣穿薜荔，宁辞折屐破烟霞。万钱决赌争肥羜，百步超骧逐帝騧。落帽遗簪拼酩酊，呼卢蹋鞠恣喧哗。只知湖上秋光好，谁道风前日易斜。隔浦晴沙归雁鹜，沿溪晓市出渔虾。荧煌灯火阗归路，杂遝笙歌引去槎。此日遨游真放浪，此时身世总繁华。道旁有叟长太息，若

古代风俗竹枝百首
唐重九登高

狂举国空豪奢。比岁仓箱多匮乏，县官赋敛转增加。闾阎凋瘵谁能恤，杼柚空虚更可嗟。何事倾都溷丘壑，何缘罄橐委泥沙。白衣送酒东篱下，谁问柴桑处士家。”《昆新合志》：“九日，邑人胥上马鞍山登高。”江、震《志》但云“九日登高燕饮者，必簪菊泛萸”，不言登高之处。《常昭合志》：“虞山登高。”

【译文】

九月初九登高，过去是在吴山治平寺里牵羊赌彩头，玩摊钱的游戏。现在吴山山顶的机王殿，还有鼓乐酬神的活动，从白天一直持续到夜晚。也有人借着登高的机会，游览虎丘，画船上吹箫打鼓，直到深夜才返回。蔡云在《吴歈》中说：“文穆祠荒少客过，治平古寺暮云多。肉山酒海伤心后，近日销金别有窝。”

重阳糕 夜作

居人食米粉五色糕，名“重阳糕”。自是以后，百工入夜操作，谓之“做夜作”。蔡云《吴歈》云：“蒸出枣糕满店香，依然风雨古重阳。织工一饮登高酒，篝火鸣机夜作忙。”

案：谢肇淛《五杂俎》引吕公忌云：“九日天明时，以片糕搭儿女头额，更祝曰‘愿儿百事俱高’。此古人九日作糕之意。”邵博《闻见后录》：“刘梦得作九日诗，欲用糕字，以五经中无之，辍不复为。宋子京以为不然，故子京九日食糕有咏云：‘飙馆轻霜拂曙袍，糗餈花饮斗分曹。刘郎不敢题糕字，空负诗中一世豪。’”吕希哲《岁时杂记》云：“二社重阳尚糕食，而重阳为盛。以枣为之，或加以栗，亦有用肉者。”崔正言诗：“归去醵钱烦里社，买糕沽酒作重阳。”孙国敉《燕都游览志》：“重九日，敕赐百官花糕宴。”又刘侗《帝京景物略》：“九日，父母家必迎女归宁，食花糕。”皆重阳糕也。《吴郡志》：“九月九日，食重阳糕。”范《志》：“重九，以菊花、茱萸，尝新酒，食栗粽花糕。”《雅志》：“重阳日，蒸五色糕相饷，谓之‘重阳糕’。”《吴县志》：“九日，卖糕作黄色，名‘重阳糕’。”《昆新合志》云：“用面发丰糕，糁百果于其上。”江、震《志》云：“以面裹肉炊之。”《常昭合志》云：“用面和脂而蒸之。”王《志》又谓之“骆驼蹄”，盖旧俗用面裹肉炊之，形如驼蹄，故名。长、元《志》又皆云：“今以糕代，名‘重阳糕’。”

【译文】

九月九这一天，人们吃米粉五色糕，叫作“重阳糕”。从这一天之后，各个作坊一般晚上也要开工，叫“做夜作”。蔡云在《吴歈》中说：“蒸出枣糕满店香，依然风雨古重阳。织工一饮登高酒，篝火鸣机夜作忙。”

祭钉靴

十三日，俗祭钉靴，占一冬晴雨。晴则冬无雨、雪，谚云：“九月十三晴，钉靴挂断绳。”

案：《岁时琐事》：“九月十三日，为钉靴生日，是日宜晴。”江、震《志》皆云：“是日晴，主一冬少雨，利收获。谚云：‘九月十三晴，不用盖稻亭。’”

【译文】

九月十三，民间有祭钉靴习俗，人们根据这天的气象来预测整个冬天的阴晴。如果这天是晴天，则预示着一冬无雨雪。谚语说：“九月十三晴，钉靴挂断绳。”

旗纛[1]信爆

霜降日，天向明，官祭军牙六纛之神。祭神时，演放火枪阵，俗名“信爆”。先期张列军器，金鼓导之，赴教场之旗纛庙。盖俗以春之迎喜为开兵，至是为收兵也。护龙街南北，观者如云，谓之“看旗纛”，能祓除不祥。俗于是夜五更，相戒醒睡，以听信爆，云免喉痛。或剥新栗置枕边，至时食之，令人有力。蔡云《吴歈》云：“队伍森严号令明，钬铮金铁挟秋声。马腾士饱年年乐，信爆连珠报太平。”

1　纛，此处为古时军队或仪仗队的大旗。

案：《府志》："旗纛庙，在教场演武厅旁。"旧在苏州卫治内，故《吴县志》云："每岁霜降日，本卫官致祭旗纛。"康熙间，移置今所。

【译文】

霜降这一天，天刚刚亮，官府就开始准备祭祀六纛之神。祭神的时候，演习火枪阵，民间叫"信爆"。祭祀之前，士兵执掌各种兵器，排好队列，锣鼓仪仗在前开路，浩浩荡荡开到演练场的旗纛庙。按习俗，立春迎喜为开兵，到这个时候则是收兵。护龙街的两边，站满了观看的人，据说"看旗纛"能祛除不祥的事情。民间常常在这一晚的五更时分互相提醒不要睡过了头，以便听信爆，据说听信爆能免除喉咙痛。还有人剥开新鲜的栗子放在枕头边，听到信爆后吃了，能增长力气。蔡云在《吴歈》中说："队伍森严号令明，钬铮金铁挟秋声。马腾士饱年年乐，信爆连珠报太平。"

菊花山

畦菊乍放，虎阜花农已千盎百盂担入城市。居人买为瓶洗供赏者，或五器、七器为一台，梗中置熟铁线，偃仰能如人意。或于广庭大厦，堆叠千百盆为玩者，绉纸为山，号为"菊花山"，而茶肆尤盛。蔡云《吴歈》云："堆得菊山高复高，铜瓶瓷碗供周遭。酒边灯下花成厄，笑倒柴桑处士陶。"

九月采菊釀酒香
來年開罈又重陽
暢飲何必陶隱士難得佳節
入醉鄉
古代歲俗竹枝百首之晉飲菊花酒

案：范成大《菊谱略》："菊所在有之，吴下尤盛。春苗尺许时，掇去其颠，数日则歧出两枝，又掇之，每掇益歧。至秋，则一干所出数百千朵，人力勤，土膏亦沃，花亦为之屡变。成大植于范村，得三十六种，以黄为正，杂色次之，有胜金黄、叠金黄、太真黄、棣棠黄、叠罗黄、麝香黄、千叶小金钱、单叶小金钱、垂丝菊、鸳鸯菊、荔枝菊、球子菊、小金铃、藤菊、十样锦、甘菊、五月菊、金杯玉盘、喜容千叶、御衣黄、万铃菊、芙蓉菊、莲花菊、茉莉菊、木香菊、酴醾菊、艾叶菊、白麝香、白荔枝、银杏菊、波斯菊、佛顶菊、桃花菊、胭脂菊、孩儿菊等名。"今同里贝三泉善艺菊，著有《艺菊说》，种皆来自海洋。自养苗至放花，备载培植之方，韦涟怀为之跋。

【译文】

花田里栽种的菊花刚刚开放，虎丘的花农就挑着成百上千盆菊花进城售卖。城里人买来菊花，装在干净的瓶子里观赏，或者五盆、七盆摆满一个台子，花梗间缠上铁丝，可以控制菊花的长势，使其能够按着人的意愿生长。在宽阔的厅堂里，堆叠千百盆盛开的菊花供观赏，如同堆放在用纸折叠成的层层台阶上，堆垒成山，叫作"菊花山"。这个时节，茶馆的生意尤其好。蔡云在《吴歈》中说："堆得菊山高复高，铜瓶瓷碗供周遭。酒边灯下花成厄，笑倒柴桑处士陶。"

唤黄雀

八九月间，弋人罗黄雀立铁竿颠，教之衔旗啄铃为戏。畜养既驯，放之能复飞回，谓之“唤黄雀”。家绍先《唤黄雀》诗云：“顽童忘日短，教诲不嫌忙。呼叱凭铃铎，舒徐饱稻粱。但成傀儡戏，不学凤凰翔。勖汝多机巧，冲飞入上方。”又蔡云《吴歈》云：“场逢毽踢便身搀，博得浑身汗透衫。调雀风檐忙底事？铜铃响处彩旗衔。”

案：《府志》：“黄雀出海边。每岁冬初，西风急，则千百成群，自江外飞至。”长、元《志》皆云：“黄雀，食稻而肥，又呼‘稻头雀’。”

【译文】

八九月间，捕鸟人将捕来的黄雀放在铁竿顶上，教它用嘴衔旗啄铃铛取乐。驯养好的黄雀，放走后能飞回来，叫作“唤黄雀”。我的本家顾绍先在《唤黄雀》一诗中说：“顽童忘日短，教诲不嫌忙。呼叱凭铃铎，舒徐饱稻粱。但成傀儡戏，不学凤凰翔。勖汝多机巧，冲飞入上方。”蔡云在《吴歈》中写道：“场逢毽踢便身搀，博得浑身汗透衫。调雀风檐忙底事？铜铃响处彩旗衔。”

养叫哥哥

秋深，笼养蝈蝈，俗呼为“叫哥哥”，听鸣声为玩。藏怀中，或饲以丹砂，则过冬不僵。笼刳干葫芦为之，金镶玉盖，雕刻精致。虫自北来，熏风乍拂，已千筐百筥，集于吴城矣。郭麐《咏蝈蝈琐窗寒》词云：“络纬蹄残，凉秋已到，豆棚瓜架。声声慢诉，似诉夜来寒乍。挂筠笼晚风一丝，水天儿女同闲话。算未应输与，金盆蟋蟀，枕函清夜。　窗罅。见低亚。簇几叶瓜华，露亭水榭。胡卢样小，若个探怀堪讶。笑虫虫，自解呼名，物微不用添《尔雅》。便蛇医，分与丹砂，总露蝉同哑。”

案：《瓶花斋集》云：“有一种似蚱蜢而身肥者，京师人呼为‘蝈蝈儿’，南人谓之‘叫哥哥’，喜捕养之。食丝瓜花及瓜练。音声与促织相似，而清越过之，露下凄声彻夜，酸楚异常，俗耳为之一清。”韩宝筌《咏叫哥哥》诗云：“少小怜为客，关山万里过。樊笼甘我素，口舌让人多。北望空回首，南音孰倚歌。世途行不得，何苦叫哥哥。”

【译文】

深秋的时候，在笼子里养蝈蝈，民间称“叫哥哥”，听它的叫声为乐。如果把蝈蝈放在怀里，用丹砂喂养，那么过一个冬天蝈蝈也不会死。有的蝈笼做得很讲究，用剖开的干葫芦来做，笼子上镶嵌金玉，精雕细琢。蝈蝈是从北方捉来的，秋风刚起，就已经有成百上千运到吴城的街市上。郭麐在《咏蝈蝈琐窗寒》一词中写道：“络纬蹄残，凉秋已到，豆棚瓜架。声声慢诉，似诉夜来寒乍。挂筠笼晚风一丝，水天儿女同闲话。算未应输与，金盆蟋蟀，枕函清夜。窗罅。见低亚。簇几叶瓜华，露亭水榭。胡卢样小，若个探怀堪讶。笑虫虫，自解呼名，物微不用添《尔雅》。便蛇医，分与丹砂，总露蝉同哑。”

斗鹌鹑

霜降后，斗鹌鹑角胜。标头一如斗蟋蟀之制，以十枝花为一盆，负则纳钱一贯二百。若胜，则主家什二而取。每斗一次，谓之一圈。斗必昏夜，至是畜养之徒，彩缯作袋，严寒则或有用皮套，把于袖中，以为消遣。

案：《尔雅疏》：“鹌鹑为二，无斑者为鹌，有斑者为鹑。但形状相似，俱黑色，今人总以鹌鹑名之。”陆启浤《北京岁华记》云：“霜降后斗鹌鹑，笼于袖中，若捧珍宝。”蔡铁翁诗：“辛苦霜天把瘦鹑。”

【译文】

霜降之后，斗鹌鹑的比赛就开始了。鹌鹑标头、角斗规则和斗蟋蟀的一样，以十枝花为一盆，如果输了，就要缴纳一贯二百钱；如果赢了，则庄家取十分之二作为利钱。每斗一次，叫做一圈。斗鹌鹑都是在夜晚进行。到比赛时，他们把鹌鹑装在彩色丝绸做的袋子里，严寒时还有人把鹌鹑装在皮套里，藏在衣袖中把玩，以此当作消遣。

阳山观日出

三十夜半，登阳山浴日亭，看日月同升，间亦有云海之奇。蔡云《吴歈》云："宾日阳山浴日亭，秋云幻态瞰沧溟。下方不识高寒境，谁博宵来双眼醒。"

案：张大纯《采风类记》云："阳山顶有浴日亭，每年九月三十日，郡人登此，观日月同升。"明汪膺诗序云："箭缺壁立对峙，相去数武，夜半日出，适当其间，为西山绝胜。"韦涟怀云："天平山顶莲花洞，是夜亦可观日月并出。"

【译文】

九月三十日半夜里，登上阳山的浴日亭，可以观看太阳和月亮一同升起，其间有时还会有云海奇观。蔡云在《吴歈》中写道："宾日阳山浴日亭，秋云幻态瞰沧溟。下方不识高寒境，谁博宵来双眼醒。"

十
月

十月朝

月朔，俗称“十月朝”，官府又祭郡厉坛。游人集山塘，看无祀会。间有墓祭如寒食者。人无贫富，皆祭其先，多烧冥衣之属，谓之“烧衣节”。或延僧道作功德，荐拔新亡，至亲亦往拜灵座，谓之“新十月朝”。蔡云《吴歈》云：“花自偷开木自凋，小春时候景和韶。火炉不拥烧衣节，看会人喧十月朝。”

案：《昆新合志》云：“十月朔，墓祭，士大夫家有。”然江、震《志》皆载：“十月朔，人家祭奠祖考，持斋荐亡，至亲亦祭灵座，或有举扫松浇墓之仪。”范《志》亦云：“十月朔，再谒墓。”卢《志》并云：“十月朔，名‘烧衣节’。”盖十月朔为阴祀之日，宜祭祖考、扫墓，与清明同，说见《神隐》。今俗多沿之。周密《武林旧事》亦云：“十月朔，都人出郊拜墓，用绵裘、楮衣之类。”又吴自牧《梦粱录》云：“士庶以十月节出郊扫松，祭祀坟茔。”又陆启浤《北京岁华记》云：“十月朔，上冢如中元，祭用豆骨朵。”又刘侗《帝京景物略》云：“十月朔，纸坊剪纸五色，作男女衣，长尺有咫，曰‘寒衣’，奠焚于门，曰‘送寒衣’。”而吴曼云《江乡节物词》小序则云：“杭俗，剪纸为衣，以施鬼之无衣者，曰冥衣。”但行于中元节耳。潘陆有《十月朔山塘看无祀会》诗：“吴趋人好鬼，风俗自年年。百戏陈通国，群神冠进贤。气喧秋雁后，花晚岭梅先。不断山塘路，香飘游女船。”又徐崧诗云：“萧瑟冬方始，迎神出郭门。逢桥行愈密，倚棹看何喧。鼓吹还终日，旌旗又几村。谁当无祀祭，能不感蘋蘩！”

【译文】

十月初一，俗称“十月朝”，官府又要到郡里的厉坛去祭祀鬼神。游人聚集在山塘，观看无祀会。也有人会像寒食节一样到墓地祭祀。无论贫富贵贱，都要祭拜先人，大多为逝者焚烧冥衣，叫作“烧衣节”。有人会请僧人、道士诵经，祭奠新近死去的亡魂，至亲会到灵堂拜祭，叫作“新十月朝”。蔡云在《吴歈》中写道：“花自偷开木自凋，小春时候景和韶。火炉不拥烧衣节，看会人喧十月朝。”

天平山看枫叶

郡西天平山为诸山枫林最胜处。冒霜叶赤，颜色鲜明，夕阳在山，纵目一望，仿佛珊瑚灼海。在三太师坟者，俗呼为“九枝红”。游者每雇山笲，以替足力。蔡云《吴歈》云：“赏菊山塘尚胜游，一年游兴尽于秋。天平十月看枫约，只合诗人坐竹兜。”

案：徐崧、张大纯《百城烟水》云：“常熟吾谷，霜后丹枫，望若锦绣。骚人韵士，往往觞咏其下。”而《吴县志》只载：“枫似白杨，叶作三脊，霜时色丹，故有‘枫落吴江冷’之句。”不言游赏处。高平范氏墓，在天平山，俗称三太师坟者。葬赠太师徐国公梦龄、赠太师唐国公赞时、赠太师周国公墉。坟前大枫九枝，非花斗妆，不春争色，远近枫林，无出其右。李悔庐有《天平山看枫叶记》，中有云："泛舟从木渎下沙河，可四里，小溪萦纡。至水尽处登岸，穿田塍行，茅舍鸡犬，遥带村落。纵目鸡笼诸山，枫林远近，红叶杂松际。四山皆松、栝、杉、榆，此地独多枫树，冒霜则叶尽赤，天气微暖，霜未着树，红叶参错，颜色明丽可爱也。"沈朝初《忆江南》词云："苏州好，船泛洞庭秋。一片枫林围翠嶂，几家楼阁迭丹丘。仿佛到瀛洲。"似当时洞庭东、西两山，亦有枫林也。

【译文】

府城西边的天平山，是吴地各山中枫叶最美的地方。经霜之后，叶子变成赤红，颜色鲜艳，夕阳映照山间，极目远望，像燃烧的珊瑚海。在三太师坟的枫叶，民间称作"九枝红"。看枫叶的游客常有人雇竹轿，以代替脚力。蔡云在《吴歈》中写道："赏菊山塘尚胜游，一年游兴尽于秋。天平十月看枫约，只合诗人坐竹兜。"

收租完粮

有田之家，择日开仓收租。有头限、二限、三限之目，逢限量免米若干。或有放舟下乡收租者。官仓完纳漕粮，近有先乡后城之例。蔡云《吴歈》云："城南城北官仓开，城户未完乡户来。

不惜余粮半狼藉，但求早放空船回。”又家震涛《收租完粮行》云：“扁舟之河浒，小泊斜阳渡。篙停犬忽吠，人来鸟飞去。深入蔓筠中，乃得前村路。为问某某家，指点门前树。一解。老农牵犊归，率众迎田主。纷纷呈岁歉，秋旱戽水苦。幸有处暑雨，新苗得少补。若欲征全租，凭君诉官府。二解。叱汝勿多言，言多也难免。上年收只半，今年难再减。丰歉难概论，高下有分辩。天庾供应早，莫教官驱遣。三解。东家交未足，西家租又缺。妇女话嘈嘈，邻父从旁说。升合尚艰难，斗斛安所设。吁嗟输官粮，好米作六折。四解。”

案：沈朝初《忆江南》词，有“仓廪仲冬开”。似是时开仓多在十一月。然《昆新合志》亦云：“十月朔，有田之家，开仓收租。始田主立限，分头限、二限、三限之目，逢限量免米若干，以励急公。”

【译文】

有农田的人家，会选择一个日子开始收租。收租有头限、二限、三限三个限定日期，按限期交租就会相应减免。也有划着船到乡下收租的。官府征收漕粮，近年来有收租先农村后城市的惯例。蔡云在《吴歈》中写道：“城南城北官仓开，城户未完乡户来。不惜余粮半狼藉，但求早放空船回。”我的本家顾震涛在《收租完粮行》中写道：“扁舟之河浒，小泊斜阳渡。篙停犬忽吠，人来鸟飞去。深入蔓筠中，乃得前村路。为问某某家，指点门前树。老农牵犊归，率众迎田主。纷纷呈岁歉，秋旱庳水苦。幸有处暑雨，新苗得少补。若欲征全租，凭君诉官府。叱汝勿多言，言多也难免。上年收只半，今年难再减。丰歉难概论，高下有分辩。天庾供应早，莫教官驱遣。东家交未足，西家租又缺。妇女话嘈嘈，邻父从旁说。升合尚艰难，斗斛安所设。吁嗟输官粮，好米作六折。”

五风信

檀火[1]斯改，飘风[2]欲来，使人预备御寒之具，谓之“五风信”。土俗，又以月旦之雨晴，占一冬寒暖。蔡云《吴歈》云：“寒衣未办费商量，月旦占晴也太慌。风信五番都过了，棉花须定价低昂。”

案：陈晦伯《天中记》：“吴俗，以十月五日为五风生日。太湖渔者千余家，飨濒湖诸神祠，祈是月有风。每五日如期而至，终岁皆然，可以扬帆捕鱼，谓之‘五风信’。”又《岁时琐事》及吴县旧《志》皆载是说。卢《志》：“十月旦，晴和则少寒，贾人候此，知棉艰于售。”

---

1 檀火，何晏《论语集解》引马融：“《周书·月令》有更火之文。春取榆柳之火，夏取枣杏之火，季夏取桑柘之火，秋取柞楢之火，冬取槐檀之火。一年之中，钻火各异木，故曰改火也。”檀火斯改，即刚刚改为用檀木取火，即言冬天刚刚到来。

2 飘风，《诗经·小雅·何人斯》：“彼何人斯，其为飘风。”《毛传》：“飘风，暴起之风。”

豐年高蹺扮秧歌水滸
英雄齊演多文武兩
班分醜俊揮扇敲鼓打手鑼
古代風俗竹枝百首清代高蹺

【译文】

进入冬季以后，寒风也将随之而来。十月初五是五风生日，此后常会寒风大作，催促人们赶紧准备御寒的衣物。这一信号，叫作“五风信”。本地风俗，根据十月初一的阴晴，来占卜整个冬天是寒冷还是温暖。蔡云在《吴歈》中写道：“寒衣未办费商量，月旦占晴也太慌。风信五番都过了，棉花须定价低昂。”

冬酿酒

乡田人家以草药酿酒，谓之“冬酿酒”。有秋露白、杜茅柴、靠壁清、竹叶清诸名。十月造者，名“十月白”。以白面造曲，用泉水浸白米酿成者，名“三白酒”。其酿而未煮，旋即可饮者，名“生泔酒”。蔡云《吴歈》云：“冬酿名高十月白，请看柴帚挂当檐。一时佐酒论风味，不爱团脐只爱尖。”

案：崔寔《四民月令》：“十月上辛，命典馈清曲，酿冬酒，供腊祀。”《内则》有稻醴、黍醴、粱醴。《左传·哀十一年》：“进稻醴。”《释文》云：“以稻米为醴酒。”桂未谷《札朴》云：“糯米为甜酒，俗呼‘白酒’，即稻醴也。”长、元、吴《志》皆云：“以草药酿成，置壁间月余，色清香冽，谓之‘靠壁清’，亦名‘竹叶清’，又名‘秋露白’，乡间人谓之‘杜茅柴’，以十月酿成者尤佳，谓之‘十月白’。”沈朝初《忆江南》词注云："苏城俱于腊底酿酒，四月中窨清，色味俱佳。"又有"酒娘新搭杜茅柴"之句。

【译文】

乡下人家用草药酿酒，叫作"冬酿酒"。有秋露白、杜茅柴、靠壁清、竹叶清等各种名字。十月酿造的酒，叫作"十月白"。用白面制作酒曲，用泉水浸泡白米酿成的酒，名"三白酒"。酿造后，没有煮过，直接就能喝的，叫"生泔酒"。蔡云在《吴歈》中写道："冬酿名高十月白，请看柴帚挂当檐。一时佐酒论风味，不爱团脐只爱尖。"

煠蟹

湖蟹乘潮上簖，渔者捕得之，担入城市，居人买以相馈贶，或宴客佐酒。有"九雌十雄"之目，谓九月团脐佳，十月尖脐佳也。汤煠而食，故谓之"煠蟹"。孙晋灏《食蟹》诗云："荒蒲飒飒绕渔舍，西风昨夜清霜严。一星远火照秋水，郭索数辈行槛儳。鲵鲍博带纷出簖，厥名则异实则咸。往常但侈鱼肉味，尖团嗜好殊酸咸。朵颐翠釜灶觚立，老饕口腹真贪馋。金膏浓腻一筐足，玉脂滑润双螯缄。分擘肌理析条缕，攘击那恤污衣衫。脐防性冷戒勿噬，譬如萧艾终当芟。森森坐销戈戟气，积甲熊耳何巉岩。面目奇丑固骇视，《尔雅》有释宜开函。以貌取物失诸蟹，岂知内蕴非同凡。九雌十雄语可谱，从此乐得深杯衔。豪情未减毕吏部，酒泉之郡谁为监。”

案：府志：“蟹凡数种，出太湖者，大而色黄壳软，曰‘湖蟹’。冬月益肥美，谓之‘十月雄’。沈偕诗：‘肥入江南十月雄。’”又云：“出吴江汾湖者，曰‘紫须蟹’。莫旦《苏州赋》注云：‘特肥大，有及斤一枚者。’陆放翁诗：‘团脐磊落吴江蟹。’”又云：“出昆山蔚洲村者，曰‘蔚迟蟹’。出常熟潭塘者，曰‘潭塘蟹’。壳软爪拳缩，俗呼‘金爪蟹’。至江蟹、黄蟹，皆出诸品下。吴中以稻秋蟹食既足，腹芒朝江为乐。”又云：“蟹采捕于江浦间，承峻流纬萧而障之，名曰‘蟹簖’。”簖，沪也。陆龟蒙《渔具》诗序：“网罟之流，列竹于海澨，曰‘沪’。”注：“吴人谓之‘簖’。”《博雅》：“煠，瀹也，汤煠也，音闸。”桂未谷《札朴》云：“菜入汤曰煠。”叶广明《纳书楹曲谱》载无名氏《思凡》一出，有“油锅里煠”之语。

【译文】

湖里的螃蟹乘着潮水爬入捕蟹的网具里，渔民捕了会挑到集市上叫卖，城里人买来相互馈赠，或者用来宴客佐酒。民间有“九雌十雄”的说法，认为九月螃蟹圆脐的好，十月螃蟹尖脐的好。用汤水煮熟了吃，叫作“煠蟹”。孙晋灏在《食蟹》一诗中写道：“荒蒲飒飒绕渔舍，西风昨夜清霜严。一星远火照秋水，郭索数辈行慽儳。鲵鲍博带纷出簖，厥名则异实则咸。往常但侈鱼肉味，尖团嗜好殊酸咸。朵颐翠釜灶觚立，老饕口腹真贪馋。金膏浓腻一筐足，玉脂滑润双螯缄。分掰肌理析条缕，攘击那恤污衣衫。脐防性冷戒勿噬，譬如萧艾终当芟。森森坐销戈戟气，积甲熊耳何巉岩。面目奇丑固骇视，《尔雅》有释宜开函。以貌取物失诸蟹，岂知内蕴非同凡。九雌十雄语可谱，从此乐得深杯衔。豪情未减毕吏部，酒泉之郡谁为监。”

盐菜

比户盐藏菘菜于缸瓮，为御冬之旨蓄，皆去其心，呼为“藏菜”，亦曰“盐菜”。有经水滴而淡者，名曰“水菜”。或以所去之菜心，刳菔蔓为条，两者各寸断，盐拌酒渍入瓶，倒埋灰窖，过冬不坏，俗名“春不老”。孙晋灏《盐菜》诗云：“寒菘秀晚色，油油一畦绿。残年咬菜根，嗜此亦称酷。所少园官送，绝喜野人劚。压肩一担霜，百钱买十束。结绳戾严风，摊檐暴晴旭。飞白撒晶盐，杀青断苍玉。但觉两眼馋，那顾双手瘃。酸酱醡中滴，醯鸡瓮中浴。每饭饱黄齑，铛焦就厨绿。谁信苜蓿盘，至味等菽粟。旨蓄在室中，御冬亦已足。”又蔡云《吴歈》云：“晶盐透渍打霜菘，瓶瓮分装足御冬。寒溜滴残成隽味，解醒留待酒阑供。”

案：《南史·江泌传》：“菜不食心，以其有生意也。惟食老叶而已。”长、元、吴《志》皆载：“藏菜，即箭杆菜，经霜煮食甚美。秋种肥白而长，冬日腌藏，以备岁需。”莫旦《苏州赋》注：“吴下比屋盐虀，为御冬之旨蓄。”吴曼云《江乡节物词》小序则云：“杭俗，腌菜例以冬至开缸，先祀而后食，故居节物之一。”诗云：“吴盐匀洒密加封，瓮底春回菜甲松。碎剪冰条付残齿，贫家一样过肥冬。”《礼记·内则》：“屑桂与姜，以洒诸上，而盐之。”吴语谓以鹾腌物曰“盐”。桂未谷《札朴》谓“盐藏鱼菜曰腌”，义异。

【译文】

家家户户将盐渍的菘菜储存在缸瓮中，作为过冬的必备食物，腌渍菘菜的时候去掉菜心，叫作“藏菜”，也叫“盐菜”。用水冲洗，味道变淡的，叫“水菜”。也有把去掉的菜心和切成条的萝卜，各切成一寸长，用盐涂抹，再用酒渍透，装入瓶中，埋在灰窖里，这样的菜整个冬天都不会坏，叫作“春不老”。孙晋灏在《盐菜》一诗中写道：“寒菘秀晚色，油油一畦绿。残年咬菜根，嗜此亦称酷。所少园官送，绝喜野人斸。压肩一担霜，百钱买十束。结绳戾严风，摊檐暴晴旭。飞白撒晶盐，杀青断苍玉。但觉两眼馋，那顾双手瘃。酸酱醉中滴，醯鸡瓮中浴。每饭饱黄齑，锴焦就厨绿。谁信苜蓿盘，至味等菽粟。旨蓄在室中，御冬亦已足。”蔡云在《吴歈》中说：“晶盐透渍打霜菘，瓶瓮分装足御冬。寒溜滴残成隽味，解酲留待酒阑供。”

十一月

冬至大如年

郡人最重冬至节。先日，亲朋各以食物相馈遗，提筐担盒，充斥道路，俗呼“冬至盘”。节前一夕，俗呼“冬至夜”。是夜，人家更速燕饮，谓之“节酒”。女嫁而归宁在室者，至是必归婿家。家无大小，必市食物以享先，间有悬挂祖先遗容者。诸凡仪文，加于常节，故有“冬至大如年”之谚。蔡云《吴歈》云：“有几人家挂喜神，匆匆拜节趁清晨。冬肥年瘦生分别，尚袭姬家建子春。”

案：周遵道《豹隐纪谈》：“吴门风俗，多重至节，谓曰‘肥冬瘦年’。”又云：“互送节物，颜侍郎度有诗云：‘至节家家讲物仪，迎来送去费心机。脚钱尽处浑闲事，原物多时却再归。’”又江、震《志》皆云：“邑人最重冬至节。前夕，名‘节夜’。”又《昆新合志》云：“冬至节，亲朋各相馈遗。”

【译文】

本郡人最重视冬至这个节日。冬至的前一天，亲戚朋友携带食物相互馈赠，提着筐子的，担着盒子的，道路上挤满了人。民间把这些互相馈赠的礼盒叫作“冬至盘”。冬至前一天晚上，民间叫“冬至夜”。家家户户相邀聚会饮酒，叫作“节酒”。已经出嫁但是正在娘家省亲的女子，这一天必须回到夫家。家庭不论大小，一定要到市场上买来食物祭祀祖先，也有的人家会把祖先的遗像拿出来悬挂在堂屋。各种仪式比其他节气要烦琐，因此有“冬至大如年”的谚语。蔡云在《吴歈》中写道：“有几人家挂喜神，匆匆拜节趁清晨。冬肥年瘦生分别，尚袭姬家建子春。”

冬至团

比户磨粉为团，以糖、肉、菜、果、豇豆沙、芦菔丝等为馅。为祀先祭灶之品，并以馈贻，名曰“冬至团”。

案：《岁时通考》载：“十月初二日，吴俗作糯米京团，列酒果祀先以告冬。今俗以冬至前一夜。”江、震《志》则云：“冬至，舂糍糕以祀先祖，并以馈贻。家家祭灶。盖犹本崔寔《四民月令》‘冬至，荐黍糕于祖祢’之意。”蔡铁翁诗：“大小团圆两番供，殷雷初听磨声旋。”注：“有馅而大者为粉团，冬至夜祭先品也。无馅而小者为粉圆，冬至朝供神品也。”此后有年节糕，谢灶团，春朝、年朝粉圆，磨声不绝矣。

【译文】

过冬至，各家各户都磨米粉做团子，用糖、肉、菜、豇豆沙、萝卜丝等做馅。做好的团子作为祭祀先人和灶神的祭品，也用来当作礼物相互馈赠，叫作“冬至团”。

拜冬

至日为冬至。朝[1]士大夫家，拜贺尊长，又交相出谒。细民男女，亦必更鲜衣以相揖，谓之“拜冬”。徐士铉《吴中竹枝词》云：“相传冬至大如年，贺节纷纷衣帽鲜。毕竟勾吴风俗美，家家幼小拜尊前。”

案：《宋书·礼志》：“魏、晋，冬至日受万国百僚称贺，因小会，其义亚于岁旦。”蔡邕《独断》云：“冬至，阳气起，君道长，故贺。”然则前汉已行贺礼。《齐书》：库狄伏连“冬至之日，亲表称贺”。崔寔《四民月令》云：“冬至之日，进酒肴贺谒君师、耆老，一如正日。”盖至宋、元益盛，如孟元老《东京梦华录》及赵与时《宾退录》、吴自牧《梦粱录》、周密《武林旧事》、赵与可《孤树裒谭》诸书，皆载“一阳贺冬”。吴中亦沿之。徐崧、张大纯《百城烟水》及江、震《志》亦皆云：“冬至驰贺，一如元日之仪。”长、元、吴《志》则皆载：“冬至，尊长处贺节。”《昆新合志》：“冬至日，士大夫家拜贺尊长如正旦，”而不及于庶民之家。

【译文】

冬至这天有大朝会，朝廷士大夫家有拜贺尊长的礼仪，而且各家相互拜访。普通百姓也换上崭新艳丽的衣服，见面时相互拱手作揖，

---

1 疑为“至日为冬至朝”之误。

叫作“拜冬”。徐士鋐在《吴中竹枝词》中写道：“相传冬至大如年，贺节纷纷衣帽鲜。毕竟勾吴风俗美，家家幼小拜尊前。”

连冬起九

俗从冬至日数起，至九九八十一而寒尽，名曰“连冬起九”。亦曰“九里天”。歌云：“一九、二九，相唤弗出手。三九廿七，篱头[1]吹觱栗[2]。四九三十六，夜眠如露宿。五九四十五，穷汉街头舞。不要舞，不要舞，还有春寒四十五。六九五十四，苍蝇垛屋柣[3]。七九六十三，布衲[4]两肩摊。八九七十二，猫狗躺渹，渹[5]地。九九八十一，穷汉受罪毕。刚要伸脚眠，蚊虫獦蚤出。”又谓头九暖主寒，谚云“头九暖，九九寒”。又谓四九时必多雨雪，谚云“雨雪连绵四九天”。又云冬至前宜寒，谚云“冬前弗结冰，冬后冻杀人”。时则朔风布寒，晚景萧疏，名胜旗亭，青望都收。居人有谯燕会，则皆入戏馆，为待客之便。裁云镂月人家，莫不暖阁新装，绣帷低拂，浅斟低唱，团坐围炉。貉裘之客，不惜倾

1　篱头，篱笆边。

2　觱栗，即觱篥，古代一种管乐器，形似喇叭，吹出的声音悲戚。

3　屋柣，房屋的横梁。

4　布衲，有补丁的布衣。

5　渹，冷。

囊买笑。至若花飞六出，则塑雪佛、雪狮，堆雪山，蓄雪水。间有放舟胜地，观看雪景。家宴又各烹羊炮羝，递为消寒之会。喜舍之人，以钱米周济里闬之困苦无告者。或集赀为棉衣会，俗称“施棉袄”。或倩工购干稻秧，织为半臂式，俗名“秧荐马夹”，裸裎贫丐，赖以御寒。届岁除而止，总目之为“做好事”。蔡云《吴歈》云：“露宿何曾熟夜眠，太阳照户一欣然。若教穷汉街头舞，还有春寒卌五天。”又云：“连冬起九验天寒，只怕寒消九九难。第一莫贪头九暖，连绵雨雪到冬残。”

案：陆泳《吴下田家志》冬至后九九歌云：“一九至二九，相叫弗出手。三九二十七，篱头吹筚篥。四九三十六，夜眠如露宿。五九四十五，太阳开门户。六九五十四，贫儿争意气。七九六十三，布衲两肩摊。八九七十二，猫儿寻阴地。九九八十一，犁耙一齐出。一日脱膊，十日龌龊。”《仙里麈谈》及褚人获《坚瓠集》皆载冬至后九九之说，与今歌略异。《荆楚岁时记》谓“从冬至次日数起，至九九八十一日，为寒尽。”吴俗则从冬至日数起，故有“春打六九头”之谚。然周遵道《豹隐纪谈》载范石湖语，谓“从冬至后九日，为寒来之候，有‘冬至未来莫道寒’之谚”。其说更自不同。

【译文】

民间习俗从冬至日算起，经过九九八十一天，寒冬才算结束，叫作“连冬起九”，也叫“九里天”。有民谣叙说此事：“一九、二九，相唤弗出手。三九廿七，篱头吹觱栗。四九三十六，夜眠如露宿。五九四十五，穷汉街头舞。不要舞，不要舞，还有春寒四十五。六九五十四，苍蝇垛屋枚。七九六十三，布衲两肩摊。八九七十二，猫狗躺淌，淌地。九九八十一，穷汉受罪毕。刚要伸脚眠，蚊虫獦蚤出。”又说，如果头九天暖，那么整个冬天都会寒冷。谚语说：“头九暖，九九寒。”又说，四九的时候一定会雨雪很多，谚语说：“雨雪连绵四九天。”又说，冬至前应该寒冷，谚语说：“冬至前不结冰，冬至后冻杀人。”冬至时，北风吹寒，黄昏景色萧条凄凉，风景名胜和酒楼等处，幌子都收起来了。城里人如果有聚会，为了待客方便，就到戏馆里去。富贵人家，穿着剪裁精巧的新衣服，坐在暖阁里，帷帐低垂，团坐在围炉周围，小酌慢饮，吟咏低唱。身穿貂衣皮裘的客人，不惜一掷千金，买佳人一笑。到雪花纷飞时，人们会用雪塑佛像、做狮子，把雪堆成山，有的则储雪蓄水。也有人乘兴将船停在景色优美的地方，观赏雪景。家宴常烹制美味的羊肉，炙烤野鸡，轮流做东组织消寒的聚会。喜好布施的人，用钱米救济街头巷尾无家可归的人。也有人收集棉衣布施，叫作“施棉袄”。有人购买干稻秧，请人编织成半肩式衣装，民间叫“秧荐马夹”，施舍给赤身露体的贫穷乞丐，助他们度过严寒的冬天。这样的布施到年终才停止。所有这些行动，都叫“做好事”。蔡云在《吴歈》里说：“露宿何曾熟夜眠，太阳照户一欣然。若教穷汉街头舞，还有春寒卌五天。”又说：“连冬起九验天寒，只怕寒消九九难。第一莫贪头九暖，连绵雨雪到冬残。”

干净冬至攋搑年

俗以冬至前后逢雨雪，主年夜晴。若冬至晴，则主年夜雨雪，道涂泥泞。谚云：“干净冬至攋搑年。”

案：蔡铁翁诗：“慌将干湿料残年。”注：“俗有‘干冬湿年，湿冬干年’之说。”《广韵》：“攋搑，和杂也。”家雪亭《土风录》云：“俗以不洁净为攋搑。”上音腊，下惭入声。

【译文】

民间认为在冬至前后遇到雨雪天，预示除夕之夜天晴。如果冬至天晴，除夕夜就会有雨雪，道路泥泞。谚语说：“干净冬至攋搑年。”

冬舂米

入腊，计一岁之粮，舂白以蓄诸仓，名曰“冬舂米”。有“四糙”“发极黄”诸名。郭麐《冬舂米》乐府云：“东家稻堆高并屋，西家砻场如切玉。长腰洁白荔枝红，明年之米今年舂。前年仅足供官庾，夜夜空囤啮饥鼠。去年米贵官征钱，半粜新谷过残年。雄鸡胶胶雌粥粥，有米冬舂一生足。”

一年辛苦到
腊中舂米
雉杵运成风
必節簸令藏
三日毕除夕
糸满饭盎罄
古代风俗竹
枝百首之
宋代冬舂

案：范石湖《冬舂米》乐府云：“腊中储蓄百事利，第一先舂年米计。群呼步碓满门庭，连杵成风雷动地。筛匀箕健无粞糠，百斛只费三日忙。齐头圆洁箭子长，隔篱辉日雪生光。土仓瓦麄分盖藏，不蠹不腐尝新香。去年薄收饭不足，今年顿顿炊白玉。春耕有种夏有粮，接到明年秋刈熟。邻叟来观还叹嗟，贫人一饱不可赊。官租私债纷如麻，有米冬舂能几家。”陆容《菽园杂记》：“吴中民家，计一岁食米若干石，冬月舂白以蓄之，名“冬舂米”。闻之老农云：“春气动，则米芽浮起，米粒亦不坚，是时舂者，多碎而为粞，折耗颇多；冬月米坚，折耗少，故及冬舂之。”《昆新合志》云：“入腊，聚乡村男妇，并力舂米，藏之廪舍，经岁不蛀坏，谓之‘冬舂米’。”江、震《志》亦皆云：“入腊，并力舂一岁之粮，谓以此时风气斶发，米坚不碎故也。”又云：“宋、元间，藏之土瓦麄中，明乃多用藁囤，并经久不蛀坏。今土瓦麄之制久废，藁囤亦惟米少者用之。若多藏之家，则贮之于仓。”长、元《志》亦皆云：“旧藏诸藁囤，今用仓廒。其米之杵多而好者，曰‘四糙’。次米冬舂，间有七日即黄者，此为‘发极’。”

【译文】

进入腊月，家家要计算一年所需的粮食，将米全部舂好，储存在粮仓里，叫作“冬舂米”。冬舂米有“四糙”“发极黄”等名字。郭麐在《冬舂米》乐府里写道：“东家稻堆高并屋，西家砻场如切玉。长腰洁白荔枝红，明年之米今年舂。前年仅足供官庾，夜夜空囤啮饥鼠。

去年米贵官征钱，半㯶新谷过残年。雄鸡胶胶雌粥粥，有米冬舂一生足。”

起荡鱼

畜鱼以为贩鬻者，名池为荡，谓之“家荡”。有所谓“野荡”者，荡面必种菱芡，为鱼所喜而聚也。有荡之家，募人看守，抽分其利，俗称“包荡”。每岁寒冬，毕集矢鱼之具，荡主视其具，衡值之低昂；而矢鱼之多寡，若有命而主之者，鱼价较常顿杀，俗谓之“起荡鱼”。

案：《府志》云：“鱼秧细如针缕，池圂间，以时下此，三年可食矣。东乡人畜以贩鬻。”今长洲境北庄基、南庄基，鱼荡尤多。

【译文】

以养鱼卖鱼为业的人家，把池塘叫作“荡”，又叫作“家荡”。野外无主的荡，叫作“野荡”。荡面上都会种上菱角、芡实，鱼儿们喜欢聚集在这些植物的叶子下面觅食。有荡的人家，会雇人来看管。受雇的人薪酬是抽取养鱼所得的收益分成，民间叫“包荡”。每年寒冬，荡主会召集捕鱼人将捕鱼的工具摆出来，根据这些工具，估量其捕鱼的数量。至于最后捕捞到的鱼是多还是少，那就看运气了。而鱼价都会比往年定得低。民间把寒冬大捕捞叫作“起荡鱼”。

乳酪

寒冬，乡农畜乳牛，取乳汁入瓶，日担于城，鬻于主顾之家，呼为“乳酪”。

案：《府志》及《吴县志》皆载：“牛乳出光福诸山，田家畜乳牛，冬日取其乳，如菽乳法点之，名曰‘乳饼’。别点其精者为酥，或作泡螺、酥膏、酥花。”莫旦《苏州赋》注：“吴县顾搭村出乳饼最佳。”钱思元《吴门补乘》云：“北街安雅堂酡酪，为郡城第一。”

【译文】

寒冬的时候，乡下蓄养奶牛的农民，将牛奶装入瓶中，每天挑到城里，卖给常喝牛奶的老主顾家。这种瓶装牛奶，叫作“乳酪”。

饧糖

土人以麦芽熬米为糖，名曰“饧糖”。寒宵担卖，锣声铿然，凄绝街巷。蔡云《吴歈》云：“昏昏迷露已三朝，准备西风入夜骄。深巷卖饧寒意到，敲钲浑不似吹箫。”

案：《楚词》注：“饧，谓之饴。即古之怅餭也。”吴人呼为糖。盖冬时风燥糖脆，利人牙齿。《府志》：“出常熟直塘市者，名‘葱管糖’。出昆山如三角粽者，名‘麻粽糖’。”
蔡铁翁《吴歈》注云：“寒宵多卖饧者，夜作人资以疗饥。”
嘉善钱竹西诗：“饧挑夜担闻锣卖。”

【译文】

本地人用麦芽熬米做成糖，叫作“饧糖”。冬天的夜晚，熬糖人挑着饧糖担子在街巷间叫卖，锣声响亮，衬托得冬天萧疏的街道更显凄冷。蔡云在《吴歈》里说：“昏昏迷露已三朝，准备西风入夜骄。深巷卖饧寒意到，敲钲浑不似吹箫。”

窖花

冬末春初，虎丘花肆能发非时之品，如牡丹、碧桃、玉兰、梅花、水仙之类供居人新年陈设，谓之“窖花”。蔡云《吴歈》云：“牡丹浓艳碧桃鲜，毕竟唐花尚值钱。野老折梅柴样贱，数枝也彀买春联。”

案：周密《癸辛杂志》载：“唐花之法：以纸饰密室，凿地作坎，緶竹置花其上，粪土以牛溲、硫黄，尽培溉之功，然后置沸汤于坎中，候汤气薰蒸，则扇之微风。经宿，则花放矣。”陆启浤《北京岁华记》云：“腊月束梅于盎，匿地下五尺许。更深三尺，用马通燃火，使地微温。梅渐放白，用纸笼之鬻于

鼗鼓街頭搖丁東
無須竭力叫賣聲
莫道雙肩難負重
乾坤都在一擔中
古代風俗竹枝
貨郎擔

市。小桃、郁李、迎春皆然。”张萱《疑耀》云：“京师地窖养花，其法传自汉世：大官园，冬种葱、韭、菜、茹，覆以屋庑，昼夜燃煴火得温气，诸菜皆生。召信臣为少府，谓此皆不时之物，有伤于人，不宜以奉供养，奏罢之。但此法以养菜蔬，未尝养花木也。且在汉止言覆以屋庑，今皆掘堑坑以窖之。盖入冬土中气暖，其所养花木借土气、火气相半也。”钱塘吴曼云有是题诗云：“天将巧使付花师，幻出奇芳日几枝。似此火攻真易易，却嫌风信故迟迟。挽回造化司春事，点缀冰霜匝地时。安得小长芦太史，试灯佳节共裁诗。”

【译文】

冬天快要结束，春天快到的时候，虎丘的花店里能够买到通常不应在这个季节开放的鲜花，比如牡丹、碧桃、玉兰、梅花、水仙等，以供城里人春节时摆放在家中。这样的花（是在地窖中培育出来的）叫作“窨花”。蔡云在《吴歈》里说：“牡丹浓艳碧桃鲜，毕竟唐花尚值钱。野老折梅柴样贱，数枝也彀买春联。”

三朝迷路发西风

土俗以寒冬连朝，久雾不开，主西风大作，谚云：“三朝迷路发西风。”

案：陶谷《清异录》谓雾曰“迷空步障”。《表异录》作

"迷天步障"。吾乡谓雾曰"迷路"，谓雾重迷不得路径也。

【译文】

民间认为，如果寒冬时节，连续几天雾气不散，将预示会猛烈地刮起西北风来。谚语说："三朝迷路发西风。"

弥陀生日

十七日，相传为弥陀佛降生东土[1]。农人候风占米价，若吹东南风，主米贵；西北风，主米贱。谚云："风吹弥陀面，有米弗肯贱。风吹弥陀背，无米弗肯贵。"

案：长、元、吴《志》皆云："十一月十七日为弥陀生日，农人候风，以占米价之贵贱。"并载是谚。

【译文】

十一月十七日，相传是弥陀佛降生在东土的日子。农民等风起的时候，根据这天的风向来预测来年米的价格。这一天如果刮东南风，则预示米价会贵；如果刮西北风，则预示米价会贱。谚语说："风吹弥陀面，有米弗肯贱。风吹弥陀背，无米弗肯贵。"

---

1 东土，指中国本土。

腊雪

腊月雪，谓之“腊雪”，亦曰“瑞雪”。杀蝗虫子，主来岁丰稔。谚云：“腊天一寸雪，蝗虫入地深一尺。”又以腊中得雪三次，宜麦。谚云：“若要麦，见三白。”又云：“腊雪是个被，春雪是个鬼。”

案：九县《志》皆云：“十二月喜雪，杀蝗虫子，主来年丰。”长、元《志》皆载谚云：“一寸雪入泥一尺，一尺雪入泥一丈。”又苏东坡诗：“遗蝗入地应千尺。”《吴县志》又云：“冬至后第三戌为腊，腊前三番雪，名曰‘三白’。张鷟《朝野佥载》云：‘一腊见三白，田公笑吓吓。’”

【译文】

腊月下的雪，叫作“腊雪”，也叫“瑞雪”。腊雪能够杀死蝗虫的幼虫，预示着来年丰收。谚语说：“腊天一寸雪，蝗虫入地深一尺。”又认为，如果腊月下三场雪，对来春麦子生长极有利。谚语说：“若要麦，见三白。”又有谚语说：“腊雪是个被，春雪是个鬼。”

十二月

上天言好
年関傩人储事忙乞儿结伴扮
灶王敲竹歌喉门前舞赏钱好言
禀玉皇
古代风俗竹枝百首之清代腊末跳灶王

跳灶王 跳，俗呼如条音。王，呼作巷，平声。

月朔，乞儿三五人为一队，扮灶公、灶婆，各执竹枝噪于门庭以乞钱，至二十四日止，谓之“跳灶王”。周宗泰《姑苏竹枝词》云：“又是残冬急景催，街头财马店齐开。灶神人媚将人媚，毕竟钱从囊底来。”

案：李廓《镜听词》：“匣中取镜辞灶王。”是称灶神为灶王，唐时已然。又李绰《秦中岁时记》：“岁除日进傩，皆作鬼神状。内二老儿，为傩公、傩母。”家雪亭《土风录》谓即今之灶公、灶婆。蔡铁翁诗：“索钱翁媪总成双。”《后汉》：“季冬大傩，谓之‘逐疫’。”《梁书》云：“傩，谓之野云。”《南史·曹景宗传》：“尝于腊月使人在宅中作邪呼逐除”，为野云戏。赵彦卫《云麓漫钞》亦云：“岁将除，都人相率为傩，俚语呼为‘野云戏’。”褚人获《坚瓠集》云：“今吴中以腊月一日行傩，至二十四日止，丐者为之，谓之‘跳灶王’。”《昆新合志》又谓之“保平安”，户各舍米，升合不等。盖旧俗于二十四日，是日必祀灶，有若娱灶神然。后以一日不能遍，改而先期。今遂以月朔始矣。如长、元《志》载：“十二月初一日，观傩于市，二十四日止。”《吴县志》：“十二月朔，给孤园中人扮灶王，二十四日止。”而范《志》谓“腊月二十五夜观傩”，今非。惟江、震《志》并载：“二十四日，丐者涂抹变形，装成男女鬼判，嗷跳驱傩，索之利物，俗呼‘跳灶王’。”

周密《武林旧事》亦云："二十四日，市井迎傩。"又吴曼云《江乡节物词》小序云："杭俗，跳灶王，丐者至腊月下旬，涂粉墨于面，跳踉街市，以索钱米。"诗云："借名司命作乡傩，不醉其如屡舞傞。粉墨当场供笑骂，只夸囊底得钱多。"

【译文】

十二月初一，乞丐们三五人为一队，装扮成灶公、灶婆，每人手里拿一根竹竿，在各家各户门口吵吵嚷嚷乞讨钱物，到十二月二十四才停止。这样的乞讨方法叫"跳灶王"。周宗泰在《姑苏竹枝词》里写道："又是残冬急景催，街头财马店齐开。灶神人媚将人媚，毕竟钱从囊底来。"

跳钟馗

丐者衣坏甲胄，装钟馗，沿门跳舞以逐鬼，亦月朔始，届除夕而止，谓之"跳钟馗"。周宗泰《姑苏竹枝词》云："残须破帽旧衣裳，万两黄金进士香。宝剑新磨堪逐鬼，居然护国有忠良。"

案：吴自牧《梦粱录》云："入腊，街市即有丐者，三五人为一队，装神、鬼、判官、钟馗、小妹等形，敲锣击鼓，沿门乞钱，呼为'打夜胡'。"在宋时已始于月朔。又《吴县志》："十二月朔，亦有扮钟馗者，至二十四日止。"今俗则否。《昆新合志》亦云："除夕乃止。"家雪亭《土风录》云："装钟馗判官，即‘方相氏蒙熊皮，黄金四目，执戈扬盾，以索室驱疫’之遗意。”

【译文】

乞丐穿上破烂的盔甲衣胄，装扮成钟馗的样子，到各家门口跳舞，驱鬼怪，也是从十二月初一开始，到除夕停止。这种乞讨叫“跳钟馗”。周宗泰在《姑苏竹枝词》里写道：“残须破帽旧衣裳，万两黄金进士香。宝剑新磨堪逐鬼，居然护国有忠良。”

腊八粥

八日为腊八，居民以菜果入米煮粥，谓之“腊八粥”。或有馈自僧尼者，名曰“佛粥”。李福《腊八粥》诗云：“腊月八日粥，传自梵王国。七宝美调和，五味香糁人。用以供伊蒲，藉之作功德。僧尼多好事，踵事增华饰。此风未汰除，歉岁尚沿袭。今晨或馈遗，啜之不能食。吾家住城南，饥民两寺集。时开元、瑞光两寺，官设粥厂，救济贫民。男女叫号喧，老少街衢塞。失足命须臾，当风肤迸裂。怯者蒙面走，一路吞声泣。问尔泣何为，答言我无得。此景亲见之，令我心凄恻。荒政十有二，蠲赈最下策。悭囊未易破，胥吏弊何极。所以经费艰，安能按户给。吾佛好施舍，君子贵周急。愿言借粟多，苍生免菜色。此志虚莫偿，嗟叹复何益。安得布地金，凭仗大慈力。眷焉对是粥，跂望蒸民粒。”

案：《荆楚岁时记》：“十二月初八日为腊日。”《魏台访议》：“汉以戌腊，魏以丑腊。”是腊非定以初八日也。又《西域诸国志》云：“天竺国，以十二月十六日为腊。”而《唐书·历志》以十二月为腊月，故八日为腊八。吴自牧《梦粱录》云：“十二月八日，寺院谓之腊八。大刹等寺，俱设五味粥，名曰‘腊八粥’。”又孟元老《东京梦华录》：“十二月初八日，诸僧寺送七宝五味粥于门徒斗饮，谓之‘腊八粥’。”一名“佛粥”，陆放翁诗：“今朝佛粥更相馈，反觉江村节物新。”周密《武林旧事》云：“寺院及人家，皆有腊八粥，用胡桃、松子、乳蕈、柿栗之类为之。”又孙国敉《燕都游览志》云：“十二月八日，民间作腊八粥，以米果杂成，多者为胜。”又吴曼云《江乡节物词》小序云：“杭俗，腊八粥一名七宝粥，本僧家斋供，今则居室者亦为之矣。”诗云：“双弓学得僧厨法，瓦钵分盛和蔗饴。莫笑今年榛栗少，记曾画粥断齑来。”而九县《志》亦皆云：“十二月八日，以菜果入米煮粥，名曰腊八粥。”

【译文】

腊月初八是腊八节，居民把各种菜果和米一起放入锅中，这样熬制的粥叫作“腊八粥”。和尚、尼姑这一天赠的粥饭，叫作“佛粥”。李福在《腊八粥》一诗中说：“腊月八日粥，传自梵王国。七宝美调和，五味香糁人。用以供伊蒲，藉之作功德。僧尼多好事，踵事增华饰。

喜到初八
臘月天
門前捨豆
俗相沿
信士弟子
熬粥夜
念佛聲聲
結善緣
古代風俗竹枝百首
清代捨臘八粥

此风未汰除，歉岁尚沿袭。今晨或馈遗，啜之不能食。吾家住城南，饥民两寺集。男女叫号喧，老少街衢塞。失足命须臾，当风肤迸裂。怯者蒙面走，一路吞声泣。问尔泣何为，答言我无得。此景亲见之，令我心凄恻。荒政十有二，蠲赈最下策。悭囊未易破，胥吏弊何极。所以经费艰，安能按户给。吾佛好施舍，君子贵周急。愿言借粟多，苍生免菜色。此志虚莫偿，嗟叹复何益。安得布地金，凭仗大慈力。眷焉对是粥，跂望蒸民粒。”

年糕

黍粉和糖为糕，曰“年糕”。有黄白之别。大径尺而形方，俗称“方头糕”，为元宝式者，曰“糕元宝”。黄白磊砢，俱以备年夜祀神，岁朝供先，及馈贻亲朋之需。其赏赉仆婢者，则形狭而长，俗称“条头糕”。稍阔者，曰“条半糕”。富家或雇糕工至家磨粉自蒸，若就简之家，皆买诸市。春前一二十日，糕肆门市如云。蔡云《吴歈》云：“腊中步碓太喧嘈，小户米囤大户廒。施罢僧家七宝粥，又闻年节要题糕。”又李福《年糕》诗云：“珍重题糕字，风光又一年。为储春粮饵，预听磨盘旋。筛细堆檐雪，蒸浮袅灶烟。吉祥同粽熟，摩按胜粢坚。甘许糖调蔗，香应稻识莲。尺量圭待琢，寸断线频牵。外倩瓜仁剥，中容枣实填。狭看持石笏，方拟运花砖。品佐酬神馔，盘添压岁钱。馈遗亲谊厚，赉赏大家便。回首重阳酒，撑腰二月天。

人情还可笑，黄白肖形偏。”

案：《周官》笾人职曰：“羞笾之实，糗饵粉餈。”注：“《方言》：‘饵谓之糕，或谓之餈。’糕，捣黍为之。”《楚词》有“粔黍”，注曰：“环饼，吴人谓糕曰‘膏环’。”亦谓之“寒具”。《方言》谓之“糕”。杨循吉《除夜杂咏》云：“邻里馈糕通。”吴谷人有《糕元宝》诗云：“世人皆爱宝，名字及糕餈。口腹奢如此，金银饵岂知。老饞争炙热，一饱已倾赀。转笑堆成屋，何曾会疗饥。”

【译文】

用黍米粉掺上糖做成糕，叫作“年糕”。颜色有黄和白两种。年糕大小有一尺见方的，民间叫“方头糕”；做成元宝形状的，叫作“糕元宝”。将黄糕和白糕层层堆叠，供除夕夜祭祀神灵、新年第一天祭拜祖先用，还可以当作礼物馈赠给亲朋好友。赏给仆从婢女的年糕，一般做成长条形，叫作“条头糕”。稍宽一些的，叫作“条半糕”。富贵人家会雇佣制作糕点的工人到家中磨粉自蒸。普通人家，都是到市场上去买。春节前一二十天，糕点铺子里往往人拥如云。蔡云在《吴歈》中说：“腊中步碓太喧嘈，小户米囤大户廒。施罢僧家七宝粥，又闻年节要题糕。”李福在《年糕》一诗中写道：“珍重题糕字，风光又一年。为储春糗饵，预听磨盘旋。筛细堆檐雪，蒸浮袅灶烟。吉祥同粽熟，摩按胜粢坚。甘许糖调蔗，香应稻识莲。尺量圭待琢，寸断线频牵。外倩瓜仁剥，中容枣实填。狭看持石笏，方拟运花砖。品佐酬神馔，盘添压岁钱。馈遗亲谊厚，赍赏大家便。回首重阳酒，撑腰二月天。人情还可笑，黄白肖形偏。”

冷肉 祭山猪

乡人豢猪于栏，腊月宰之，卖于居人，充年馔之需，谓之“冷肉”。或乡人自备以祭山神者，祭毕，复卖于人，俗名“祭山猪”。

案：陆放翁诗：“釜粥芬香饷邻父，栏猪丰腯祭家神。”自注：“蜀人豢猪于栏，腊中供祭，谓之‘岁猪’。”吴谷人《新年杂咏》小序云：“杭俗，岁终祀神尚猪首，至年外犹足充馔。定买猪头，在冬至前，选皱纹如寿字者，谓之‘寿字猪头’。屠人肩送至门，曰‘送元宝来’。于是腌透风干，以备敬神之用。”吾乡祀神，偶或用猪头，则多以鲜者。

【译文】

乡下人在圈里养头猪，腊月里把猪杀了，卖给城里人，作为过年的食物，这样的猪肉叫作“冷肉”。有的乡下人把猪肉留下来祭祀山神，祭祀后，又把肉卖给别人，俗称此为“祭山猪”。

送历本

各图[1]地保以新历逐户分送人家，必酬以钱文如市价而倍之，号为“送历本”。

案：周密《武林旧事》：“都下自十月以来，朝天门内外，竞售锦装新历。”吾乡新历，在阊、胥一带书坊悬卖。有官板、私板之别。官板，例由理问厅署刊行；所谓私板，民间依样梓印，印成仍由理问厅署钤印，然后出售。闻诸父老云：里正送新历，始行于乡村，后沿于城中。张渔川有《咏时宪书庆清朝》词云：“珠殿颁初，书棚悬后，行行墨翠朱殷。须省数时，探节趋避多端。纵不识丁也买，开编春早又冬阑。随年换，糊窗帖绣，故纸抛残。　闲儿女多拘泥，为上头穿耳，撰日偷看。那得此身，重见花甲循环。却笑虫鱼草木，厕名月令管暄寒。闻郎返，检逢归忌，又蹙眉山。”

【译文】

各处地保把新一年的历书挨家挨户送到人家里。人家给的酬金会比市价高一倍。这叫“送历本”。

1　图，明清时某些地区的城镇区划单位。

叫火烛

残年永夕，有击柝沿街高唱“警防火烛小心”者，名曰“叫火烛”。

案：蔡铁翁诗云：“黄昏火烛何人叫，乞丐沿门打竹梆。”今俗，即巡更者为之。

【译文】

年终的夜晚，有打更巡夜的人沿街叫喊“警防火烛小心”，被称为“叫火烛”。

打埃尘

腊将残，择宪书宜扫舍宇日，去庭户尘秽。或有在二十三日、二十四日及二十七日者。俗呼“打埃尘”。蔡云《吴歈》云：“茅舍春回事事欢，屋尘收拾号除残。太平甲子非容易，新历颁来仔细看。”

案：《岁时琐事》：“十二月二十四日扫舍宇，凡有所为，不择宪书，多嫁娶，谓之‘乱丝日’。”《月令精钞》：“二十四日为无忌日。”九邑《志》皆于二十四日祓房尘，犹本“乱丝”“无忌”之说。徐崧、张大纯《百城烟水》则云：“二十七日扫屋尘，曰‘除残’。”杨循吉《除夜杂咏》云：“除尘旧室攻。”

又吴自牧《梦粱录》云：“士庶家，不论贫富，俱洒扫门闾，去尘秽，净庭户。”亦在除夕。

【译文】

腊月快要过完了，根据历书选择一个适合打扫房屋的日子，将房舍中、庭院里的尘埃污垢全部清理干净。居民常常选择的日子是腊月的二十三日、二十四日、二十七日。民间将年终打扫房舍称为“打埃尘”。蔡云在《吴歈》中写道：“茅舍春回事事欢，屋尘收拾号除残。太平甲子非容易，新历颁来仔细看。”

过年

择日悬神轴、供佛马，具牲醴、糕果之属，以祭百神。神前开炉炽炭，俗呼“圆炉炭”。锣鼓敲动，街巷相闻。送神之时，多放爆仗，有单响、双响、一本万利等名。或有买编成百千小爆焠之连声不绝者，名曰“报旺鞭”。谓之“过年”。云答一岁之安，亦名“谢年”。蔡云《吴歈》云：“三牲三果赛神虔，不说赛神说过年。一样过年分早晚，声声听取霸王鞭。”又云：“饮福叨尝酒满壶，通红火炭就圆炉。年头年尾空还愿，到底钱神有也无？”

案：许慎《说文》：“冬至后三戌为腊，腊祭百神。”汉应劭《风俗通》云：“腊者，接也，新故交接，故大祭以报功也。”吴自牧《梦粱录》云：“除夜迎神，则备香花供物，以祈新岁之安。”范《志》：“除夕祭瘟神。”又江、震《志》：“除夕祀众神。”云：“门、井、圊厕、豚棚、鸡埘皆有祭。”长、元《志》皆云：“爆仗声多者，名‘霸王鞭’。”《杭州府志》亦作“霸王鞭”。又，吴谷人《新年杂咏》小序云：“爆仗有单响、双响、遍地锦、霸王鞭、一本万利、春雷百子，名目不同，音响斯别。”或云“霸王鞭”应作“报旺鞭”，报来岁兴旺之意。朱鹿田《五夜灯词》云：“报旺鞭走火长轮。”

【译文】

年前，选择吉日，在堂上挂起神像，供上纸马，摆上酒肉、糕点、果盘等祭品，以祭祀各方神灵。神像前的火炉里炭火烧得旺旺的，俗称“圆炉炭”。有敲锣打鼓的，街头巷尾都能听到。送神的时候，燃放的爆仗有单响、双响、一本万利等名称；也有用成百上千的小鞭炮编连成串的，爆声连绵不绝，叫“报旺鞭”。鞭炮声里迎来新一年，叫作“过年”。还有一种说法是答谢神灵保佑一年的平安，叫作“谢年”。蔡云在《吴歈》里写道：“三牲三果赛神虔，不说赛神说过年。一样过年分早晚，声声听取霸王鞭。”又说：“饮福叨尝酒满壶，通红火炭就圆炉。年头年尾空还愿，到底钱神有也无？”

盘龙馒头

市中卖巨馒为过年祀神之品，以面粉抟为龙形，蜿蜒于上，循加瓶胜、方戟、明珠、宝锭之状，皆取美名，以谶吉利，俗呼“盘龙馒头”。

案：《华亭县志》载：“施相公讳锷，宋时诸生，山间拾一小卵，后得一蛇，渐长，迁入筒。一日，施赴省试，蛇私出乘凉，众见金甲神在施寓，惊呼有怪，持锋刃来攻，无以敌。闻于大僚，命总兵殛之，亦不敌。施出闱知之，曰：‘此吾蛇也，毋患。’叱之，奄然缩小，俯而入筩。大僚惊曰：‘如是，则何不可为？’奏闻，施立斩。蛇怒为施索命，伤人数十，莫能治。不得已，请封施为护国镇海侯。侯嗜馒首，造巨馒祀之。蛇蜿蜒其上以死。至今祀者，盘蛇像于馒首，称侯曰‘相公’”云云。吾乡谢神筵中，必祀施相公。馒首特为施而设，蜿蜒于上者，乃蛇也，而皆作龙形，亦日久沿讹耳。

【译文】

年前，市场上卖的巨大馒头是过年的祭祀用品。其制作方法是：将面粉揉成龙的形状，蜿蜒盘绕在馒头上，在龙的周围添加宝瓶、方天画戟、夜明珠、金元宝等做装饰，都取好名字以图吉利。这样的馒头叫作“盘龙馒头”。

歲暮方
思媚灶王
糸瓜元宝
皆麦糖
粘又何
需多如此
買顆先
令小兒嘗
古代風俗
竹枝百首之
清祭灶吃
灶糖

念四夜送灶

俗呼腊月二十四夜为“念四夜”。是夜送灶，谓之“送灶界”。比户以胶牙饧[1]祀之，俗称“糖元宝”。又以米粉裹豆沙馅为饵，名曰“谢灶团”。祭时，妇女不得预。先期，僧尼分贻檀越灶经，至是填写姓氏，焚化禳灾。篝灯载灶马[2]，穿竹箸作扛为灶神之桥，舁神上天，焚送门外，火光如昼。拨灰中篝盘未烬者，还纳灶中，谓之“接元宝”。稻草寸断和青豆为神秣马，具撒屋顶，俗呼“马料豆”。以其余食之，眼亮。蔡云《吴歈》云：“媚灶家家治酒筵，妇司祭厕莫教前。剉柴撒豆喂神马，小小篮舆飞上天。”又郭麐《送灶词》云：“白米出磨如玉尘，饧馇作饼甘入唇。青竹灯檠缚舆轿，红笺剪碎糊车轮。愿侯上天莫逡巡，祝侯之来福我民。勃溪诟谇侯不闻，男呻女吟侯不嗔。常时突烟有断绝，有时腷膊烧湿薪。侯居我家亦云久，亮如鲍叔知我贫。上天高高帝所远，虮虱小臣纵疏懒。平生所事不欺人，何况我侯皆在眼。今朝再拜前致词，富且不求余可缓。有酒在瓶盛在盆，故事聊以糟涂门。安知司命不一醉，我已独酌余空樽。千家送神爆竹齐，小儿索饭门东啼。”又杨秉桂诗云：“残蜡匆匆一年又，门丞贴旧须眉皱。祀灶人家好语多，烛影草堂

---

1 胶牙饧，用麦芽制成的糖，食之黏齿。

2 灶马，木刻印刷在纸上的灶神像。

红善富。记得年时小除夕，江、震风俗以二十四日为小除夕。堆盘寒具香粳白。相传是夕侯升天，拜跪都求侯感格。今年小民觉善祷，东邻更比西邻早。谓言春在廿四前，准诸腊祭当参先。我闻此说颇心契，晨炊犹遵汉时祭。铙吹江乡黩祀多，得一古风足勉厉。一室团栾阿荣拜，阿熙爆竹惊如怪。索果哇哇戏阿勋，痴呆欲共而翁卖。司命一醉底复醒？元亭有客愁瓶罄。”

案：《韵鹤轩笔谈》谓：“昔吴主女讳二十，故至今吴人犹以二十为念。”冯应京《月令广义》：“燕俗，镌灶神于木，以纸印之，曰‘灶马’。”吴俗呼为“灶界”，以红纸销金为之，一年一换。又云：“以腊月二十四日焚之，为送灶上天，合家少长，罗拜祝曰：‘辛、甘、臭、辣，灶君莫言。’”周处《风土记》：“腊月二十四日夜祀灶，谓灶神翌日上天，白一岁事，故先一日祀之。”韩桂舲《腊月二十四日万安舟中作》云：“十八滩头一叶身，人言司命醉今辰。扪心一一从头数，无过无功可告神。”孟元老《东京梦华录》云：“年夜贴灶马于灶上，以酒糟涂抹灶门，谓之‘醉司命’。”今俗不以糟，以饧。周密《武林旧事》已载二十四日“祀灶，用花饧、米饵”。又吴自牧《梦粱录》：“二十四日，不以贫富，皆备蔬、食、饧、豆祀灶。此日，市间及街坊叫卖胶牙饧。”范成大《吴郡志》亦云：“二十四日，祀灶用胶牙饧，谓胶其口，使不得言。”而《荆楚岁时记》则云：“元旦进胶牙饧，使其牢固不动。”《吴县志》：“二十四日祀灶，名‘送灶’。用糯米粉团、糖饼，云灶神以是日上天，言人过失，用此二物粘其口。”沈朝初《忆江南》词云：“苏州好，腊尽火盆红。玉屑饧糖成锭脆，紫花香豆着皮松。媚灶最精工。”注：“腊月念四日送灶，锭糖、炒豆，奉之极诚。”又朱竹坨《醉司命词》：“炼香以烧，剪纸而焚，饧糕粉荔，杂遝上陈。”又吴曼云《江乡节物词》小序云：“杭俗，廿四夜祀灶，以糖分染五色，皆用素品。”诗云：“春饧着色烂如霞，清供还斟玉乳茶。不用黄羊重媚灶，知君一碟已胶牙。”

【译文】

民间把腊月二十四的晚上称作“念四夜”。这一天晚上要送灶神，叫作“送灶界”。各家各户用胶牙饧来拜祭，俗称“糖元宝”。又用米粉裹上豆沙馅做成团子，叫作“谢灶团”。祭祀时，妇女不能参与。祭祀之前，僧人和尼姑分别向各家各户赠送灶经，在灶经上填写一家人的名字，在祭拜中焚烧，祈求神灵保佑，消除灾难。把灶马糊在灯笼上，用竹筷子穿过灯笼，作为抬神的轿子，抬着灶神升上天去。祭拜结束，将灶神及轿子送到大门外焚烧。这一晚，火红的光芒照亮夜空，如同白昼。拨开灰烬，寻找没有烧尽的灯笼的残片，送回灶里，叫作“接元宝”。还要将切碎的稻草和青豆当作供神喂马的饲料，撒到屋顶上，民间叫“马料豆”。把祭祀剩下的青豆吃掉，能使眼睛明亮。蔡云在《吴歈》里写道：“媚灶家家治酒筵，妇司祭厕莫教前。剉柴撒豆喂神马，小小篮舆飞上天。”郭麐在《送灶词》里说：“白米出磨如玉尘，饧饫作饼甘入唇。青竹灯檠缚舆轿，红笺剪碎糊车轮。愿侯上天莫逡巡，祝侯之来福我民。勃溪诟谇侯不闻，男呻女吟侯不嗔。常时突烟有断绝，有时腷膊烧湿薪。侯居我家亦云久，亮如鲍叔知我贫。上天高高帝所远，虮虱小臣纵疏懒。平生所事不欺人，何况我侯皆在眼。今朝再拜前致词，富且不求余可缓。有酒在瓶盛在盆，故事聊以糟涂门。安知司命不一醉，我已独酌余空樽。千家送神爆竹齐，小儿索饭门东啼。”杨秉桂也曾写诗说：“残蜡匆匆一年又，门丞贴旧须眉皱。祀灶人家好语多，烛影草堂红善富。记得年时小除夕，堆盘寒具香粳白。相传是夕侯升天，拜跪都求侯感格。今年小民觉善祷，东邻更比西邻早。谓言春在廿四前，准诸腊祭当参先。我闻此说颇心契，晨炊犹遵汉时祭。铙吹江乡黩祀多，得一古风足勉厉。一室团阿荣拜，阿熙爆竹惊如怪。索果哇哇戏阿勋，痴呆欲共而翁卖。司命一醉底复醒？元亭有客愁瓶罄。”

灯挂挂锭

厨下灯檠，乡人削竹成之，俗名“灯挂”。买必以双，相传灯盘底之凹者为雌，凸者为雄。居人既买新者，则以旧灯糊红纸，供送灶之用，谓之“善富”。挂锭，锡纸糊成，间以彩牌、方段，玲珑一串。先期买之，除夕接灶，悬于灶神龛之两角，为来年获利之兆。俗有“一事无成，先买挂锭”之谑。周宗泰《姑苏竹枝词》云：“残年生计斗喧嘈，挂锭金银贯竹梢。一事无成求利市，腰缠十万意嚣嚣。”

時屆腊月二十四灶君朝天欲言事
酒糟塗灶醉司命男兒酌獻女兒避
古代風俗小校百首之宋代祭灶

案：杨辛父《送灶词》注："江、震风俗，以朱漆竹灯檠为灶神舆，名之曰'善富'。"吴谷人《新年杂咏》小序云："杭俗，名竹灯盏曰'善富'。因避灯盏盏字音，锡名'燃釜'，后又为吉号，易'燃釜'为'善富'。腊月送灶，则取旧灯载印马，穿竹箸送之。"吴曼云《江乡节物词·咏善富笄》云："插箸烧灯焰未残，不须龙跷蹑仙坛。天街一路咿哑过，列宿还应带笑看。"

【译文】

厨房里的灯架，是乡下人用削好的竹子做成的，俗称"灯挂"。买的时候要成对买，据说底盘凹的灯架是雌灯，底盘凸的灯架是雄灯。人们买来新的，就把旧灯架糊上红纸，送灶神的时候用，叫作"善富"。灯挂上的元宝都是用锡纸糊的，中间也会夹杂彩牌、方段，一串串垂下来很是漂亮。这些元宝、彩牌、方段都是事先买回来，除夕夜接灶时挂在灶神龛的两角上，能获得来年的好兆头。民间有"一事无成，先买挂锭"的戏言。周宗泰在《姑苏竹枝词》里写道："残年生计斗喧嘈，挂锭金银贯竹梢。一事无成求利市，腰缠十万意嚣嚣。"

冬青柏枝 枝，俗读作茨。

摘松柏之枝，副以石楠、冬青，乡人残年扎成小把，沿门叫卖，供居人插年饭中用，或藉地送神马[1]之需，呼为“冬青柏枝”，又名“送灶柴”。或馈自管坟人者，必酬以数十钱，俗目之为“打秋风”。

案：杨循吉《除夜杂咏》诗云：“承俗燎柴红。”盖不定用于送灶耳。赵士麟《浙江通志》：“新岁扎柏枝成凤形，加橘荔诸果，悬挂堂中。”又吴谷人《新年杂咏》小序云：“杭俗，柏叶带子缚竹签上，缀以千日红、金灯花，管坟人年前成对分送，新岁置家堂中。”与吾乡不同。打秋风，《米元章帖》作打抽丰，言于丰处抽分之也。

【译文】

折下松柏的枝条，配上石楠、冬青，乡下人在年末的时候把这些枝条扎成小把，到各家各户门口叫卖，供城里人插在年饭里，也有的垫在地上送灶神时用，这叫作“冬青柏枝”，又叫“送灶柴”。这些“冬青柏枝”也有看墓人赠送的，这时一般就会酬谢数十钱，则被视为“打秋风”。

口数粥

二十五日，以赤豆杂米作粥，大小遍餐，有出外者亦覆贮待之，虽襁褓小儿、猫、犬之属亦预，名曰“口数粥”，以辟瘟气。或

---

1 神马，此处指灶马。

杂豆渣食之，能免罪过。

案：《荆楚岁时记》云："共工氏有不才子，以冬至日死，为疫鬼，畏赤小豆，故冬至作粥以禳之。"《杂阴阳书》又以正月七日男吞赤豆七粒，女吞十四粒，令疫病不相染。然皆非十二月二十五日。惟吴自牧《梦粱录》云："二十五日，士庶家煮赤豆粥祀食神，名曰'人口粥'，有猫、狗者，亦预焉。"又周密《武林旧事》则以二十四日"作糖豆粥，谓之'口数'"。江、震《志》云："二十五日食口数粥，今间有行之。"又云："或有以饼代者，至新正三日乃食，及献异居异姓尊长，示一家之意。"石湖《口数粥》词云："家家腊月二十五，淅米如珠和豆煮。大勺镣铛[1]分口数，疫鬼闻香走无处。锼姜屑桂浇蔗糖，滑甘无比胜黄粱。全家团栾罢晚饭，在远行人亦留分。褓中孩子强教尝，余波遍沾获与臧。新元协气调玉烛，天行已过来万福。物无疵疠年谷熟，长向腊中分豆粥。"陈藻《平江腊月二十五夜》诗云："今宵洗豆俗为糜。"韩桂舲《万安舟中腊月二十四日作》云："不知豆粥家庖下，留得行人口分无。"江、震《志》又皆载辟瘟之俗云："二十四夜，人家早寝，谓疫鬼行瘟，故安静以避之。"

【译文】

腊月二十五日，用红豆掺米熬粥，大人小孩都要吃，有外出不在

---

1 镣铛，用勺刮锅。

家的人就把粥储存起来，等他们回家吃，即使是襁褓中的婴儿及小猫、小狗也要吃粥，这粥叫作“口数粥”。传说，吃口数粥可以避开瘟疫之气。有的人家在粥里掺杂豆渣一起吃，说能免除罪过。

接玉皇

是日，又相传为玉皇下降之辰。察人善恶，各设香案迎之，谓之“接玉皇”。

案：《景霄琅书》：“十二月二十五日，玉皇、三清巡视诸天，定来年祸福。”又《道经》：“是日，为三清玉帝司会之日。”《昆新合志》：“二十五日，俗谓诸佛下降。”《常昭合志》：“二十五日，家户多持清斋，云为玉皇下降日。”江、震《志》：“是日，夙兴持斋，诵经、烧烛、拈香。相传天帝降世，察人善恶，故以此日迎之，谓之‘接玉皇’。”

【译文】

腊月二十五这一天，相传是玉皇大帝降临人间的日子。他是来察看人间善恶的，人们要摆设香案迎接，叫作“接玉皇”。

春前五日夜初更
排門燃火如晝晴
兒孫圍坐鷄犬忙
迎得來歲好收成
古代風俗竹枝百首之
宋代臘月燒火盆

烧松盆

是夜，乡农人家，各于门首架松柴成井字形，齐屋，举火焚之，烟焰烛天，烂如霞布，谓之“烧松盆”。

案：王《志》云：“二十五夜，各燃火炉于门外，焰高者喜。古谓之‘糁盆’，俗云相暖热。”长、元《志》云：“古谓之‘糁盆’。今谓之‘松盆’。”石湖《村田乐府》序谓之“烧火盆”。词云：“春前五日初更后，排门燃火如晴昼。大家薪干胜豆秸，小家带叶烧生柴。青烟满城天半白，栖乌惊啼飞格磔。儿孙围坐犬鸡忙，邻曲欢笑遥相望。黄宫气应才两月，岁阴犹骄风栗烈。将迎阳艳作好春，政要火盆生暖热。”又郭傶伽《淮阴岁除·咏火盆》云：“多谢松明力，几忘客子寒。”

【译文】

腊月二十五夜晚，乡下农家都在门口把松枝架成井字形，直架到和屋顶一样高，然后点燃，火焰翻滚，浓烟弥漫，火光如彩霞布散。这叫“烧松盆”。

照田财

村农以长竿燃灯插田间，云祈有秋。焰高者稔，谓之“照田财”。

案：《吴江县志》云："乡村之人，就田中立长竿，用藁筱夹爆竹缚其上，四旁金鼓声不绝，起自初更，至夜半乃举火焚之，名曰'烧田财'，黎里庵村为盛。盖类昔'照田蚕'之俗云。"但在正月二十夜。而《常昭合志》则云"腊月二十四日夜"。方鹏《昆山志》则云："岁朝或次日，束薪于长竿，为高炬。视火色赤白，以占水旱。争取余烬置状头，谓宜蚕，名'照田蚕'。"长、元《志》亦皆载："田家烧长炬，名'照田蚕'。"石湖《村田乐府》序则于十二月二十五夜。《照田蚕词》云："乡村腊月二十五，长竿燃炬照南亩。近似云开森列星，远如风起飘流萤。今岁雨雹茧丝少，秋日雷鸣稻堆小。侬家今夜火最明，的知新岁田蚕好。夜阑风焰复西东，此占最吉余难同。不惟桑贱谷芃芃，苎麻无节菜无虫。"

【译文】

腊月廿五日夜，农村种田人家把长竹竿一头捆上火把点燃插在田里，祈祷来年秋天能有好收成。火焰高的就会丰收。这叫作"照田财"。

送年盘

岁晚，亲朋互以豚蹄、青鱼、果品之属相馈问，谓之"送年盘"。林琛《送年盘》诗云："岁行养群动，岂藉尘物佐。吴趋盛文彦，为礼翻以货。土宜随处有，贫小而富大。蹄豚路常携，启榼青鱼卧。

臘月廿五天正寒
長竿燃炬照南田
儂家今夜火最旺
定知來年多稻蠶
古代風俗竹枝百首 宋代歲末照田

亦知事浮文，不若酒倾座。阿依愧独贫，瑟缩依马磨。蜗庐来往少，顿忘佳节过。清俭感神明，添炉烧百和。”

案：周处《风土记》：“蜀之风俗，晚岁相与馈问，谓之‘馈岁’。”周密《武林旧事》云：“入腊以来，馈岁盘合，酒担羊腔，充斥道路。”家雪亭《土风录》云：“馈岁，即吴俗‘送年盘’也。”

【译文】

年终的时候，亲朋好友会把猪蹄、青鱼、果品等物品作为礼物相互馈赠，叫作“送年盘”。林琛在《送年盘》一诗中写道：“岁行养群动，岂藉尘物佐。吴趋盛文彦，为礼翻以货。土宜随处有，贫小而富大。蹄豚路常携，启榼青鱼卧。亦知事浮文，不若酒倾座。阿依愧独贫，瑟缩依马磨。蜗庐来往少，顿忘佳节过。清俭感神明，添炉烧百和。”

年物

家户为宿岁之储，新年以饷戚友，谓之“年物”。以元旦至五日不设市也。

案：周处《风土记》：“岁暮，家家具殽蔌[1]，为宿岁之储，

1　殽蔌，肉食和蔬菜。

不計酒食與野鮮 每逢歲暮送年盤 饋贈
淳厚友鄰 情誼溢山川
古代風俗竹枝百首之宋除夕送年盤

以迎新年，相聚酣饮。”

【译文】

年前，家家户户都在为守岁而储存食物，等到新年的时候用来招待亲朋好友。这些食物叫作“年物”。这是因为从初一到初五不开市。

年市

年夜已来，市肆贩置南北杂货，备居民岁晚人事之需，俗称“六十日头店”。熟食铺，豚蹄、鸡、鸭较常货买有加。纸马香烛铺，预印路头财马，纸糊元宝、缎疋，多浇巨蜡，束名香。街坊吟卖篝灯、灯草、挂锭、灶牌、灶帘，及箪瓢、箕帚、竹筐、磁器、缶器、鲜鱼、果蔬诸品不绝。锻磨、磨刀、杀鸡诸色工人，亦应时而出，喧于城市。酒肆、药铺，各以酒糟、苍术、辟瘟丹之属馈遗于主顾家。总谓之“年市”。蔡云《吴歈》云：“送灶柴枝束束齐，照厨竹挂双双提。爕汤砺刃独何业，惨听连声叫杀鸡。”

案：冯贽《云仙杂记》《僧园逸记》皆载：“都下寺院，每用岁除锻磨，是日作‘锻磨斋’。”吴自牧《梦粱录》：“岁旦在迩，席铺馈与主顾，更以苍术、小枣、辟瘟丹相遗。”

【译文】

除夕夜降临，市场上的店铺摆出从各地贩来的各种货物，供应城里人除夕夜的各种需要。民间把年夜的店铺叫作“六十日头店”。熟食铺里，猪蹄、鸡、鸭的数量比平日准备得更多。纸马香烛铺事先印好路头财马、缎匹，浇铸更多巨大的蜡烛，捆好一束束名香。街头巷尾有叫卖灯笼、灯草、挂锭、灶牌、灶帘的，还有叫卖箪瓢、箕帚、竹筐、磁器、缶器、鲜鱼、果蔬的，络绎不绝。锻磨、磨刀、杀鸡等工人应市场需要而出现在城里吆喝自卖。酒店、药铺各自准备一些酒糟、苍朮、辟瘟丹，馈赠给买东西的客人。所有这些，统统叫作“年市”。蔡云在《吴歈》写道：“送灶柴枝束束齐，照厨竹挂双双提。燂汤砺刃独何业，惨听连声叫杀鸡。”

年夜饭

除夜，家庭举宴，长幼咸集，多作吉利语，名曰“年夜饭”，俗呼“合家欢”。周宗泰《姑苏竹枝词》云：“妻孥一室话团圞，鱼肉瓜茄杂果盘。下箸频教听谶语，家家家里合家欢。”

案：褚人获《坚瓠集》云：“除夕，家庭举宴，长幼咸集，谓之‘合家欢’。”沈朝初《忆江南》词云：“除夕合家欢。”《府志》：“除夜，长幼聚饮，祝颂而散，谓之‘分岁’。”考宋时分岁，犹以脆饧为节物，石湖词云：“就中脆饧专节物，四坐齿颊锵冰霜。”今久不传。

【译文】

除夕夜，每家都会举办宴席，男女老少聚在一起，相互都说着吉利话，叫作“年夜饭”，民间又叫“合家欢”。周宗泰在《姑苏竹枝词》里说：“妻孥一室话团圞，鱼肉瓜茄杂果盘。下箸频教听谶语，家家家里合家欢。”

安乐菜

分岁筵中，有名安乐菜者，以风干茄蒂，杂果蔬为之，下箸必先此品。蔡云《吴歈》云：“分岁筵开大小除，强将茄蒂入盘蔬。人生莫漫图安乐，利市偏争下箸初。”

案：陈藏器《本草》：“茄，一名落苏。”盖吴人落、乐同音，因以为谶耳。菜中有以红萝卜切成小方块者，产自杭城茧桥。见吴谷人《新年杂咏》小序，并云：“镂丝曝干，可供素馔。”有《红萝卜丝》诗。

【译文】

年夜饭的宴席上，有一道菜叫安乐菜，是用风干的茄蒂，配一些水果蔬菜做成，宴席动筷子一定先品尝这道菜。蔡云在《吴歈》里写道：“分岁筵开大小除，强将茄蒂入盘蔬。人生莫漫图安乐，利市偏争下箸初。”

暖锅

年夜祀先分岁[1]，筵中皆用冰盆[2]，或八、或十二、或十六，中央则置以铜锡之锅，杂投食物于中，炉而烹之，谓之“暖锅”。谭大中《暖锅》诗云：“范金为器利群生，物理居然寓圣情。持满能平流不溢，虚中有窍火微明。嘘寒变燠盐梅济，取坎交离鼎鼐成。黍谷暄回人尽饱，万方应与颂和羹。”又云：“红铅九转器初成，十万钱输选馔精。炊蜡厨边汤乍沸，肉屏风畔婢初擎。添来炉火寒威解，味入丹田暖气生。尚有寄居萧寺客，齑盐风味耐孤清。”

案：《墅谈》：“暖饮食之具，谓之‘仆憎’，杂投食物于一小釜中，炉而烹之。亦名‘边炉’，亦名‘暖锅’。团坐共食，不复置几案，甚便于冬日小集，而甚不便于仆者之窃食，宜仆者之憎也。”王谷原《暖锅》诗云：“墙深羹匝沸，胆直焰中趋。”

1　分岁，旧俗农历除夕守岁至半夜。谓新旧岁自此而分。

2　冰盆，盛置碎冰、果品的盆。

燈火五更又一年
兒孫長高開笑顏
分食棗糕與橘荔
又喜遍賜壓歲錢
古代風俗竹枝百首
壓歲錢
積善人家
三多九如圖

【译文】

除夕夜需要祭祀祖先守岁，筵席上都用冰盆，有八个，十二个，或者十六个，中间放一口铜锡做的锅，把各种食物放入锅里烹煮了吃，叫作“暖锅”。谭大中在《暖锅》一诗中写道：“范金为器利群生，物理居然寓圣情。持满能平流不溢，虚中有窍火微明。嘘寒变燠盐梅济，取坎交离鼎鼐成。黍谷暄回人尽饱，万方应与颂和羹。”又说：“红铅九转器初成，十万钱输选馔精。炊蜡厨边汤乍沸，肉屏风畔婢初擎。添来炉火寒威解，味入丹田暖气生。尚有寄居萧寺客，齑盐风味耐孤清。”

压岁盘 压岁钱 压岁果子

长幼度岁，互以糕果朱提[1]相赉献，谓之“压岁盘”。长者贻小儿以朱绳缀百钱，谓之“压岁钱”。置橘、荔诸果于枕畔，谓之“压岁果子”。元旦睡觉时食之，取谶于吉利，为新年休征。

案：陈迦陵《岁寒词》小序云：“且充压岁之钱。”又王茨檐诗：“不惜金钱分压岁。”又张铁青《压岁钱》诗有“用镇将除夜”及“回环朱缕结”之句。又郭频伽《淮阴岁除·咏压岁钱》诗云：“红索青铜贯。”又吴曼云《江乡节物词》小

1　朱提，银子，以朱提山盛产白银而得名。

序云：“杭俗，儿童度岁，长者与以钱，贯用红，置之卧所，曰‘压岁钱’。”诗云：“百十钱穿彩线长，分来角枕自收藏。商量爆竹饧箫价，添得娇儿一夜忙。”可见此风非吴独有。蔡铁翁诗：“铮铮排户投琼响，半掷床头压岁钱。”吴曼云《江乡节物词》又有《咏吉利》诗云：“闽荔干红邓橘黄，深宵酒醒试偷尝。听郎枕畔朦胧语，新岁还君大吉祥。”其小序云：“杭人除夜以朱橘、荔枝置枕旁，岁朝取食之，呼曰‘吉利’，音相近也。”又汪乾若咏橘荔诸诗自序云：“吴兴风俗，除夕置果枕畔，为新年休征。”其《咏橘》云：“只恐剖开惊象戏，夜深无处着棋枰。”

【译文】

过年大人小孩相互赠送的糕点、水果、钱物，叫作“压岁盘”。长辈把红绳串起的百枚铜钱送给小孩子，叫作“压岁钱”。在枕边放橘子、荔枝等水果，叫作“压岁果子”，初一醒来吃了，讨个吉祥的名头，寓意新年吉利。

辞年

卑幼行礼于尊长以别岁，俗称“辞年”。

案：东坡诗序云：“蜀中风俗，岁晚酒食相邀，呼曰‘别岁’。”陆启浤《北京岁华记》云：“先除夕一日，人家置酒宴，往来交谒，曰‘别岁’。”陈迦陵《岁寒词》小序云：“姑贮辞年之酒。”家雪亭《土风录》云：“今人但拜辞而已。”钱思元《吴门补乘》亦载除夕辞年之俗。

【译文】

小辈向长辈行礼，以告别过去的一年，俗称“辞年”。

守岁

家人围炉团坐，小儿嬉戏，通夕不眠，谓之“守岁”。席振起《守岁》诗云：“相邀守岁阿咸家，蜡炬传红映碧纱。三十六旬都浪过，偏从此夜惜年华。”

案：周处《风土记》：“蜀之风俗，至除夕，达旦不眠，谓之‘守岁’。”宋袁文《瓮牖闲评》谓：“守岁之事，虽近儿戏，然父子团圞把酒，笑歌相与，竟夕不眠，正人家所乐为也。且古人无不守岁者，如少陵《杜位宅守岁》诗云：‘守岁阿戎家。’苏东坡诗：‘欲唤阿咸来守岁，林乌枥马斗喧哗。’皆是也。”又周密《武林旧事》：“除夕，小儿女终夕博戏不寐，谓之‘守岁’。”又吴自牧《梦粱录》：“除夕，围炉团坐，酌酒唱歌，终夕不眠，谓之‘守岁’。”江、震《志》：“除夕，小儿女终夜不就寝，曰‘守岁’，能延年。”《昆新合志》：“除夕，家人围炉欢坐至子夜，曰‘守岁’。”长、元《志》：

“除夕，饮守岁酒。”范《志》并云：“郡俗，有守岁盘。”

【译文】

除夕之夜，全家人围着火炉坐在一起，小孩游戏玩闹，整晚不睡觉，叫作“守岁”。席振起在《守岁》一诗写道：“相邀守岁阿咸家，蜡炬传红映碧纱。三十六旬都浪过，偏从此夜惜年华。”

守岁烛

燃双椽烛于寝室中，宵永烬长，生花报喜，红荣四照，直接晨光，谓之“守岁烛”。

案：孟襄阳诗：“续明催画烛，守岁接长筵。”家雪亭《土风录》谓即今之“守岁烛”。张蕴《斗野藁·除夕诗》云：“烛花频送喜，儿女笑哄堂。”又王次回《疑雨集·残岁即事》诗云：“纱笼椽烛焰如幢，火齐呈花喜一双。为惜轻风吹烬落，晓妆成后未开窗。”又吴曼云《江乡节物词》小序云：“烛之大者，可通夕。杭俗除夕燃之，为守岁计。”吴谷人《咏守岁烛》诗云：“烛房人乍醒，蜡炬未全销。阅岁心三寸，流光影一条。谁参无尽意，此是可怜宵。掩映迎神处，春红隔幕摇。”又郭频伽《淮阴岁除·咏守岁烛》诗云：“双枝争灿烂。”又李仙翁《除夕》诗云：“烛花犹照彻宵红。”

【译文】

在卧室里点燃两根巨大的蜡烛，长夜漫漫，蜡炬结花，似来报喜，红光照亮四壁，一直到第二天清晨。伴随着守岁人度过漫漫长夜的蜡烛，叫作“守岁烛”。

老虎柏子花

年夜，像生花[1]铺以柏叶点铜绿，并剪彩绒为虎形，扎成小朵，名曰“老虎花”。有旁缀小虎者，曰“子孙老虎”。或剪人物为寿星、和合、招财进宝、麒麟送子之类，多取吉谶，号为“柏子花”。闺阁中买以相馈贻，并为新年小儿女助妆。

案：段成式《酉阳杂俎》：“北朝妇人，正月进箕帚、长生花。”吴谷人《新年杂咏》小序云：“杭俗，有柏子花、长春花、元宝花，皆花婆所货，为闺阁新岁助妆，谓即彩花春胜之遗。”董斯张《除夕》词云：“柏子扎花新，小姑专学人。”钱唐姚春漪《柏子花》诗：“葱蒨花如叶，堆鬟绿半含。功夫同点翠，名字爱宜男。兰梦夜来得，玉颜春太憨。偷将欢镜照，刚被小姑谙。”又舒铁云《象生花》诗云：“剪彩作花花欲语，女红疑是司花女。有时兰叶蚀青虫，或爱梅花栖翠羽。花能相

1　像生花，人工仿制的假花。

对叶相当，宛然春色偷东皇。定知有梦迷蝴蝶，不为无香恨海棠。谁家着钏牵衫早，个镜相宜倚花扫。水晶帘卷十分收，翡翠篸斜一枝好。吴侬作事殊等闲，不独时花弃两鬟。都将旧曲翻新曲，抛却真山看假山。那知相率趋为伪，金错钱刀买憔悴。一丛花当十户赋，几朵云收数乡税。可怜名字满头花，花开花落委泥沙。若为拈向灵山会，且莫携来吏部家。”

【译文】

除夕夜，卖像生花的铺子把柏树叶子染成铜绿色，并把彩色的绒布剪成老虎的形状，扎成花朵，叫作“老虎花”。也有在老虎花旁边连缀小老虎的，叫作“子孙老虎”。也有把彩色绒布做成寿星、和合神、招财进宝、麒麟送子等的样子，多取吉祥的名字，扎成花，叫作“柏子花”。女孩子买来相互馈赠，供小孩子们打扮。

过年鞋

新妇度岁，必先日整治洁履。至是以献于舅姑，谓之“过年鞋”。

案：段成式《酉阳杂俎》：“北朝妇人，以冬至日进履、袜及靴。”又崔浩《女仪》：“冬至，上履袜于舅姑。”谓古人履长之义。吴俗以除夕。又妇女绣履，年尾必更制一新以度岁，亦名“过年鞋”。吴谷人诗云：“料理年头事，花鞋取样工。双弯履新吉，一搊试春红。镜槛徐行处，灯帘浅立中。往时呵冻绣，玉指记匆匆。”又家景文词云：“杏子红裙，鹅儿黄袖，一尖新窄过年鞋。”

【译文】

新媳妇过年，一定要预先做好新鞋子，到过年这一天献给公婆，叫作“过年鞋”。

门神

夜分易门神。俗画秦叔宝、尉迟敬德之象，彩印于纸，小户贴之。陆伟堂《门神》诗云：“魁伟画图传，相逢又一年。悬桃分度索，辅李识凌烟。要藉当关壮，能为辟恶先。还赢钟进士，重五暂乘权。”

案：赵与时《宾退录》云：除夕，用镇殿将军二人甲胄装门神，亦曰门丞。今道家谓左曰“门丞”，右曰“户尉”。吴谷人《新年杂咏》小序云：“门为五祀之一，司门之神，昉自桃符，以神荼、郁垒能辟邪也。”袁褧《枫窗小牍》：“靖康以前，汴中门神多番样，戴虎头盔，王公之门，至以浑金饰之，识者谓虎头男金饰，便是金人在门。”《杂志》又称后世多画将军、朝官，复加爵、鹿、蝠、喜、宝马、瓶鞍之状，皆取美名，以迎嘉祉。家雪亭《土风录》云：“俗多用秦叔宝、尉迟敬德，盖本唐小说也。”陈迦陵《贺新郎·乙卯元旦》词云：“抖擞门丞秦叔宝，贝带璘瑞光射。”又郭频伽《淮阴岁除·咏门神》诗云："金碧家家灿，迁除岁岁忙。侯封沿汉号，剑佩俨唐装。"又吴曼云《江乡节物词》小序云："杭俗，门神一年一易，搢绅之族，多不用之。"诗云："盱目掀髯惯辟邪，除书新换记年华。笑君只是春来燕，尽入寻常百姓家。"《吴县志》谓："门神彩画五色，多写温、岳二神之像。远方客多贩去，今其市在北寺、桃花坞一带。"卢《志》："除夜，夜分易门神。"又九县《志》并载除夕易门神之俗。

【译文】

除夕夜，更换门神像。民间将秦琼、尉迟敬德的画像彩印在纸上，小户人家贴于门上。陆伟堂在《门神》一诗中写道："魁伟画图传，相逢又一年。悬桃分度索，辅李识凌烟。要藉当关壮，能为辟恶先。还羸钟进士，重五暂乘权。"

神荼郁垒 钟进士

或朱纸书神荼、郁垒，以代门丞，安于左右扉。或书"钟进士"三字，斜贴后户以却鬼。

案：汉应劭《风俗通》云："上古之时，有荼与、郁垒昆弟二人，性能执鬼。度朔山上章桃树下，简阅百鬼。无道，妄为人祸害，荼与、郁垒缚以苇索，执以食虎。于是县官常于腊除夕饰桃人、垂苇茭、画虎于门，皆追效前事，冀以卫凶也。

當年噩夢驚唐王 秦瓊敬德守門旁
詩書繼世長
忠厚傳家久

桃梗，梗者，更也。岁终更始，受介祉也。”《山海经》亦本《风俗通》之说云“度索山桃树下，有二神，曰‘神荼’、曰‘郁垒’”，能啖百鬼，故今俗设桃符以象之。《括地图志》曰：“度朔山尖桃树下，有二神，一名‘郁’，一名‘儡’。”高诱注《战国策》又曰：“一名‘余舆’，一名‘郁雷’。”陆启浤《北京岁华记》：“元旦，贵戚家悬神荼、郁垒。”《玉烛宝典》则以正旦造桃板著户，谓之“仙木”，像郁垒山桃之形，鬼畏之也。胡浩然《除夕》词云：“灵馗挂户。”

【译文】

有的人家在红纸上写神荼、郁垒，来代替门神，贴在左右两扇门上。或者写“钟进士”三个字，斜着贴在后门上，用来驱鬼。

欢乐图

门厅之楣，或贴“欢乐图”。图皆买自杭郡，以五纸为一堂，剪楮堆绢[1]，为人物故事，皆取谶于欢乐，以迎祥祉。

案：马如龙《杭州府志》谓之“合家欢乐图”。吴谷人诗云：“披图春色好，欢乐两相兼。自妙青红意，无烦笔墨添。紫衫仙乐部，翠烛美人帘。隔岁痕犹在，房栊一例粘。”又姚

1 堆绢，用彩绢制成人物花鸟缀附在屏风上的工艺美术品。

春漪诗自注云：“欢乐图上，贴福、乐、寿、喜四字，旁粘小春联，谓之‘欢乐对’。”

【译文】

有的人家在厅堂的门楣上贴“欢乐图”。图是从杭州买来的，五张纸贴一堂，剪纸堆绢表现人物故事，都取快乐如意的寓意，以迎接吉祥幸福。

春联

居人更换春帖，曰“春联”。先除夕一二十日，塾师与学书儿书写以卖，榜于门曰“春联处”。多写千金、百顺，宜春、迪吉，一财、二喜，及家声、世泽等语为门联。或集《葩经》吉语、唐宋人诗句为楹帖。周宗泰《姑苏竹枝词》云：“学书儿童弄笔勤，春联幅幅卖斯文。人来问价增三倍，不使鹅群笼右军。”

案：张子容《除日》诗：“帖牖作春书。”又杨循吉《除夕杂咏》：“春帖题乡究。”春书、春帖，皆春联也。查止斋诗：“醉书矮纸贴春联。”古时门首贴“宜春”二字，在立春日，见韦庄诗：“殷勤为作宜春曲，题向花笺贴绣楣。”又王沂公《皇帝阁立春帖子》云：“北陆凝阴尽，千门淑气新。年年金殿里，宝字贴宜春。”又胡复斋诗：“满写红笺字，无劳黄绢词。年年烦阿买，春色在门楣。”而陆启浤《北京岁华记》则以除夕贴宜春字，小儿女写好字。欧阳原功《渔家傲》词云“换年懒写宜春帖”是也。晋傅咸《燕赋》云：“淑青书以赞时，着宜春之嘉祉。”“宜春”二字本此。然秦已有宜春宫、宜春苑，见《括地志》。吴人又以“迪吉”二字为宜春对偶，盖本《尚书》“惠迪吉”语以谶吉祥耳。周必大《玉堂杂记》云：“除日，更春帖、柱联、门额，于堂轩楣枋贴福、禄、寿、一财、二喜等字。习二教者，于门衡贴阿弥陀佛及九天应元雷声普化天尊，又佛咒‘悉呾多般呾那’等语。”又《明诗选》：“太祖召陶安为学士，御制门帖赐之，曰‘国朝谋略无双士，翰苑文章第一家’。”吾乡春联诗句，人皆沿用不察，实皆有所本。如“日月光天德，山河壮帝居”，见李延寿《北史》，陈后主入隋，上文帝诗也。“聿修厥德，长发其祥”，集《葩经》语，自为成对也。又用王勃《滕王阁序》语：“物华天宝日，人杰地灵时。”各增末一字。至“天恩春浩荡，文治日光华”，乃圣祖赐桐城张文端相国立春帖子。阮吾山司寇《茶余客话》谓“张氏岁岁贴之，后缙绅家俱用此联，今则比户皆然矣”。吴谷人《新年杂咏》小序云：“春联，即古桃符板。”《蜀梼杌》载孟昶自题桃符板云：“新年纳余庆，嘉节号长春。”又黄休复《茅亭客话》：“先是，蜀至每岁除日，诸宫门各给桃符一对，俾题元、亨、利、贞四字。时伪太子善书札，选本宫策勋府桃符，亲自题曰：‘天垂余庆，地接长春’八字，以为词翰之美。”又《宋史·五行志》：“岁除日，命翰林为词题桃符。正旦，

甕中先生不甘貧青寫
春聯賣斯文字
家擇龍頭
句手自誇筆
勝右軍 古代聯
倚竹杖百首之虞代
賣春聯
福
六合同春

置寝门左右。”又元周密《癸辛杂志》载黄谦之题桃符板云：“宜入新年怎生呵，百事大吉那般者。”知《簪云楼杂说》谓“春联之设昉自明孝陵”，不足为信。吴孟举诗云：“兔园本子渐无奇，不用冬烘费巧思。除却宜春方胜样，家家传写盛唐诗。”

【译文】

城里人过年更换春帖。春帖又叫作“春联”。春节前一二十天，私塾的教师和学生写了春联去卖，并在私塾门口写上“春联处”。大多写千金、百顺、宜春、迪吉，还写一财、二喜以及家声、世泽等吉祥话，作为门联；或者从《葩经》里选吉祥话，或者摘唐宋人的诗词为楹联。周宗泰在《姑苏竹枝词》中写道：“学书儿童弄笔勤，春联幅幅卖斯文。人来问价增三倍，不使鹅群笼右军。”

封井

置井泉童子马于竹筛内，祀以糕、果、茶、酒，庋井栏上掩之，谓之“封井”。至新正三日或五日，焚送神马。初汲水时，指蘸拭目，令目不昏。

案：《白泽图考》：“井之精名观，状如美女，好吹箫。”《辑柳编》呼为“吹箫女子”，吾乡呼为“井泉童子”。《太常记》：“十月朔祀井。”长、元《志》皆载：“除夕封井。”

又《昆新合志》云："新正三日祀，以糕果送之。"褚人获《坚瓠集》云："除夕，人家封井，不复汲水，至正月三日始开。张渔川《封井》诗云：'冰镜沈寒砌，银瓶卧晚阶。明年试初汲，昏眼要先揩。'"

【译文】

把井泉童子马放在竹筛里，用糕、果、茶、酒祭祀，把竹筛放在井栏上，盖住井口，叫"封井"。到正月初三或初五，焚送神马。第一次打水时，用指头蘸水，擦拭眼睛，能够使眼睛不昏花。

接灶

安灶神马于灶陉之龛，祭以酒、果、糕、饵，谓之"接灶"。谓自念四夜上天，至是始下降也。或有迟至上元夜接者。家辰《上元夜接灶》诗云："灶本何心媚，工为饮食谋。日亲厮养卒，祭失烂羊头。乱踏旌旗下，交辉灯月游。因怀胶口恨，利市竟难求。"

案：冯应京《月令广义》："燕俗，元旦合家少长，罗拜灶神以祝，曰'迎灶'。"长、元、吴《志》皆云："接灶，多以除夕。"李仙翁《除夕》诗云："儿知学拜同迎灶。"江、震《志》："除夕接灶，则设馔燃炉，迎神而祭。"《昆新合志》则于上元夜煎油馓，烤糊涂接灶。《常昭合志》亦云："上元日，家和米粉为丸，以接灶。"吴谷人《接灶》诗自序云：

“杭俗，元旦接灶，其神号曰‘东厨司命’。”有“司命将来日，神牌妇子迎”之句。又项霜田《黄莺儿》词，首句云：“接灶便开门。”吴曼云《江乡节物词》云：“迎神薪突正衣冠，灶马纷纷乍解鞍。来复只须占七日，笑他人说上天难。”厉层云诗云：“七日占来复，焚香刻晷迎。”并云：“俗传：‘接得早，灶君年纪小；接得迟，灶君年纪老’。”又云：“接时供净水于灶山上。”

【译文】

把灶神像摆放到灶头上的神龛里，用酒、果、糕、饵来祭祀，叫作“接灶”。民间认为灶王从腊月二十四晚上上天，到正月初一才回到人间。也有到正月十五晚上才接灶的。我的本家顾辰在《上元夜接灶》诗中写道：“灶本何心媚，工为饮食谋。日亲厮养卒，祭失烂羊头。乱踏旌旗下，交辉灯月游。因怀胶口恨，利市竟难求。”

祭床神

荐茶、酒、糕、果于寝室以祀床神，云祈终岁安寝。俗呼床神为床公、床婆。

案：曾三异《同话录》：“崔大雅在翰院，夜直玉堂，忽有内降撰文字，乃《祭床婆子文》，恍然不知格式。或问于周丞相翰长。云：‘但如常式：皇帝遣某人致祭于床婆子之神曰：

汝典司床箦’云云。”张铁青诗：“岁祀床婆子，深宵酒果芬。”厉樊榭除夕祀床，作《沁园春》词以乐神。杨循吉《除夜杂咏》云：“酌水祀床公。”盖今俗，犹以酒祀床母，而以茶祀床公，谓母嗜酒，公癖茶，谓之“男茶女酒”。而魏嵋《钱塘县志》亦载：“除夕，用茶、酒、果饼祀床神，以祈安寝。”又吴曼云《江乡节物词》小序云：“杭俗祭床神，以上元后一日，品用煎饼。”诗云：“祝他安稳度春宵，斋供当床画烛烧。补却天穿重补梦，今年婆饼不曾焦。”

【译文】

在卧室里用茶、酒、糕、果祭祀床神，祈祷整年能够安稳入睡。民间称床神为床公、床婆。

撑门炭

植炭于门户之侧，名曰“撑门炭”。

案：《昆新合志》：“除夕，每门必倚长炭，名‘把门炭’。俗称‘炭将军’。”林谓《闽中志》云“岁除，宫门植炭，名曰‘将军炭’。”周必大《玉堂杂记》亦云：“除夕，竖炭于砌础之间。”又吴曼云《江乡节物词》小序云：“杭俗，除夕封门，束甘蔗树之门侧，谓取渐入佳境之意。”则又与他处不同。

除夕黎明打灰堆
一任灰塵滿院飛但
求萬事如
古代風俗竹枝百首之
宋除夕打灰堆

【译文】

除夕，将木炭放在大门两侧，叫作“撑门炭”。

节节高

插冬青、柏枝、芝麻萁于檐端，名曰“节节高”。

案：刘若愚《芜史》：“燕俗岁除，檐楹插芝麻秸。”陆启浤《北京岁华记》：“元旦，民间插芝梗、柏叶于户。”盖此风辇下亦传。长、元、吴《志》俱云：“除夕，插松、柏、芝麻秸于檐端。”《昆新合志》及江、震《志》则云：“元旦插之，名‘节节高’。”

【译文】

过年，把冬青、柏枝、芝麻的枝插在屋檐上，叫作“节节高”。

富贵弗断头 兴隆

黄阡断续一串，引而伸之，铺家以之与财神马、纸糊金银元宝同挂招牌上，为贸易获利之兆，谓之“富贵弗断头”，又名“兴隆”。

案：《博古图·唐铁鉴铭》：“千秋万岁，富贵不断。”沈明德：“细马送神，多着同兴纸，即黄阡也。今又名‘兴隆’。”

钱塘黄书厓是题诗云："一串同兴纸，都将富贵求。美名兼厚利，万岁更千秋。巧样翻花本，和风绕市楼。君看居垄断，最是出人头。"

【译文】

把黄阡纸断断续续串成一串，拉长，店家把它和财神马、纸糊的金元宝银元宝与招牌挂在一起，是生意获利的好兆头。民间叫"富贵弗断头"。又叫"兴隆"。

年饭 万年粮米

煮饭盛新竹箩中，置红橘、乌菱、荸荠诸果及糕元宝，并插松、柏枝于上，陈列中堂。至新年蒸食之，取有余粮之意，名曰"年饭"。又预淘数日之米，于新年可支许时，亦供案头，名曰"万年粮米"。

案:《荆楚岁时记》:"岁暮，家家留宿岁饭，至新年十二日，弃之街衢，以为去故取新也。"又《时镜新书》："除夕留宿饭，俟惊蛰雷鸣，掷之屋上，令雷声远。"而《通志》则云："江淮风俗，除夕煮熟饭，兼数日之炊，于新年可支许时，名曰'隔年陈'。"又吴曼云《江乡节物词》小序谓："除夕，贮饭置果饵于其上，元旦食之，取有余之意，名曰'隔年饭'。"诗云："红银粒饱贮都篮，一洗空厨辘釜惭。饭瓮好将如愿祝，明年耕食要余三。"又闵玉井《蒸饭》诗云："风俗隔年陈，中堂位置新。但教炊似玉，不使甑生尘。苍翠标松正，青红饤果匀。家家欣鼓腹，留此待开春。”又郭傶伽《淮阴岁除·咏年饭》诗云：“既得残年吃，仍须隔岁储。人情重饱暖，吾意惜居诸。”皆与吴俗略同。又蔡铁翁诗：“万年粮米案头供。”

【译文】

把煮好的米饭装在新的竹箩里，放上红橘、乌菱、荸荠等果子以及糕元宝，并插上松、柏的枝条，陈列在中堂，春节时蒸着吃，取有余粮的意思，名叫“年饭”。又预先淘好可供几天吃的米，到春节时可以吃上几天，也供在案头，这样的米叫作“万年粮米”。

画米囤

乡农人家，以石灰画米囤于场，或象戟、矢、元宝之形，祈年禳灾，谓之“画米囤”。

案：《昆新合志》：“除夕，以石灰画米囤或戟、矢于地，祈年禳灾。”江、震旧《志》：“除夕，更深人静，画灰于道，象弓矢，以射祟。”《常昭合志》：“除夕，画灰象弓矢射祟，象囤囷祈年。”长、元《志》皆云：“今又有画米囤、飞钱之类于室中者。”《吴县志》则云：“象犀角、米囤、元宝之类。”杨循吉《除夜杂咏》云：“门前尽画弓。”

【译文】

乡村人家，在场院里用石灰画米囤，有的画成戟、箭、元宝的形状，祈祷丰收，消除灾祸，叫作“画米囤”。

听响卜

或有祷灶请方，抱镜出门，听市人无意之言以卜来岁休咎者，谓之“听响卜”。

案：唐王建有《镜听词》云：“重重摩挲嫁时镜，夫婿远行凭镜听。”贾子《说林》有《镜听咒》曰“并光类俪，终逢协吉”。法以镜囊盛古镜向灶神，勿令人见，双手捧镜诵咒七遍，出听人言，以定吉凶。又闭目信足走七步，开眼照镜，随其所照，以听人言，无不验也。褚人获《坚瓠集》云：“今听谶者，祷于灶神，以勺投釜中，随勺柄所向，执镜而往，谓之‘响卜’，即镜听也。”家元庆《檐曝偶谈》谓：“有无所怀，直以耳听之者，谓之‘响卜’。盖以有心听无心耳，往往皆验。”蒋心馀《镜听》诗云：“匿影循墙走，寻声倚壁听。何期深夜语，都是十分灵。谶纬原难测，推求恐不经。菱花常自鉴，何必问冥冥。”江、震《志》皆云：“此风邑中犹有行之。”

【译文】

有人祈祷灶神指引方向，抱着镜子出门，以在街上听别人无意中说的话来占卜一整年的吉凶。这叫作“听响卜”。

叛花

亥子之交，抱未痘小儿卧爨下，以红帕蒙首，天明始还卧所，谓如是则痘花稀罠，谓之“叛花”，盖俗呼痘为花也。或撒黄豆于帐顶，或以红、绿线穿黄豆三粒置帏间，俱能禳痘。

案：《家塾事规》：“除夕五更，抱小儿于独槽猪窝内滚过，则痘疮稀。”杨循吉《除夜杂咏》诗云：“撒豆禳儿疾。”《晋书》：邓伯道避石勒难，以车马负妻子以叛。吴语谓藏匿曰“叛”。家雪亭《土风录》云：“叛，与畔通。”《太玄经》：“一纵一横，天网罠罠。”注：“罠罠，疏落貌。”吴语谓物之稀者曰“稀罠”，本此。

【译文】

除夕夜亥时和子时相交的时候，抱着没有出过痘的小孩躺在灶台下面，用红布盖住头，天明再抱回卧室。人们认为这样孩子出痘的几率就会减少，叫作“叛花”。这是因为民间把痘叫天花。也有把黄豆撒到帷帐顶上，或者用红绿线串三粒黄豆，挂在帷帐中间，也能起到祛痘的作用。

节帐

土俗，贸易场中以端五、中秋、除夕为三节，按节索欠，谓之“三节帐”。除夕一节，自昏达旦，虽东方既白，犹络绎道涂，不嫌笼灯入索也。蔡云《吴歈》云：“无地堪容避债台，一年积欠一宵催。店门关到质钱库，还点灯笼走一回。”又徐晋镕《除夕》诗云：“生计吴中往日虚，到来今夕各踌躇。平时浪费知何益，千载奢风尚未除。索负偕来门外汉，救贫谁窃枕中书。阿侬身外无长物，安乐新添一味蔬。”

案：《前汉书·武帝纪》：“明堂朝诸侯，受郡国计。”计，若今之诸州计帐也。韩愈《寄崔立之》诗：“当如分合支。”注：“今时人谓析产符契为分支帐。”今俗作账，古无此字。又周栎园《书影》云：“《北魏书·释老志》曰：‘元象元年秋，诏曰：城中旧寺及宅，皆有定帐。’今人出入之籍，曰‘帐目’，始此。”黄周星《甲寅除夕》诗：“第一过年穷快活，从来未有索逋人。”蔡铁翁《吴歈》注：“除夕铺户，皆张灯为夜市，质库赎当者纷集，非天明不得闭门也。”吴云岫《吴中百一谣》云：“除夕达天明，索债路如蚁。铺户咸不关，张灯冷于水。”

【译文】

本地风俗，商业场上以端午、中秋、除夕为三个关节，每到一个关节，都要索要欠账，叫作“三节帐”。除夕这一天，从黄昏到天明，

除夕忱民夜禁闲
兒童結隊提燈來
沿街穿巷呼賤價
賺取翁媪買痴呆
古代風俗竹枝百首之
宋吳地除夕兒
童賣痴呆風俗

东方泛白时，路上要账的人还络绎不绝，有的甚至打着灯笼去索要账款。蔡云在《吴歈》中写道："无地堪容避债台，一年积欠一宵催。店门关到质钱库，还点灯笼走一回。"徐晋镕在《除夕》诗中说："生计吴中往日虚，到来今夕各踌躇。平时浪费知何益，千载奢风尚未除。索负偕来门外汉，救贫谁窃枕中书。阿侬身外无长物，安乐新添一味蔬。"

小年夜大年夜

祀先之礼，相沿用昏，俗呼"大年夜"。或有用除夕前一夕者，谓之"小年夜"，又曰"小除夕"。俗又总呼之为"大年小夜"。旧俗，鸡且鸣，持杖击灰积，致词以献利市，名曰"打灰堆"。又小儿绕街呼嗷云："卖汝痴，卖汝呆。"世传吴人多呆，故儿女辈戏欲卖之，今皆不传。惟是夜家户储水于厨下，埋炭墼于炉，不使焰熄，置寝室中，谓之"种火"。焚辟瘟丹、苍术诸药，谓之"太平丹"。街坊爆竹之声，铿锵不绝。俗又以是夜忌犬吠，谚云："年夜狗弗叫，来年疾病少。"蔡云《吴歈》云："封门小结乌薪社，守岁双垂红烛花。多许风光一场梦，醒来又早换年华。"

案：韩鄂《岁华纪丽》云："三十日为大尽，二十九日为小尽。"吴人谓之"大除""小除"，除犹尽也。陆游《老学庵笔记》谓："唐人，冬至前一日，亦谓之除夜。"杨辛父《红梨庵集》注："江、震风俗，以腊月二十四日夜为小除夕，与郡俗小异。犹周密《乾淳岁时记》'禁中，以腊月二十四日为小节夜，三十日为大节夜'也。"又云："是夜明灯室中。"犹杭郡明灯床下名"照虚耗"之俗也。江、震与杭郡接壤，虽地属于吴，往往沿袭浙俗，无足怪也。钱思元《吴门补乘》载："除夕，储水宿火，见冯贽《云仙杂记》：'裴度，除夜追晓不寐，炉中商陆，火凡数添。'"可知此风流传亦久。又范石湖词："地炉火暖苍术香。"又杨循吉《除夜杂咏》云："辟瘟烧术暖。"又沈朝初《忆江南》词注云："除夕，炉烧苍术诸药，名曰'太平丹'。"有"兽炉频炙太平丹"之句。褚人获《坚瓠集》载无名氏《吴门歌》云："吴门人住神仙地，雪月风花分四季。满城排队看行春，又见花灯来炫视。千门挂彩六街红，笙歌盈耳喧春风。歌童舞女语南北，王孙公子何西东。观灯未了兴未歇，等闲又话清明节。呼船载酒共游春，蛤蜊市上争尝新。吴塘穿绕过横塘，虎丘灵岩复玄墓。菖蒲泛酒过端午，龙舟相呼喧竞渡。提壶挈盒归去来，南河又报荷花开。锦云乡中漾舟去，美人压鬓琵琶钗。玉颜皓齿声断续，翠纱汗彩红映肉。金刀剖破水晶瓜，冰山影里颜如玉。火云一天消未已，桐阴忽报秋风起。鹊桥牛女渡银河，乞巧人排明月里。南楼雁过是中秋，飒然毛骨冷飕飕。左持蟹螯右持酒，不觉今朝早重九。登高又向天池岭，桂花万树天香浮。一年好景最斯时，橘绿橙黄洞庭有。满园还剩菊花枝，雪片横飞大如手。安排暖阁开红垆，敲冰洗盏烘牛酥。寸韮瓶兮千金果，黑貂裘兮红氍毹。
一年四季恣欢娱，那知更有饥寒苦。”

【译文】

除夕祭祀祖先，沿袭下来的仪式都是在晚上举行，俗称“大年夜”。也有在除夕前一天晚上祭祀祖先的，叫“小年夜”，又叫“小除夕”。民间总的叫“大年小夜”。旧的习俗，鸡将要叫，天快亮的时候，拿着拐杖敲打家里成堆的灰尘，同时说一些吉利的话以得到好运气，叫作“打灰堆”。小孩子满街跑着呼喊：“卖汝痴，卖汝呆。”据说吴地的人痴呆的比较多，因此小儿童故意模仿，戏称卖掉痴呆，现在已经不传了。现在是家家户户除夕夜里在厨房里储存下水，在炉子里填足炭，不让炉火熄灭。把炭火放到卧室里，叫作“种火”。焚烧辟瘟丹、苍朮等药物，叫作“太平丹”。街坊邻居燃放爆竹的声音响个不停。民间又忌讳除夕夜有狗叫。谚语说：“年夜狗弗叫，来年疾病少。”蔡云在《吴歈》里说：“封门小结乌薪社，守岁双垂红烛花。多许风光一场梦，醒来又早换年华。”

图书在版编目（CIP）数据

清嘉录 /（清）顾禄著；王密林，韩育生译. — 南京：江苏凤凰文艺出版社，2019.7（2024.3 重印）
ISBN 978-7-5594-3009-0

Ⅰ. ①清… Ⅱ. ①顾… ②王… ③韩… Ⅲ. ①风俗习惯 - 苏州 Ⅳ. ① K892.453.3

中国版本图书馆 CIP 数据核字 (2018) 第 232578 号

清嘉录

〔清〕顾 禄 著　　王密林　韩育生 译

选题策划　胡杨文化　何崇吉
责任编辑　白　涵　刘洲原
特约编辑　孙明新　史开俊
插　　图　王弘力
装帧设计　今亮后声
责任印制　冯红霞
出版发行　江苏凤凰文艺出版社
　　　　　南京市中央路 165 号，邮编：210009
网　　址　http://www.jswenyi.com
印　　刷　北京中科印刷有限公司
开　　本　880 毫米 ×1230 毫米 1/32
印　　张　12
字　　数　200 千字
版　　次　2019 年 7 月第 1 版　2024 年 3 月第 6 次印刷
书　　号　ISBN 978 - 7 - 5594 - 3009 - 0
定　　价　88.00 元

沈阳泓艺塘文化监制

古代風俗百圖

王弘力 绘

目录

燃爆竹

霹雳声中旧岁除，为惊疫魅燃青竹。
一自火药发明后，难止新年放鞭俗。

教坊自乐

良辰美景奈何天，泪眼妆欢又一年。堪喜岁首无官役，相聚青楼奏管弦。

拜年送名片

拜年不必进府门，送上名片抵见人。各处贺岁皆如此，赠予纸店大笔金。

饰梅花妆

初七人日又立春，梅花点额颜色新。此身若在含章殿，疑是寿阳宫里人。

立春咸作春盘尝芦菔
芹芽伴韭黄互赠友僚
同此味果腹勿须待膏粱
古代风俗竹枝百首之
馈亲友春盘

馈春盘

立春咸作春盘尝，芦菔芹芽伴韭黄。互赠友僚同此味，果腹勿须待膏粱。

宫中赐银幡

新春拜过至初三，大内银幡赐百官。朝回两袖天香满，帽饰招得笑语喧。

鞭春牛

年年春打六九头，烟火爆竹放未休。五彩旌旗喧锣鼓，围看府尹鞭春牛。

放灯

火树银花不夜天，
游人元宵多留连。
灯山星桥笙歌满，
金吾放禁任狂欢。

茧卜

捉弄米粉状蚕丝，内藏吉语待尔食。喜得佳兆虽自设，依然欢乐不可支。

登城头走百病

姐妹元宵结伴游，金吾不禁登城头。走出深闺祛百病，胜到岳阳万丈楼。

打灯谜

弹壁灯贴三面题，摩肩搭背来猜谜。本似前朝射覆事，文思机敏方解疑。

请紫姑

元宵之夜请紫姑，
保佑吉祥赐安福。
终归女儿同情意，
焉辨荒唐事有无。

正月十六

结羊肠

元宵初过犹自忙，家家女儿结羊肠。含情暗思心中语，何时得似双鸳鸯。

走百病摸城门钉

元宵雪衬一灯红，走百病后摸门钉。但愿来年生贵子，不枉今番寒夜行。

送穷

年年晦日送穷神
柳车草船载出门沥酒
再拜早离去老穷
方走新穷临
古代风俗竹枝百首
唐晦日送穷

年年晦日送穷神，柳车草船载出门。沥酒再拜早离去，老穷方走新穷临。

春社

千寻古栎笑声中，此日春风属社公。割肉卜瓦余风在，更盲畅饮治耳聋。

斗草

社下烧钱鼓似雷，日斜扶得醉翁归。青枝满地花狼藉，知是儿孙斗草来。

迎富

古人采蓬携鼓游，今朝杂花插满头。相随郊外游一日，迎富即是忘忧愁。

古人采蓬携鼓游
今朝杂花插满头
相随郊外游一日
迎富即是忘忧愁
古代风俗竹枝百首
宋代春日迎富

溱洧集会

溱洧河畔钟鼓交，踏青游人乐陶陶。
红男绿女佩香草，两情相悦赠芍药。

流觞赋诗

修禊文会聚溪头，羽觞载酒曲水流。酣饮赋诗联佳句，留得美名在士俦。

修禊文會聚谿頭
羽觴載酒曲水流
酣飲賦詩聯佳句
留得美名在士儔
古代風俗卅枝百首晋上巳流觴賦詩

北國三月沐春風香車紛然樂踏青游人誰顧楊
柳綠競看佳麗映桃红
古代風俗竹枝百首北朝踏青

踏青

北国三月沐春风，香车纷然乐踏青。
游人谁顾杨柳绿，竞看佳丽映桃红。

内宴冷餐

御赐冷食满宫楼，鱼龙彩旗四面稠。千官尽醉犹教坐，归来月上金殿头。

御賜冷食滿
宫樓魚龍彩
旗四面稠千
官盡醉猶教
坐歸來月
上金殿頭
古代風俗竹枝百首
唐上巳內宴冷餐

担酒上坟

骑驴担酒祭祖坟，一路春光满眼新。道旁关扑掷得顺，竿挑利物好夸人。

斗百草

百花争艳满庭芳，莺歌燕舞女儿乡。不喜饮酒猜拳乐，闲将斗草过时光。

寒食

祭扫

寒食祭扫冢一堆，风吹旷野纸钱飞。黄泉不知生人泪，暮雨萧萧惆怅归。

清明

走马射箭

垂杨金堤翠幕连，健儿走马射堂前。国家尚武多才俊，方显干城诸英贤。

荡秋千

阳春女儿笑语喧，绿杨影里荡秋千。身轻裙薄凌空舞，疑是嫦娥下九天。

卖柳条

清明一霎又今朝，闻得沿街卖柳条。相约比邻诸姊妹，一枝斜插绿云娇。

浴佛节

佛光普照遍长安，
吃斋诵经建寺庵。
居士男女多布施，
为求来生结善缘。

挂彩穗

榴花照眼艾蒿香，挂符门帘饮雄黄。粽角流苏悬彩穗，平安佑尔度端阳。

染指甲

端午阶前采凤仙，小钵加矾细细研。染红女儿纤纤指，粉白黛绿更增妍。

射柳

端午祈雨置天棚，乐园东南柳色青。分朋赛射柔条断，赢得神箭誉满营。

饮菖蒲酒

采得菖蒲届端阳，酿成美酒送异香。角黍蔗浆祝尔寿，何妨纵饮入醉乡。

挂钟馗

终南进士舞龙泉，端午时节壁上悬。仗君辟邪歼群丑，免得鬼魅扰人间。

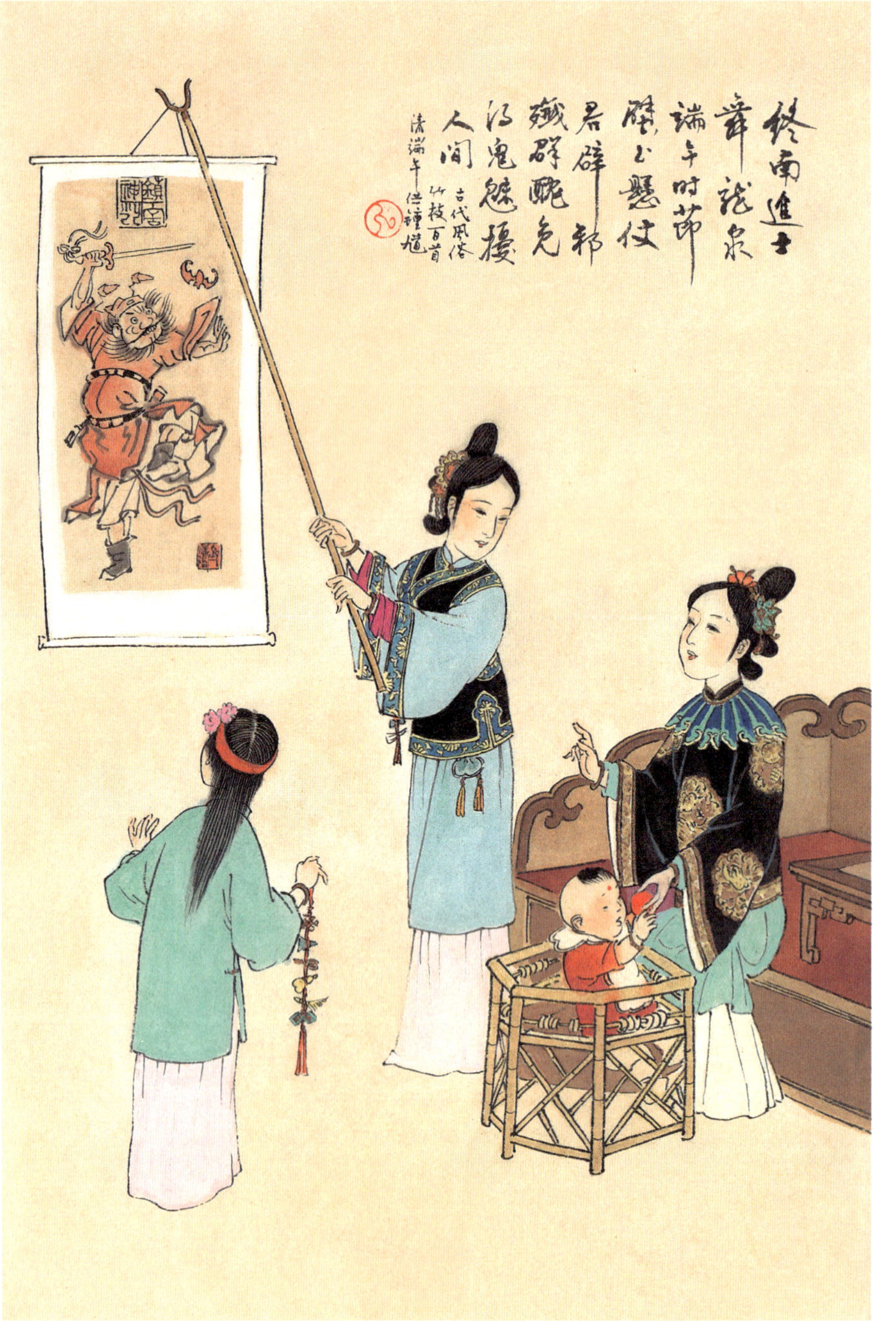
终南进士
舞龙泉
端午时节
壁上悬仗
君辟邪
歼群丑免
得鬼魅扰
人间
古代风俗
竹枝百首
清端午供钟馗

晒书翻经

三伏朝爽晒书篇，
庵院翻经结善缘。
近事信女乐相助，
愿修来世福寿全。

结蛛乞巧

七夕织女赐新妆，挑来蛛丝盒中藏。明朝结成玲珑网，试比阿谁称巧娘。

七夕

穿针比巧

供果焚香祝新秋，庭中比巧月如钩。年年闺阁乞织女，男儿何曾求牵牛。

供摩侯罗

捏塑彩画一团泥，妆点金珠配华衣。小儿把玩得笑乐，少妇供养盼良嗣。

丢巧针

佳节女儿约诸邻，迭将水碗丢巧针。曰光照得龙梭影，绣出鸳鸯如意君。

拜魁星

七夕女儿祝织女，男士庙中拜魁星。佑我科举登榜首，供神猪头代三牲。

七夕女兒祝織女
男士廟中
拜魁星佑我科舉登榜首
供神猪頭代三牲
古代風俗竹枝百首之清文士七夕拜魁星

盂兰盆道场

道场超度安亡魂，原有盂兰古意存。庆赞中元贴门首，酒海肉山飨活人。

放湖灯

轻舟荡漾玉波澄，中元盂兰放湖灯。梵呗伴得笙管韵，古寺东山月又升。

荷叶灯

月到中元照衢明，小儿竞举荷叶灯。成群结伴游巷陌，万点银花似火龙。

鸡冠花供祖

供祖瓶插鸡冠花，一时风靡满京华。只缘物稀价腾贵，移种四郊入农家。

選屠白狗埋帳溝牽鷹出獵起鳴騶
忽見御帽簪紅葉方知今日是立秋

屠狗狩猎

选屠白狗埋帐沟，牵鹰出猎起鸣驺。忽见御帽簪红叶，方知今日是立秋。

拜新月

妆楼鸾镜拜月明，再乞嫦娥驻美容。蛾眉新月今相似，如水流年叹无情。

秋社

社鼓敲时聚庭槐，神盘分肉巧安排。今番喜乐丰年景，醉倒翁媪笑颜开。

八月

钱塘弄潮

八月钱塘江口开，万人鼓噪岸边排。弄潮健儿显身手，风头浪尖逞矫材。

玉輪清光照
庭階剪紙圓
滿桌上貼瓜果月
餅為供品燒香
羅拜兔兒爺
古代風俗竹枝百首之清代中秋供兔神

供兔儿爷

玉轮清光照庭阶，剪纸圆满桌上贴。瓜果月饼为供品，烧香罗拜兔儿爷。

走月亮

中秋木樨插鬓香，姊妹结伴走月亮。夜凉未嫌罗衫薄，路远只恨绣裙长。

中秋木樨插鬓香姊妹结伴走月亮
夜凉未嫌罗衫薄路远只恨绣裙长

饮菊花酒

九月采菊酿酒香，来年开坛又重阳。
畅饮何必陶隐士，难得佳节入醉乡。

重九登高

乐游原上游人多，重九登高乐如何。
留恋夕阳无限好，寸阴难买莫蹉跎。

冬舂

一年辛苦到腊中，春米碓杵运成风。筛簸分藏三日毕，除夕香满饭盎馨。

馈岁

不计酒食与野鲜，每逢岁暮送年盘。
馈赠虽少风淳厚，友邻情谊溢山川。

卖春联

塾中先生不甘贫，书写春联卖斯文。当众挥毫显身手，自夸笔力胜右军。

喝腊八粥

喜到初八腊月天，门前舍豆俗相沿。信士弟子熬粥夜，念佛声声结善缘。

祭灶

时届腊月二十四，灶君朝天欲言事。酒糟涂灶醉司命，男儿酌献女儿避。

吃灶糖

岁暮方思媚灶王，香瓜元宝皆麦糖。粘口何需多如此，买颗先令小儿尝。

跳灶王

年关催人诸事忙，乞儿结伴扮灶王。鼓竹歌噪门前舞，赏钱好言禀玉皇。

烧火盆

春前五日夜初更，排门燃火如昼晴。儿孙围坐鸡犬忙，迎得来岁好收成。

照田

腊月廿五天正寒，长竿燃炬照南田。依家今夜火最旺，定知来年多稻蚕。

驱傩

驱傩吹笛又击鼓，瘦鬼涂面赤双足。桃弧射矢茅鞭打，鼠窜引得众欢呼。

驅儺吹笛又擊鼓
瘦鬼塗面赤雙足 桃弧射矢
茅鞭打 鼠竄引得衆歡呼
古代風俗竹枝百首 唐代歲末驅儺儀式

镜听

夫君远宦盼回程，跪拜灶前点香灯。怀中抱镜藏门候，闻人初言细品评。

儿童卖痴呆

除夕悦民夜禁开，儿童结队提灯来。沿街穿巷呼贱价，赚取翁媪买痴呆。

打灰堆

除夕黎明打粪堆，一任灰尘满院飞。但求万事如吾愿，定放汝向彭泽归。

贴门神

当年噩梦惊唐王，秦琼敬德守门旁。传到草民小茅舍，亦请将军佑吉祥。

压岁钱

钟打五更又一年，儿孙长高开笑颜。分食枣糕与橘荔，更喜遍赐压岁钱。

索罗杆饲鸦

当年乌鸦救汗王，索罗杆顶供斗粮。如今丹阶少人迹，坤宁宫前月昏黄。

新妇不跪

并蒂莲花两相偎，红毡展地迎亲回。新妇不拜新郎拜，感谢天公为良媒。

送嫁妆

婚礼前夕显嫁妆，衣箱镜奁付杠房。双抬单顶沿街过，羡煞蓬门绮罗香。

婚禮前夕顯嫁妝
衣箱鏡奩付槓房
雙抬單頂沿街過
羨煞蓬門綺羅香
古代風俗竹枝百首之
清代婚禮之送嫁妝

抓周晬

时逢满岁戏抓周，罗列书玩并砚筹。原是大人情愿事，今番却令婴儿求。

送别折柳

跋山涉水轻别离，天涯芳草亦萋迷。
只因登程常折柳，桥畔岸边皆秃枝。

出行步障

国殷民富夸盛唐，豪门出行步障长。可怜明皇幸蜀路，难遮风雨任凄凉。

驿站送信

天涯海角难相逢，尺素传达赖远征。驿站健卒鞭快马，山高水长亦贯通。

茶水贩

银针碧螺漫自夸，玉壶沏煮胜紫砂。夏至日长行人少，担歇柳荫闲斗茶。

货郎担

鼕鼓街头摇丁东，无须竭力叫卖声。莫道双肩难负重，乾坤尽在一担中。

磨镜

云想衣裳花想容，宝镜约绰映春风。难见庐山真面目，拨雾还赖老磨工。

拉车卖酒

蒸出佳酿入酒海，驱车赶到围场来。曲香何惧鲸饮量，醉倒猎手卧虎台。

吐番馬球號波羅
傳入大唐靡中國
民間亦好擊鞠樂
無奈馬少騎驢多
古代風俗竹枝百首
唐代騎驢擊鞠

骑驴打球

吐蕃马球号波罗，传入大唐靡中国。民间亦好击鞠乐，无奈马少骑驴多。

相扑

孟贲古冶两相搏，强者角觝在必得。今番对阵显身手，他日三军勇报国。

一脚踢出天边月
两肩擎起海中星
何叹国足英雄少
当知高手在圆情
宋代圆社蹴鞠

蹴鞠

一脚踢出天边月，两肩擎起海中星。何叹国足英雄少，当知高手在圆情。

捶丸

城间小儿喜捶丸，一棒横击落青毡。纵令相隔云山路，曲折轻巧入窝圆。

仕女踢球

阳春三月小桃开，笑语飞过百花台。五彩毛团翻上下，原是双娇踢球来。

放风筝

巧糊彩画飞蹁跹，乘风起舞绿杨天。影驰碧空飘双带，又送红灯到上边。

打陀罗

冰上乐兮鞭陀罗，随风旋转呼如何。貂帽锦靴小阿哥，明年跃马金盘陀。

六博

六白六黑十二棋，双方相争博一局。只缘获筹心欢悦，废寝忘食仍嗜迷。

打双陆

桐阴对坐品香茗，一局双陆赤与青。掷骰滴答如铜漏，深宫又闻小龙声。

弄剑踏杯

壮夫弄剑不弄丸，上下青光慑人寒。长袖应随笙鼓乐，跳踏圆杯舞君前。

西域歌舞

西域歌舞名胡旋，传入宫掖靡长安。吹奏何必琼林宴，市间到处闻管弦。

瓦子说书

闲听瓦内讲评书，粉怪传奇胜翻读。打诨烟花皆悦众，全凭利口誉京都。

村頭齊觀耍傀儡搬演故事又一回
載歌載舞賴提舉博得歡笑落夕暉
古代風俗竹枝一百首 宋傀儡戲

傀儡戏

村头齐观耍傀儡，搬演故事又一回。载歌载舞赖提举，博得欢笑落夕晖。

酒楼唱曲

路岐天涯沦落人，酒楼赶座唱清音。不入勾栏打野呵，瞽女弹词说陶真。

丰年高跷扮秧歌水浒
英雄摹演多文武两
班分丑俊挥扇敲鼓打手锣
古代风俗竹枝百首清代高跷

高跷

丰年高跷扮秧歌，水浒英雄摹演多。文武两班分丑俊，挥扇敲鼓打手锣。

太平鼓

太平年间太平鼓，边打边唱边起舞。宛转九腔十八调，祭祖敬神求多福。

太平年间太平鼓边打
边唱边起舞宛转九腔
十八调祭祖敬神求多福
古代风俗竹枝百首清代太平鼓

子弟书

太平歌词子弟书，开篇妙语似连珠。单弦牌曲八角鼓，风送时调满京都。

盲人串巷卖艺

命运乖舛苦盲人，学得数术养自身。风吹雨淋街巷走，难免饥寒守清贫。

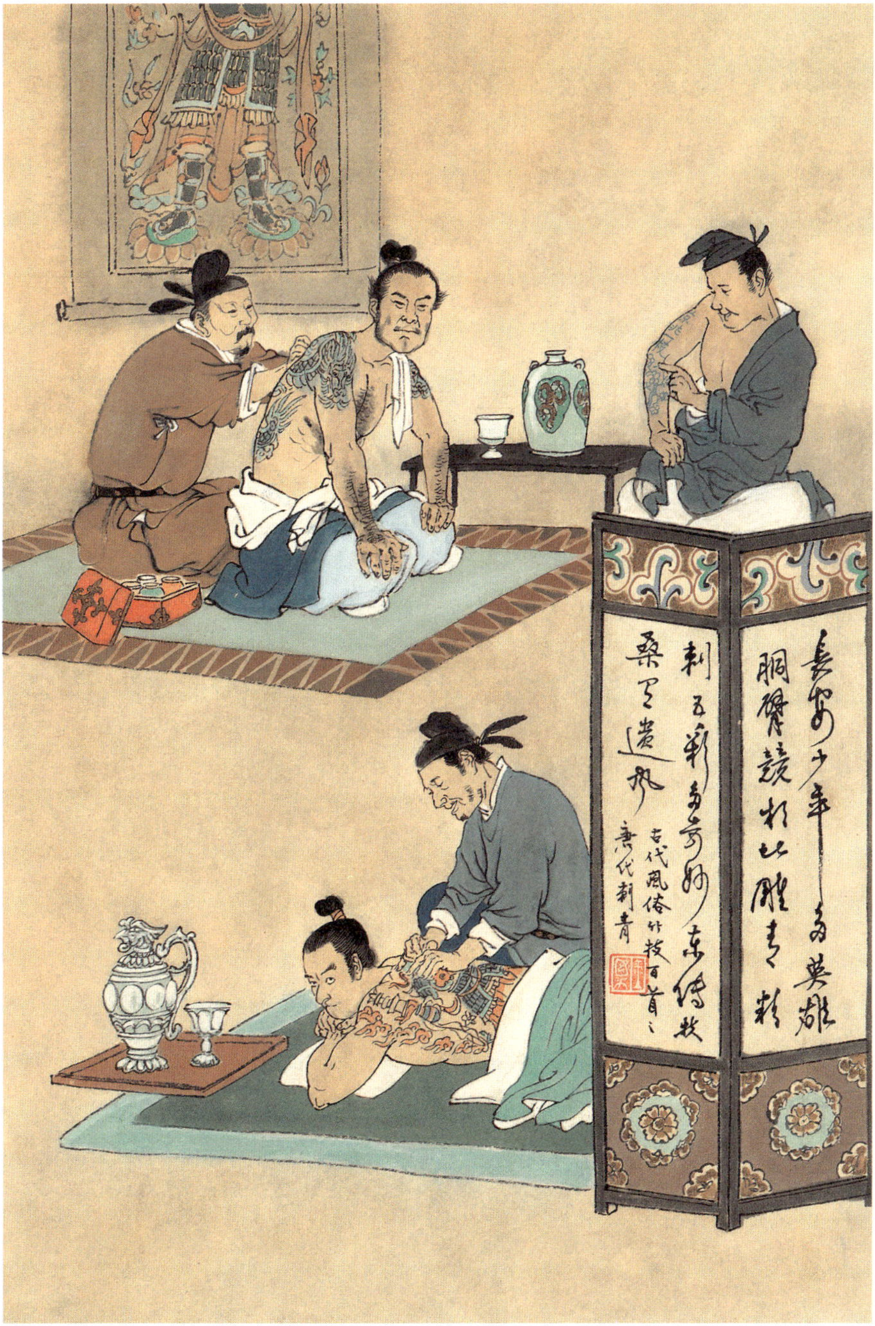

刺青

长安少年多英雄，
胴臂竞相比雕青。
精刺五彩多奇妙，
东传扶桑有遗风。

斗鸡

斗鸡芥翼争英雄，
双距利刃逞威风。
羽毛飞扬分胜负，
终在纨绔欢乐中。

猴戏

黄毛红臂小胡孙，翻斗爬竿踏车轮。顶盔挥旗羊做马，妆扮美女笑煞人。

底事清闲爱小虫，重价得来藏玉城。交恶皆因争异性，不惜搏斗逞英雄。

趣軒
底事清闲爱小虫重价得来藏玉城
交恶皆因争异性不惜搏斗逞英雄
古代风俗竹枝百首
清代斗蟋蟀